移民・ディアスポラ研究９　　Migration and Diaspora Studies

変容する移民コミュニティ

時間・空間・階層

駒井 洋 監修
小林真生 編著

曺慶鎬

陳天璽

南誠

長谷部美佳

ソホラブ・アフマディヤーン

人見泰弘

加藤丈太郎

アンジェロ・イシ

スエヨシ・アナ

高畑幸

佐藤由利子

徐一文

山本薫子

マリア・ロザリオ・ピケロ・バレスカス

高松宏弥

福田友子

水上徹男

石井香世子

上林千恵子

岩下康子

奥島美夏

王暁音

宣元錫

澤宗則

ゴロウィナ・クセーニヤ

ジェンス・ウィルキンソン

北原卓也

田中雅子

フン・ティ・ハイ・タン

原めぐみ

松本尚之

若林チヒロ

明石書店

「移民・ディアスポラ研究」9の刊行にあたって

　移民・ディアスポラの流入と定着にともなう諸問題は、重要な研究課題として日本でも近年急浮上してきた。第2次世界大戦後の日本社会においては、移民ないしディアスポラにあたる人びとは在日韓国・朝鮮人および在日中国人以外にほとんどおらず、しかもこの人びとは、単一民族主義のイデオロギーのもとで、できれば日本社会から排除すべき存在として、厳重な管理統制のもとにおかれていた。したがって、この人びとが移民・ディアスポラとして日本社会を構成する、欠くことのできない一員であるという認識は、政策的にまったく欠如していた。

　1970年代から、外国人労働者をはじめとして、さまざまな背景をもつ外国人の流入が本格化したが、この人びとはあくまでも一時的滞在者にすぎず、いつかは本国へ帰国することあるいは帰国させることが政策の前提とされていた。このような状況にもかかわらず、移民ないしディアスポラとしての日本社会への定着は、まず在日韓国・朝鮮人や在日中国人からはじまった。この人びとのなかで外国籍を保持する者には特別永住者という日本での永住を予定する在留資格が与えられるとともに、日本国籍を取得して外国系日本人となる者が増加していった。また、非正規滞在者であっても、帰国する意思をもたない者には限られた条件をみたせば在留特別許可が付与されるようになり、その数は相当規模に達している。さらに日本人と結婚するなどの条件をみたした者には永住者という在留資格が与えられ、永住者は激増傾向にある。また、主として日本人の配偶者等あるいは定住者という在留資格で流入したラテンアメリカ日系人やその他の在留資格をもつ外国人の相当部分も日本社会に定着し、難しい条件をクリアして日本国籍を取得する者も増大している。つまり、日本に永住する意思のある外国籍者と日本国籍取得者とからなる、無視できない人口規模の外国系移民・ディアスポラは、日本社会にすでに確固とした地位を確立したのである。

　日本での従来の「移民」研究の主要な対象は、日本から主として北アメリカやラテンアメリカに渡った人びとであり、日本にやってくる人びとではなかった。そのため、「移民」研究にはこれまでとは異なる新しいアプローチが要求されている。ディアスポラは、「分散する」「拡散する」「まき散らす」などの意味をもつギリシャ語の動詞

を起源とするものであり、近年、ユダヤ人ばかりでなく、国境を越えて定住する人びととをさす概念として広く使われるようになってきた。ディアスポラは、出身国と移住先国に二重に帰属しているから、その異種混淆性から従来の国民文化を超える新しい文化的創造をなしとげる可能性をもつ。また、ある出身国から離れてグローバルに離散したディアスポラは、いわばディアスポラ公共圏とも呼ばれるべきネットワークをグローバルに形成しつつあり、グローバル・ガバナンスの重要な担い手になりつつある。

　このような状況に鑑み、われわれは「移民・ディアスポラ研究会」を結成することとした。その目的は、移民・ディアスポラ問題の理論的実践的解明とそれに基づく政策提言にある。この研究会は特定の学問分野に偏らず学際的に組織され、この趣旨に賛同する者であれば、誰でも参加できる。日本にはすでに「移民政策学会」が存在し、活発に活動している。「移民・ディアスポラ研究会」の現在の会員も全員「移民政策学会」の会員でもある。それにもかかわらず「移民・ディアスポラ研究会」を立ちあげる主な理由は、日本を中心としながらもグローバルな広がりをもつ、もっとも緊急に解明を要する課題をとりあげ、それに関する研究および実践の成果を体系的に整理しながら政策提言を行う「移民・ディアスポラ研究」のシリーズを刊行することにある。シリーズの各号には編者をおくが、編集には会員全員があたる。また、このシリーズはおおむね年１冊の刊行をめざす。

　シリーズ第９号のタイトルは、「変容する移民コミュニティ——時間・空間・階層」とすることとした。戦前における中国人移民および朝鮮半島出身者の移民の流入にはじまり、1970年代初頭の日中国交正常化による中国からの帰国者や、1970年代末からの難民および外国人労働者などの流入もあいまって、日本の移民コミュニティは、すでに百数十年に達する歴史的経緯のもとに日本列島全体への定住が顕著である。

　これに対応して日本の移民研究も相当の歴史的な蓄積をもってきたのはたしかである。しかしながら、日本の移民研究は、特定のコミュニティに集中する傾向があり、ほとんど無視されているコミュニティがかなり存在しているのは事実である。さらに、実態の解明がほとんどなされていない、かつては存在していたが現在は消滅しかけているコミュニティや急速に出現しはじめているコミュニティも相当ある。そのため、われわれは手間のかかる作業であることは承知のうえで、現時点における日本の

移民コミュニティの全体像を提供することを決意した。

　執筆者は、いずれもそれぞれの移民コミュニティについて余人に代えがたい識見をお持ちの方々であるが、時間、空間、階層の三つの軸にもとづく分析をお願いした。すなわち、時の流れとともにそのコミュニティがどのように変容してきたか、とりわけ日本社会におけるそのコミュニティの社会的経済的地位がコミュニティ形成にどのような影響を与えたか、集住と分散という視点からそのコミュニティはどのような空間的特徴をもっており情報技術はそれにどのように関係するかという三つの軸である。

　本書は5章から構成されている。第1章は80年代以前の移民と難民を対象とし、生活防衛のための集住に着目する。第2章は80年代以降の低賃金労働者を対象とし、就業条件による集住・分散と存続・消滅に注目する。第3章は90年代以降の研修生・実習生を対象とする。第4章は高度人材の移動と分散を対象とし、情報技術革命という条件が重視される。第5章は2010年代の留学生をふくむ新規移民を対象とする。

　本書の編集作業中に新型コロナウィルスの蔓延が発生し、移民たちも感染の危険性、失業、帰国の困難性など、きわめて困難な状況に置かれている。本書で提供した知見が、移民たちの直面している窮状の解決に少しでも貢献できることを望みたい。

　2020年6月12日
　　　　　　　　　　　　　　　移民・ディアスポラ研究会代表　駒井　洋

目　次

序章

小林真生

1　日本におけるコミュニティとは

　本書は従来の「移民・ディアスポラ研究」シリーズとは大きく様相を異にしている。これまで十数本の論考を軸に一つのテーマを深めてきたが、今回は日本社会における移民コミュニティの全体像を捉えることを目的としているため、合計 31 本の論考により構成されている。その中には、一世紀以上の歴史を有するものから、時代の徒花の如く消えてしまったものもある。ただ間違いないことは、それらのコミュニティは近代以降、常に日本社会に存在していたということである。

　そもそもコミュニティの定義は多様である。本書の中に登場するコミュニティも、在留資格、階層、歴史的事象などの影響を受けているが、広井良典 (2009) の定義を援用すれば「人間が、それに対して何らかの帰属意識をもち、かつその構成メンバーの間に一定の連帯ないし相互扶助 (支え合い) の意識が働いているような集団」(11 頁)との枠組みの中に収めることができよう。

　そして、本書で扱う移民のコミュニティが日本にあり続けたのと同様に、日本にもコミュニティは存在してきた。そこで、詳しくは後述するが、本書における主概念「時間・空間・階層」を念頭に、まずは第二次世界大戦後の日本人コミュニティの状況を概観しておきたい。小熊英二 (1995) は植民地の喪失により、日本で単一民族志向が強まったと指摘する。戦前にも植民地出身者に対する差別は根強く存在し、日本人意識は強かったものの、植民地を拡大する中で「日本人」を意味する範囲も広がり、その概念を維持する思想枠組みが植民地を手放したことで解体されたのである。見方を変えれば、戦前からの朝鮮半島出身者を含む外国人に対する差別意識は少なくとも継続したといえる。

　都市部を中心に戦争の傷痕が色濃かった戦後の日本にとって、復興は第一の目標となった。しかし、以前都市部で生活していた植民地出身者が大幅に減少したことや、第一次産業から製造業やサービス業へのシフトも進んだことから、都市部での労働力

確保のため農村から都市への人口移動が活発になった。そうした中で、官民一体となって経済成長を追求する際の肝となったのが、家族ぐるみの雇用関係である。中根千枝（1967）は当時の状況を「日本の企業の社会集団としての特色は、それ自体が「家族的」であることと、従業員の私生活に及ぶ（家族が外延的にはいってくる）という二点にある」（43頁）と捉えている。こうした勤務先と家族との関係は、農村社会と同様に閉鎖的ながら、その社会（企業）の一員となればコミュニティの特性である「堅固な空間」「快適さ」が担保されることを意味していた。都市型のコミュニティが、独立した個人による緩やかな連帯、理念の共有、公共性を前提とするならば、当時の日本はその段階には至らず、都市の中にムラ社会が移設された状況があったと捉えられよう。そうした雇用の安定性と高度経済成長が重なったことで、いわゆる「一億総中流」と呼ばれる社会が形成されていったのである。しかしながら、1959年から1984年まで続いた在日コリアンの北朝鮮への帰国事業の動機として、不安定な生活、進学・就職に際しての不安、不完全な社会保障等が挙げられるように、高度経済成長期の日本において、移民やそのコミュニティが、日本人コミュニティに組み込まれることは少なく、個人間の接点により緩やかに繋がっているに過ぎなかった。

　そうした堅固な日本の会社を中心としたコミュニティも、バブル崩壊後、次第にその形を変えていく。企業はリストラを迫られ、家族を丸抱えする安定した正規雇用者ではなく、雇用調整が可能な非正規雇用者を増加させることとなった。従来存在した会社を中心としたコミュニティは包括性を次第に失い、会社に所属しながら従来型のコミュニティに入れない人の割合は増えていった。その結果、階層的に中産階級が大量に存在していた状況から、正規雇用からあぶれた人や収入を大きく減らした人を指す「下流」や「下級」といった言葉が定着し、結婚・出産を躊躇する傾向や子どもの貧困が社会問題となるといった変化が生じた。

　また、それとほぼ時を同じくしてインターネットが若年層を中心に情報収集およびコミュニケーション・ツールとして定着し、土地に縛られないコミュニティを形成することとなった。たしかに、インターネットは新たなコミュニティを繋ぐ装置として実際に利用や期待がなされているものの、ネット上のコミュニティは似通った意見や境遇を持つものを繋ぐ傾向があるため、他者を排除しがちな特性も併せ持つ。本シリーズ第3号『レイシズムと外国人嫌悪』でもしばしば取り上げたが、それまで存在していても表立って発信されずに、日本社会の底流に存在していた中国や韓国、あるいはアイヌや沖縄に対する偏見や排除意識が公然とネット上で開陳される状況は、閉

鎖的なコミュニティが会社からネット空間に広がり、偏見を拡散させたものと捉えることができよう。

　こうした状況を見ていくと、日本人コミュニティには「人種的同質性」「歴史の共有」「日本国籍者であること」という参加要件が絶えず求められた面がある。それは同時に、日本社会の中でマイノリティに位置する移民やそのコミュニティが、日本人コミュニティ外の存在と見なされ続けてきた状況を示している。

2　日本の移民をめぐる状況

　一方、移民の側に注目すれば、いわゆるオールドカマーは戦後も差別に晒され続けながらコミュニティを形成し、相互扶助を進めてきた。そして、高度経済成長を果たした日本では次第に賃金の低い工場労働に代表される３K（きつい、汚い、危険）と呼ばれる職場が避けられる傾向が強まり、それを補完するために 1980 年代後半に超過滞在の外国人労働者へ注目が集まった。しかし、「超過滞在者への批判が強まったこと」「移民国家であることを否定する国の姿勢」等の原因により、超過滞在者が取締によって減少する一方で、日系人や研修生・技能実習生は増加した。研究の世界でも、東海地方や北関東における日系ブラジル人が取り上げられることが多くなり、1980 年代前半までの外国人が東京などの大都市に住んでいるとの印象から、地方の集住地へと注目が移っていったのである。

　そして、21 世紀に入るとグローバル化の潮流がより大きなものとなっていく。依然として移民国家であることを否定していた日本も、他国との高度人材の獲得競争には参入が避けられず、家族を含めた人材受け入れを限定した形ながら推進するようになり、都市部を中心に高度人材の集住が進むこととなった。また、地方の外国人集住地域では生活する主要な外国人の国籍が複数にわたるケースが見られるようになった。本書でも、隣接する川口市・蕨市（中国人、クルド人、在日コリアンが混在）、館林市周辺（ロヒンギャ、トンガ人、日系ブラジル人が混在）が想起され、筆者自身も富山県射水市（日系ブラジル人、パキスタン人、中国人、ロシア人船員が混在）の事例を拙著（2012）にて取り上げたように、移民の混在は大都市に限った傾向ではなくなっている。ここで、館林市を含む群馬県東毛地区における混在の状況を表す一例を紹介したい。イシ論文で取り上げられている大泉町のブラジル人と日本人との接点を描いた映画『サンゴーヨン★サッカー』のプロデューサー宮地克徳の父親は、かつて三洋電機ラグビー部（現パナソ

ニック・ワイルドナイツ）の監督を長年務め、北原論文でも言及されているトンガ出身者第一世代をチームの主力として強豪に押し上げた宮地克実である。そうした人の縁が絡み合う姿は、混在地において珍しいものではない。換言すれば、従来、「外国人労働者」という文言から一般に想定される階層および集住地が、グローバル化の中で多様化してきた状況が見てとれる。

　そうした移民を取り巻く状況を俯瞰すると、絶えず彼らに対して日本社会から流言が発せられてきたことが想起される。関東大震災の際、朝鮮人や中国人に対する虐殺が、流言を契機として行われたことは広く知られている。そして、バブル後期から急増した超過滞在者や日系ブラジル人に対しても、女性を乱暴したという流言が各地で発生した。実際、筆者も彼らが多く居住していた群馬県太田市で当時暮らしていたが、実際耳にした流言の“被害者”の年齢は小学生から還暦を超えた老女まで様々であり、蔑視や恐怖をもって話は拡散されていった。特に、それまで見かけなかった地域の出身者が急増した後の数年間は、そうした流言を頻繁に耳にする機会が多かった。また、拙著（2012）での北海道稚内市における調査でも、同様の流言の存在を確認している。

　そして、東日本大震災や熊本地震に際してネット上では外国人犯罪に関する流言が広がり、ライフラインが破壊された被災地の人よりも、被災地以外の人の方にそうした情報が拡散されやすいことが曺慶鎬（2018）により紹介・分析されている。たしかに、こうした流言で“加害者”とされたのは、歴史問題でネットにおいて非難の対象となりがちな中国人や韓国人が多いという従来とは異なる問題もある。とはいえ、前掲の日本におけるネット上のコミュニティの排外意識という負の側面が、不安を想起させる大災害の中で拡大したと見ることができる。

　流言の研究は様々な蓄積があるが、流言の発生がその対象に対する関心の高さと不安・不信感、及び不確定要素の存在を表していることは共通している。換言すれば、そうした意識は移民や短期滞在者の周辺に常に存在していたのである。そして、移民に対するホスト社会からの否定的な認識は日本だけのものではない。2010年代半ばにシリアなどからヨーロッパへの難民が増加した際、ジグムント・バウマン（2017）は難民が見知らぬ人であり続けているとして、「見知らぬ人々が不安の源となるのは彼らが「見知らぬ」人びとであるためだ。おまけに彼らは、私たちが常日頃交流を重ねていて、どんな行動をとるのか予想できる人たちと違って、予測できないがゆえに不安を掻き立てる」（14頁）と評している。その意味で、本書で扱う高度人材の人びと、

特に白人系の人びとに対しては、日本社会との間にそれほど親密なコミュニケーションはなくとも、メディアの与える印象によって、「行動が予測できる人」という位置づけが与えられているといえよう。

　ここで、数量的なデータとして日本労働組合連合会（連合）が2018年に行った「外国人労働者の受入れに関する意識調査2018」（全国の20-69歳の働く男女1000名に対するインターネット調査）を見てみると、「地域に暮らす外国人住民が増えること」に対して「よいこと」とする人は37.3％、「よくないこと」とする人は27.5％であった。地域における外国人増加を肯定的に捉える人が多いことは評価できるが、否定的な回答を行った人に「そう考えた理由」を聞いたところ、「文化・習慣の違い」が57.8％、「地域の環境（治安など）にマイナスの影響がある」が54.9％、「漠然とした不安」が37.1％との回答があった。こうした回答傾向は、拙著（2012）をはじめ多くの調査結果と類似したものである。そして、回答の背景となる接触機会であるが、「地域に暮らしてる外国人住民と関わる機会があるか」との質問に対しては、「ない」との回答が67.6％を示した。つまり、実際の接点がほとんどない状態で外国人に対する認識が形成されているのである。

　そうした状況に対して、国はどのような対策を講じているのであろうか。法務省・文部科学省が毎年発行している『人権教育・啓発白書』の令和元年版の外国人に関する項目を見てみると、ヘイトスピーチや入居差別などの存在を明記した上で、啓発活動の現状が記載されている。以前の啓発ビデオはCSで放送される程度であったが、2017年に公開された「外国人と人権〜違いを認め、共に生きる〜」についてはYouTubeの法務省チャンネルで公開されており、ドラマ化した3事例の紹介がなされた後、宮島喬が駒井論文でも取り上げられているイラン出身の女優サヘル・ローズの司会で解説を加えている。しかし、2020年6月現在、当該動画の再生回数は3年が経過しながら約17,000回程度と極めて少なく、イシ論文の中で紹介されたプリッチとローガンが娯楽要素が強いとはいえ250万人弱のチャンネル登録者数（当該人物の動画の更新を期待する層で、個々の動画の再生回数が登録者数を超えることも少なくない）を有することを見ても、日本政府の外国人に対する人権問題への広報は不十分だと言わざるをえない。また、外国人に対する不安の原因となる接触機会の増加や、ごみ捨て等の日常生活への周知に対しては同白書に指摘がなく、それらは各自治体に任せられているのが現状である。そうした状況は拙論（2007）でも指摘したように、対策が地域や個人の熱意に依拠してしまい、全国的な意識の改善を阻んでいる。

3　本書の意義と方向性

　日本の現状を俯瞰すれば、日本人のコミュニティと移民コミュニティの間には十分なコミュニケーションは無く、それゆえに移民の実態が分からないままに彼らを不安視し、コミュニティ間の分断が一層進むという悪循環が1980年代以降、継続してきた。そして、日本政府としても十分な施策をとらず、個々の自治体が課題に対処し続ける状況は変わっていない。もちろん、個別には成功事例もあるが、あくまで運任せといった面がある。

　そうした中で、実際に移民と向き合う行政関係者や地域住民は、前掲のような様々な民族的背景を持った移民とのコミュニケーションの正面に立つことが求められる。知識量は多少違うとはいえ、研究者であっても、自らが関心を持って知り得た事例以外には知らないことが多い。それぞれの移民集団が有する歴史的背景、来日要因、就労事情、住宅事情、教育事情等々を理解しなければ、目の前の状況を正確に摑むことは難しいのである。そして、1980年代から現在に至るまで、かつてのコミュニティがほぼ無くなった集団もあり、新たに形成された集団もあるように、その姿は年々形を変えている。それは本書で取り上げた事例が31にも上ったことからも明らかであろう。たとえば、本書で取り上げる中国人だけを見ても、戦前から日本で生活してきた華僑華人、中国帰国者、留学生、技能実習生、高度人材と5つの事例があり、それぞれに特性が異なる。行政や隣人が彼らを「中国人」として一括して捉えれば、想定外の事象が多く発生することは容易に想像できる。そこで、現代の日本が抱える上掲の課題に対して、判断の基点を示すことを本書は目指している。

　また、多様な移民が存在する状況に際して、本書のような企画で各執筆者が自らの経験や視点に従って記述した場合、個々の特性を比較しづらい部分がある。そこで、企画を立ち上げた際に、副題ともなっている「時間・空間・階層」という概念を設定し、執筆者の方々にはその枠組みの中で考察を進めていただいた。

　具体的に説明すれば、「時間」はそれぞれの移民集団の持つ歴史的経緯を捉える概念である。章立ての基本的な方針も凡そ時間的経緯に沿っており、それぞれの時代にどのようなプッシュ要因とプル要因があり、日本で移民にどのような生活があったのかを明確にすることを目指した。

　次に、「空間」としては移民の居住に注目した。「都市に集住するのか」「日本全体に

分散しているのか」という点に着目すれば、コミュニティ形成の状況が分かる。また、住まいが賃貸か、持ち家か、勤務先が提供する物件かによっても、地域コミュニティとの接点を形成する意欲を測る指標の一つとなる。また、それを通じ個々の移民グループにおける定住（永住）に対する意向も捉えることができよう。

　最後に、「階層」として、主として就労形態から、それぞれの移民グループがどのような経済的な地位にあるかに注目した。それにより、その地位に至る来日前の経験、来日後の就労環境、世代間の社会移動の可能性などを捉えようとしたのである。移民が労働者であれ留学生であれ、日本社会が彼らを一定の属性に振り分けることで、それぞれに固有の問題を抱えることとなり、その解消のためにコミュニティが形成されるという構造がある。その点においても、彼らの経済的な環境を捉える上で、階層を考察することは重要であろう。また、階層という概念については、特に低階層の場合、偏見と結びつく場合があり注意が必要であるが、それぞれの執筆者は担当したコミュニティと緊密な関係を築いてきていることから、その概念を提示したとしても記述内容から蔑視等を招くことは無いと考えた。

4　本書の構成

　そうした限定の下で、本書は各事例を5章に分けて紹介している。個別の事例ごとに読むことも可能であるが、冒頭から通して読むことで、過去から現在に至る日本の移民コミュニティ全体の動向を一冊の本として捉えられるように構成されている。また、関心のある事例を読む際に、同時代に増加した他の事例と比較することで、その特性を捉えることもできよう。そうした意図から、論考の順序については比較しやすさも考慮した。

　第1章は、日本で移民の存在があまり意識されなかった（無視されてきたと言い換えることもできる）1980年代以前の状況を振り返りつつ、長年にわたる彼らの生活と連帯を捉えようとした。また、1980年前後からインドシナ難民が数千人規模で日本での生活を始めたことを受け、代表的な難民の状況とそれらを比較検討できるよう、多少後先になるものの、同じ章の中で扱うこととした。

　第2章は、バブル経済に起因する3K産業を忌避する姿勢が日本社会に広がったことで、その不足分を埋める要請の高まりを受け、日本に活路を見出した移民の状況、およびコミュニティの実情を表している。特に超過滞在者として日本で就労していた

層のコミュニティは、当時もそれほど大規模なものは無かったが、その後の取締等も
あって姿をほぼ消してしまった点で貴重な記述である。

　第3章では、以前より企業研修の形で技術周知や現地での幹部育成の観点から存在
していた研修制度が、前掲の労働力不足の中で、特に過疎地などを中心として外国人
研修・技能実習制度として形を変えた状況を捉え直している。それにより、問題の所
在と現状を明らかにできると考えた。同制度については、「現代の奴隷制度」と見なす
多くの著作が刊行されるほど課題が山積しており、その改善も不十分な中で、2019
年に在留資格「特定技能」が新設されたことから、彼らの存在感は一層大きくなるこ
とが予想されている。その意味で、彼らの実情を比較検討する必要性を感じ、単独の
章を設けることとした。

　第4章では、近年、その存在に注目が集まる高度人材について検討を加えた。かつ
て日本における高度人材の代表的存在として想起されたのは、欧米の白人という印象
があった。しかし、近年話題になる高度人材の中心は、日本語を解する東アジアの元
留学生や、IT企業に勤務する人びとであることが多い。また、世間的に余り注目は
されて来なかったものの、本シリーズではしばしば紹介してきたトンガ出身のラグ
ビー選手は日本の高校や大学を卒業し、帰化する場合も少なくない中、市民の娯楽の
代表例であるプロスポーツの世界において活躍している。彼らの存在は、従来想定さ
れなかった様々な形の高度人材が日本で生活していることの証左といえる。

　第5章では、リーマンショックや東日本大震災の影響により、多くの移民が日本を
離れた後に存在感を増してきている移民のコミュニティを扱っている。特に、この
章で扱っている移民の場合、次世代の子どもに対する視点が特徴的である。これは
1990年代初頭から増加してきた日系ブラジル人の周辺で、出産や家族の呼び寄せな
どに伴う児童に関わる問題が来日してから数年後に大きなテーマとなり、研究者や自
治体の注目を集めたことを彷彿とさせる。

5　移民社会の特性と展望

　本書の構成としては話が前後することとなるが、ここで検討の主軸とした「時間・
空間・階層」という概念に基づいて、第1章から第5章を通して見えてきた移民コ
ミュニティの特徴と展望を三点にまとめておきたい。

　第一に、居住地に関する特性である。日本における移民の分散居住と集住の傾向を

見てみると、分散居住をしている代表的な存在としてフィリピン人女性、タイ人女性、技能実習生が挙げられる。フィリピン人女性の場合、1980年代後半以降にエンターテイナーとして日本各地に派遣された後、現地で結婚移民として定住した経緯が典型的なものである。タイ人女性の場合も、来日の経緯は様々であるが、後に日本で結婚移民となった。また、技能実習生の場合、人手不足に悩む地域の協同組合や商工会議所などが彼らを受け入れている構造から日本各地に居住している。加えて、多少の改善は見られつつも、受け入れた地域において実習生間の接点は十分でなく、地域の中でも分散している状況がある。

その他の移民の動向を見てみると、階層的な上下に余り関わり無く、都市部や就労先のある地域に集住していることが分かる。集住した留学生の場合、日本語能力を身に付け、日本人との接点を築いた後、就職する際に分散居住する状況はあるが、当初の段階では集住を選択している。つまり、生活に不安があったり、必要に迫られることなどから、移民が同国人が多く住む場所を目指すことは一般的な行動といえる。また、前掲のフィリピン人女性やタイ人女性、技能実習生などは受け入れ先の都合で分散居住を余儀なくされた事情も踏まえる必要があろう。

そして、曹論文で在日コリアンにとって各地にある朝鮮学校がコミュニティの結節点となっていると指摘されているように、学校やエスニック・ショップ、ハラール食材点などが、集住地域における情報や移民同士の交流拠点として機能する面がある。ただし、後述するSNSやショッピングサイトの登場もあり、現在、対面式の交流拠点の重要性が低下し、状況が大きく変わっている最中でもある。

第二に、特定の集団に定住傾向が見られる点が挙げられる。本書で取り上げた事例の中で、似通った状況があったり、同じ時期に来日しても、帰国や他国への転出を選択した者と、日本での定住を選択した者がいる。移民国家であることを日本政府が否定したとしても、少子高齢化が不可避である状況を考えれば、高度人材だけでなく人手が必要な業種に一定程度の能力を有する労働者が求められていることは確かである。その観点からも、移民が定住（永住）を選択する要因を知る要請は高まっている。

かつて定住を選択した在日コリアンや華僑華人の場合を考えれば、戦前の構造の中で日本全体に分散居住することを求められた面がある。加えて、彼らがいくつかのエスニック・ビジネスを確立したことで、同業他社との競合を避ける意味合いもあり、分散居住を選択した面もあろう。それ以外の本書で取り上げた移民グループとしては、日系ブラジル人、ペルー人、フィリピン人女性、パキスタン人、トンガ人、ナ

イジェリア人、ガーナ人等に自宅購入や帰化傾向についての言及がある。オールドカマーや彼らに共通している条件としては、安定した在留資格が挙げられる。分散か集住かという居住形態、あるいは階層上の相違については、余り強い連関はなかった。

　そして、前提条件なのか結果論なのかは判断が難しいところであるものの、子弟を日本の学校に通わせることも定住を進める条件に入れることが出来よう。帰国を念頭に入れた、一定程度の外国人登録者数を有する移民グループは、出身国のカリキュラムに沿った学校を設け、その存在が集住を促す要因ともなっている。そして、当然のように彼らの子弟は、母国に戻ることが一般的である。たしかに、文化の継承に重きを置きつつ、日本の大学等への進学者も少なくない外国人学校もあるが、1980年代以降に来日した移民の子弟が通う学校の場合、定住意識は相対的に低い傾向にある。

　移民の定住傾向に関して、ホスト社会である日本側の要因に視点を移そう。宮島喬・佐藤成基 (2019) でも指摘されているように、戦後ヨーロッパは過去への反省からリベラルな規範が形成され、1980年代には移住労働者を包摂し、彼ら自身も定住を進める中で、寛容な社会の規範に向けての合意形成がなされる兆しがあった。その後、同地では排除の方向への揺り戻しはあったが、日本においては移民に対する制度的充実を図ろうとするリベラルなまなざしや合意は社会で十分に共有されることは無かった。そして、ヨーロッパでの揺らぎが目立つようになった時代から、日本では各種施策や法制への設定がなされ始めた面がある。加えて、前述のように移民に対する反発を改善する機運も無かったため、施策は不十分なまま推移してしまった。換言すれば、日本においては移民に定住や永住を促す要因を政府が設定することはなく、日本人配偶者との偶然の出会いや個人的事情が、安定した在留資格や子弟の日本の学校入学への道筋を作り、定住延いては永住を決定させたのである。

　第三に、インターネットがコミュニティの形成や発展に寄与する可能性を挙げておきたい。本書の執筆者の多くがコミュニティの最近の変化として、ネットの活用やSNSの充実を指摘している。かつては、先進国と発展途上国の間のデジタルデバイド (情報格差) が問題視されていたが、安価なスマートフォンの登場や無料Wi-Fiスポットの増加などにより、そうした格差は大幅に縮小した。かつては国際電話をかけるために違法なテレフォンカードが販売されたり、厳しい環境に置かれた研修生・技能実習生がなけなしの金で保管していたプリペイド式携帯電話を使ってNPOに助けを求める状況があったが、上林論文でも技能実習生がコンビニエンスストアの無料Wi-Fiを求める様子が紹介されているように、状況は大きく変化した。アプリを用いて従来

の地域の概念を飛び越え、動画や音声でコミュニケーションを取ることは、この10年ほどで国際的に定着したコミュニケーション手段となった。それにより、個々の社会性が大きな影響を受ける中で、移民コミュニティにも大きな変化が生まれている。

国や地域を跨いで生活する上で、移民が集住を選択する傾向にあることは前述の通りであるが、その周辺で形成されるコミュニティには「生活の保護」「孤立化の防止」「情報の共有」といった機能を持つことが一般的である。その関係性は家族間ほど緊密ではなく、緩やかな連帯である場合が多い。ただし、居住地からの距離、あるいは仕事や勉学の忙しさ等の影響を受けて、活動が停滞したり、そもそも組織の立ち上げ自体ができないこともあった。そうした中で、ネット環境の充実はSNSを通じて分散居住している人々を繋ぎ、就業時間に囚われないコミュニケーションを可能にした。彼らは特定の場所を訪れなくとも、日本に住む同国人やかつて日本に住み母国に戻った人々と情報を共有できるようになったのである。そのように長年にわたる情報や経験が蓄積され、移民として厳しい環境に置かれる中で不平等や社会正義に対する意識が醸成されることは容易に想像できる。ある意味で、日本の農村に居ながら、独立した個人が緩やかに連携する都市型コミュニティがネット上に存在し始めているといえよう。これは、かつて日本の都市にムラ社会が移設された状況と対称的なものである。

その一方、ネットの活用に問題がないわけではない。日本のネット社会が一部で先鋭化・過激化の方向に進んでしまったことは先述したが、SNSをはじめとするネット・コミュニティは緊密さを増すに従い、他者との距離が出来る傾向がある。つまり、ネットによるコミュニティ拡充が、かえって移民を不可視化してしまう分、その存在や主張が日本社会に認知されがたくなる面も想定され得る。その意味で、北原論文に紹介されているコミュニティとSNSが連動するような、バーチャル機能と実像が併設される方式が今後求められるのではないだろうか。

6　求められる当然の対応

改めて日本の移民コミュニティ全体に見られる傾向を俯瞰してみれば、移民は一般に集住を選択し、ホスト社会は彼らに対して不安をため込みやすい。そこで摩擦を避けるには、交流や啓発が必要になる。また、人手不足が常態化し、他国との競合が避けられない中で、必要な人材を確保していくには、安定した在留資格や子弟への教育環境、移民家族全体への語学教育機会の提供などが求められよう。そして、他者を受

け入れがたいネットの特性を補完する組織や活動の充実なども指摘できる。

　そうした言及は、取り立てて目新しいものではない。日本において「充実した移民政策」「多文化共生」といった文脈の中で、1990年代から多くの研究や行政文書において繰り返し指摘されてきたものなのである。時代に沿って個々の移民コミュニティは形を変えているものの、彼らや周囲の要請は殆ど変わることがない。一方で、日本社会、移民コミュニティにも可能性を感じさせる変化は散見される。そこで、日本において移民コミュニティが長年紡いできた蓄積を踏まえ、「当然」あるいは「一般的」とされる移民政策をとることが、日本社会における新たな兆しを育て、従来からある不安を持ち越していかないために必要とされているのではないだろうか。

参考文献

小熊英二（1995）『単一民族神話の起源 ── 〈日本人〉の自画像の系譜』新曜社

菊池嘉晃（2020）『北朝鮮帰国事業の研究 ── 冷戦下の「移民的帰還」と日朝・日韓関係』明石書店

小林真生（2007）「対外国人意識改善に向けた行政施策の課題」『社会学評論』第58巻第2号

小林真生（2010）「多文化共生に向けた環境整備の重要性 ── トンガ人ラグビー選手の事例から」『環境創造』第13号

小林真生（2012）『日本の地域社会における対外国人意識 ── 北海道稚内市と富山県旧新湊市を事例として』福村出版

小林真生編、駒井洋監修（2013）『レイシズムと外国人嫌悪』明石書店

ジグムント・バウマン著、奥井智之訳（2008）『コミュニティ ── 安全と自由の戦場』筑摩書房

ジグムント・バウマン著、伊藤茂訳（2017）『自分とは違った人たちとどう向き合うか ── 難民問題から考える』青土社

曺慶鎬（2018）「インターネット上の災害時「外国人犯罪」の流言に関する研究 ── 熊本地震発生直後のTwitterの計量テキスト分析」『応用社会学研究』第60号

中根千枝（1967）『タテ社会の人間関係 ── 単一社会の理論』講談社

廣井脩（2001）『流言とデマの社会学』文藝春秋

広井良典（2009）『コミュニティを問いなおす ── つながり・都市・日本社会の未来』筑摩書房

マニュエル・カステル著、矢澤修次郎／小山花子訳（2009）『インターネットの銀河系 ── ネット時代のビジネスと社会』東信堂

宮島喬／佐藤成基編（2019）『包摂・共生の政治か、排除の政治か ── 移民・難民と向き合うヨーロッパ』明石書店

第1章
80年代以前および
難民のコミュニティ形成
──主に生活防衛のための集住

本章の概要

第1章では、1980年代までに日本で暮らし始めた移民コミュニティについて取り上げる。彼らは、それぞれに日本との関係性や、出身国の内政上の問題などから来日を決めたものの、社会的・経済的に厳しい立場に置かれたことで、自らの生活を守るために集住傾向を見せ、コミュニティを形成してきた。厳格に捉えれば、日本での集住が見られたのが1990年代になってからの難民も含まれているものの、章立て上、彼らもこの枠組みに組み込むものとする。

在日コリアンを扱った曺論文では、植民地支配を契機として日本に居住し、大阪、東京、兵庫、愛知、京都、神奈川の6大都市への集住傾向を見せた状況を、時代的特徴と共に整理している。在日コリアンは、当初慣れない日本での暮らしのために互助を必要とし、コミュニティを形成してきた。また、日本社会からの差別や構造的貧困は戦後も続きながら、2世、3世と時を経るに従い、第二次産業から第三次産業へのシフトも進んでいるという。加えて非集住地域において朝鮮学校がコミュニティの結節点となっている点など、興味深い指摘がある。

華僑華人を扱った陳論文では、彼らのルーツとして幕末の開港後、各地に出来た居留地において、欧米商人に中国から同行してきた貿易仲介者の存在を挙げている。19世紀末には日本政府からの就業制限があり職業の偏りも生じるなかで、長崎、神戸、横浜など旧開港場での集住が進んだ状況があった。その後も戦争、国交の断絶と回復、留学生の就業など歴史のなかで、彼らは生活の形を変えつつ、時代ごとに生きる術を編み出してきた。近年では、首都圏に集住する新華僑との連携が新たな活力を生み出している。

中国帰国者を扱った南論文では、1972年に日中の国交が正常化してから彼らが永住・定住した経緯が紹介され、1世と2世の国籍選択の相違をはじめ、法的身分の複雑さゆえ中国帰国者についての量的把握が困難であるとの特性が指摘されている。1世の存在はメディアでも大きく取り上げられたが、その後の生活において彼らは地方へ分散居住し、次第に大都市への集住傾向が進むこととなった。また、21世紀に入ってコミュニティが活性化し、近年では2世たちがネットを活用するなどの変化を見せている。

インドシナ難民を扱った長谷部論文では、難民申請を経ずに1970年代後半から日本に定住することができたインドシナの人びとの状況をまとめている。当初、日本政府が兵庫県、神奈川県、東京都、群馬県、静岡県

に用意した施設で暮らしていたが、次第に同胞同士の集住が進行するようになった。それは同時に互助組織の整備も意味しており、コミュニティ構成員間での仕事の斡旋なども行われた。最近の変化として、安定した在留資格を生かし、出身国を同じくする技能実習生の支援を行っていることも挙げられている。

クルド人を扱ったアフマディヤーン論文では、彼らが中東地域における三大先住民族であり、独自の言語、文化、慣習を持ちながら国を持たず、各国の状況に翻弄された歴史が紹介されている。クルド人に対しては、1988年にイラクで化学兵器による大量虐殺事件の被害を受けたこともあり、1990年代に入ると従来の欧米だけでなく、来日を選択する層も生まれた。そして、彼らのなかで埼玉県の川口市や蕨市での集住が進んだ。出身国の支援が期待できず、日本の難民への対応も手厚くないことから、クルド人の間での相互依存関係は強まり、近年ではイラクやシリアの内戦から逃れて来日する者が増加しているとも指摘されている。

滞日ビルマ系難民を扱った人見論文では、1980年代末期から国内の民主化運動にかかわった者のなかから、来日を選択し、都心での集住を進めていった状況が、ロヒンギャとの比較を行いつつ紹介されている。近年では、都心部におけるサービスセクターや、北関東および愛知県における製造業などに職を求めたり、自営の道を選ぶものも増加しているとの特性が指摘されている。今後の注目すべき点としては、ミャンマーが民政移管し、難民と移民との境界線が曖昧なものとなったことを続けている。

ロヒンギャを扱った加藤論文では、勤務先の移転やモスクの設置もあって彼らの9割以上が群馬県館林市に集住している点に注目している。近年、ミャンマーにおけるロヒンギャの迫害に国際的な注目が集まっているが、彼らの一部が日本に活路を見出したのは1990年代前半のことであった。日本国内において就労制限のない在留資格を有していることの多い彼らは、日本の派遣会社を通じて職を得ている。加藤論文では、そうした立場を基に、ある家族が階層的に上昇した事例を軸に、実情が紹介される。また、2017年にミャンマー国内で起きた襲撃事件によりバングラディシュに逃れた人々を群馬県在住のロヒンギャが支援している事例も、注目に値する。

1-1　在日コリアン──コミュニティの形成と変容

曺　慶鎬

　法務省『在留外国人統計』によると、日本には約 48 万人の韓国籍・朝鮮籍者が住んでいる（2019 年 6 月時点）。そのうち、植民地時代の朝鮮半島にルーツを持つと思われる特別永住資格を有する者が約 31 万人である。特別永住資格を有する者と、それから帰化した者らが広い意味での在日コリアンといえる。植民地時代から数えて 100 年におよぶ歴史のなかで、在日コリアンとそのコミュニティは姿を変えてきた。本稿では、まずは朝鮮半島と日本の間の人口移動に焦点をあてながら集住地に代表されるコミュニティの形成にふれた上で、職業と企業活動を中心にその歴史的変容についてまとめ、最後にコミュニティの特徴に関するいくつかの論点について触れる。

1　在日コリアンコミュニティの形成

　在日コリアンの統計上の人口が最も多かったのは 1944 年であり、その数は約 194 万人であった（森田 1996）。在日コリアンが多く暮らした地域は、大阪、東京、兵庫、愛知、京都、神奈川といった「六大都市」を含む都府県であり、その他に朝鮮半島と近い中国・九州地方、そして北海道であった。植民地時代も日本への渡航には様々な制約が存在したが、有力な渡航手段となったのが、朝鮮半島の釜山と日本の下

関との間の関釜連絡船や、済州島と大阪の間の定期航路などであった（杉原 1998）。多くの済州島出身者が大阪に居住していることには、このような渡航経路が関連している。日本に渡航してきた在日コリアンはしばしば集住して暮らした。日本での暮らしに慣れていないことから互助を必要としたことがその理由の一つである。集住地としての在日コリアンコミュニティの形成である。

　終戦後、多数の在日コリアンが朝鮮半島に帰還した。1953 年の時点で日本に暮らす在日コリアンは統計上は約 56 万人に減少している（森田 1996）。だが、終戦直後の朝鮮半島の政情不安から日本に（再）渡航する者が一定数存在し、それは時に「密航」という形をとった（朴 2017）。1946 年から 1952 年までに「密航」で渡日した者のうち、「不法入国」として検挙されたコリアンの延べ人数は 4 万人を上回る。法的地位が不安定な在日コリアンにとって、集住地は相対的に検挙を免れやすい地域であった。

　1959 年から 1961 年の間に約 7 万 5 千人の在日コリアンが「帰国事業」によって北朝鮮（朝鮮民主主義人民共和国）に渡航した（最終的には日本国籍者等を含めて約 9 万 3 千人が渡航（モーリス-スズキ 2007））。「帰国」とされているが、渡航した者のうちの大多数が朝鮮半島の南部にルーツのある者たちで

ある。渡航理由の一つに日本における差別と経済的困窮があったという。この「帰国事業」の影響もあって、1960年から1961年にかけて統計上の在日コリアンの人口が目立って減少している（森田1996）。都市部に比べて農村部などの人口規模が小さな集住地において人口減少の影響は相対的に大きかったと、考えられる。

これ以降、朝鮮半島から日本への居住地の変更を伴う一定規模以上の人口移動は、1980年代に本格化するニューカマーコリアンの流入まで待たれることになる。

2　在日コリアンコミュニティの変容

終戦を境に在日コリアンの人口は大きく減少したが、都道府県別の居住地比率は、関東地方が占める割合が上がり、北海道と中国四国地方が下がった他は、それほど大きく変わらなかった。だが、在日コリアンコミュニティの内実は時間の経過とともに変化していった。

その要因は多岐にわたるが、特に影響が大きかったのは、日本で生まれ育った世代の登場とともに在日コリアンの民族的特徴が変化していったことである（姜1976）。ここでは在日コリアンの世代交代を前提に、職業や企業活動という側面からコミュニティの変容についてまとめる。

在日コリアンの職業を官庁統計から確認すると、戦中に引き続き戦後も工業・鉱業に従事する者が5割を超えていたが、1959年の時点で販売職の増加が確認できる（森田1996）。

在日コリアンは、独自に企業活動も行ってきた。在日コリアンが経営する企業は、被雇用者として働く在日コリアンにとって

重要な働き口の一つであった。だが、その業種の傾向は地域によって異なり、1982年時点で製造業と建設業が過半数を占めている大阪府と比較して、東京都では卸売業・小売業とサービス業だけで過半数を占めたという報告もある（徐・全1987）。

一方で在日コリアンの経済活動は、日本社会の根強い差別と密接な関係にあったことを忘れてはならない（金原他1986）。就職を含めた諸々の経済活動において差別に直面するなかで、在日コリアンは自助努力を余儀なくされたが、そのときに活用されたものが「民族集団内のインフォーマルな互助的ネットワーク」である（金編1997）。集住地は互助的ネットワークの集積地と捉えることができる。

ただし、このようなネットワークの恩恵が大きい自営業は、明らかに減少傾向にある。すでに1993年の調査の時点で、2世を中心とした親世代では自営業主が多くを占めたのに対し、1963年以降に生まれた3世を中心とした世代では、男性の有職者のうちの約6割が一般従業者であるという指摘がなされている（福岡・金1997）。その従業先は日本企業が約7割を占めるという。

近年においては、在日企業（特に製造業）の経済活動が縮小傾向にある一方で、一般労働市場を通じた就業はそれを補うには至っておらず、以前と比べて目立たなくなったとはいえ、就職差別は未だに残っているという指摘がある（樋口2015）。また一部に不安定な職業に従事する者も存在するという。

在日企業への就職と比較すると、日本企業への就職に際してはコリアン同士の互助

的ネットワークの重要性は相対的に低い。そもそも親すらも日本生まれの世代の在日コリアンにとって、就職に限らず日常生活においてコリアン同士の互助を必要とする局面は先行世代に比べて少ない。結果、互助的ネットワークの重要性が低くなるだけでなく、ネットワークそのものも時間が経つにつれて縮小しうる。このような趨勢は、集住地の縮小とその重要性の低下の一因となっているだろう。

3 在日コリアンコミュニティをめぐる論点

在日コリアンコミュニティの現在を捉える上で重要ないくつかの論点について述べる。まずは地域における民族別の人口構成比についてである。在日コリアン集住地では他の地域と比較して相対的に在日コリアンの人口比率が高いが、歴史的にみても在日コリアンが住民人口の多数派となることはあまりなかった（外村 2004）。2015年の国勢調査によると、基礎自治体レベルで在日コリアンが住民のうちの最大多数を占める地域はなく、圧倒的大多数は日本人住民である。集住地においても在日コリアンが日本人と無関係に日常生活を送ることは困難であり、必然的に「民族関係」が存在することになる（谷編著 2002）。

また、集住地といってもその可視性は地域によって異なる。大阪の生野のように「コリアタウン」という性格を打ち出している地域は、エスニックコミュニティとしての可視性が高い。だが、そうでない地域は相対的に可視性が低く、外部の者が一見して当該地域を在日コリアン集住地と知ることは難しくなる。これは日本人だけでなく、当該地域に居住しない在日コリアンにとっても程度の差はあっても同じであるはずだ。

集住地の変容をもたらす在日コリアン独自の要因という意味で、民族的特徴の変化などは重要である。同時に、高齢化といった日本人コミュニティの変化と共通する要因も忘れてはならない（庄谷・中山編 1997）。補足すると、一部の集住地では、在日コリアン人口の減少をニューカマーコリアンが実質的に埋め合わせてきたと言えるだろう。

在日コリアンのコミュニティは集住地に限られるわけではないことに注意する必要がある（韓 2010）。それは同時に、非集住地における役割という視点から、民族団体や民族学校を捉えなおすことにもつながる。たとえば朝鮮学校は非集住地に居住する在日コリアンのコミュニティの形成と存続に大きな役割を果たしてきた（曺 2012; 二階堂 2016）。このような非集住地の在日コリアンのコミュニティは、時に各種の民族団体や民族学校を結節点とした人的ネットワークに強く依存するため、その実態は外部からの可視性に乏しい傾向がある。集住地の外にも、在日コリアンのコミュニティと生活世界が広がっていることを見落としてはならない。

最後に、ニューカマーを含めたコリアンのコミュニティが排外主義によって受ける影響について指摘する。2000年代に入り、インターネット空間を含めた公共の場におけるコリアンに対するヘイトスピーチは珍しいものではなくなり、排外主義的なデモや街頭宣伝が頻繁に行われるようになった。特に、コリアンの集住地や民族

学校はたびたび攻撃の標的とされてきた（中村 2014; 神奈川新聞「時代の正体」取材班編 2016）。コリアンとコミュニティが日本の排外主義によって受けた被害は大きい。露骨な排外主義が日常的に見られるなかで、コミュニティがどのように変容していくのか注視する必要がある。

参考文献

曺慶鎬（2012）「在日朝鮮人コミュニティにおける朝鮮学校の役割についての考察——朝鮮学校在学生を対象としたインタビュー調査を通じて」『移民政策研究』第4号：114-127.

韓載香（2010）『「在日企業」の産業経済史——その社会的基盤とダイナミズム』名古屋大学出版会

樋口直人（2015）「在日コリアンの社会経済的状況の動態——職業の変遷を中心に」『青鶴』第6号：192-211.

福岡安則・金明秀（1997）『在日韓国人青年の生活と意識』東京大学出版会

神奈川新聞「時代の正体」取材班編（2016）『ヘイトデモをとめた街——川崎・桜本の人びと』現代思潮新社

金原左門ほか（1986）『日本のなかの韓国・朝鮮人、中国人——神奈川県内在住外国人実態調査より』明石書店

姜在彦（1976）「在日朝鮮人の六五年」『季刊三千里』第8号：22-37.

金明秀編（1997）『在日韓国人の社会成層と社会意識全国調査報告書』在日韓国青年商工人連合会

森田芳夫（1996）『数字が語る在日韓国・朝鮮人の歴史』明石書店

モーリス=スズキ，テッサ（2007）『北朝鮮へのエクソダス——「帰国事業」の影をたどる』朝日新聞社

中村一成（2014）『ルポ京都朝鮮学校襲撃事件——〈ヘイトクライム〉に抗して』岩波書店

二階堂裕子（2016）「「非集住地域」における民族的コミュニティの研究——四国の小さな民族学校を支える諸活動を中心に」徳田剛・二階堂裕子・魁生由美子『外国人住民の「非集住地域」の地域特性と生活課題——結節点としてのカトリック教会・日本語教室・民族学校の視点から』創風社出版：103-175.

朴沙羅（2017）『外国人をつくりだす——戦後日本における「密航」と入国管理制度の運用』ナカニシヤ出版

徐龍達・全在紋（1987）「在日韓国・朝鮮人の商工業の実態」徐龍達編著『韓国・朝鮮人の現状と将来——「人権先進国・日本」への提言』社会評論社：221-259

杉原達（1998）『越境する民——近代大阪の朝鮮人史研究』新幹社

庄谷怜子・中山徹（1997）『高齢在日韓国・朝鮮人——大阪における「在日」の生活構造と高齢福祉の課題』御茶の水書房

谷富夫編著（2002）『民族関係における結合と分離——社会的メカニズムを解明する』ミネルヴァ書房

外村大（2004）『在日朝鮮人社会の歴史学的研究——形成・構造・変容』緑蔭書房

1-2 華僑華人──80年代以前のコミュニティの形成について

日本政府は依然として日本が移民国家であることを認めていないが、日本にはすでに数多くの移民コミュニティが存在している。なかでも、最も歴史が長く、また規模の上でも各地に広く点在しており、機能の上でも教育施設、互助組織、宗教団体、経済団体などを兼ね備え、かつ観光地としても名を馳せ集客力を有しているのは華僑華人コミュニティであろう。チャイナタウンと呼ばれ親しまれている華僑華人コミュニティは、他の移民コミュニティと比較し、時間、空間、階層の3つの軸からみても、多様性、重層性、そして継続性といった特徴がある。

1 華僑華人の呼び方と人口

まず、はじめに、華僑華人の呼び方について簡単に整理しておきたい。「華僑」の「僑」は仮住まいを意味し、依然として母国の国籍を有する中国系移民、一方、「華人」は居住国の国籍を取得した者を指す。近年、学術的には、「華僑華人」と一括りにすることが多い。

法務省の最新の在留外国人統計報告によると、2019年12月末現在、日本における在留外国人は2,829,416人である。各国籍・地域のなかでも中国が最も多くその数は786,241人、台湾が61,960人となっている。つまり、在日華僑は合計

848,201人である。この数には、日本国籍を取得した華人や国際結婚のもと日本国籍を有している人数は含まれていない。よって、今日、在日華僑華人は少なく見積もっても90万人を超えていると推測される。まさに、日本における最大の移民コミュニティである。

ここでは、主に1980年代以前に来日している華僑華人に注目する。華僑華人は戦前より何世代にもわたり日本に定住しており、今は4世、5世が生まれている。彼らの生活基盤は日本を主としており、第一言語も日本語である。

2 なぜチャイナタウンがあるのか？

80年代以前の華僑華人は、長崎、神戸、横浜など旧開港場に集住し、中華料理など伝統的なエスニック産業に従事しチャイナタウンを形成してきた。そもそも、なぜ彼らはチャイナタウンに集住しているのだろうか？

その歴史は日本の開港までさかのぼることができる。日本は、江戸幕府のもと外国との交易には厳しい制限が課されていたが、1859年、日米修好条約によって日本は開港することとなった。それに伴い、諸外国の人に対し、一定の区域内での居住や商業活動を認める「居留地」が設けられた。来日した欧米商人は、すでに中国の開

港場で貿易に従事しており、彼らは香港や広東などの商館で交流のあった中国人買弁（貿易の仲介を行う人）を同行させた。西洋人と日本人は、言葉も通じなければ、お互いの商習慣にも不慣れであったため、漢字で日本人と筆談でき、すでに西洋人と商売をしていた中国人は必要不可欠な存在であった。また、買弁だけではなく、西洋人が日本で暮らすために必要なサービス、例えば洋館のペンキ塗装、洋服仕立て人、理髪師、コックなど、日本ではまだ人材のいなかった分野でも中国人が活躍した。

その後、1899年の居留地撤廃・内地雑居令施行に伴い、安価な中国人労働者の増加により日本人の失業率が増えるのを避けるため事実上の職業制限が設けられた。「勅令三五二」である。この結果、中国人が就けるのは「三把刀（菜刀＝調理師、剪刀＝裁縫師、剃刀＝床屋）」の職業に限られた。このように、チャイナタウンの形成と職業の偏りは、日本の外国人政策の結果、華僑華人が生存するため苦肉の策で編み出した生きる術である。

3　出身地と継続する移住によって多様化する華僑華人

戦前の華僑華人たちは、出身地によって従事する職にも特色があった。広東系は買弁や西洋料理人、上海系はテーラーやピアノ調律師、揚州系は理髪業、福建系は貿易商、行商（呉服商）に従事する者が多かった。特に福建系は、行商に従事していたため各地に散らばっていた。彼らに対しては経済的に下層に位置づけられているとの印象をもたれる場合も多かったが、日本の高度成長に伴い、そのイメージは払拭された。

戦後、国交のない中国本土からの人の流れは一時途絶えた。むしろ台湾や香港から来日する人たちが在日華僑華人の主体をなし、人口は4万−5万人程度を維持していた。調理師のほか、留学生も多かった。その後、1972年の日中国交正常化、中国の改革開放、日本の留学生受け入れ10万人計画などを機に、中国各地より来日する人が急増した。留学生や就学生として来日し、首都圏に集中する傾向が見られた。大学や専門学校で学びながらチャイナタウンでバイトをする学生が多かった。彼らはのちに新華僑と呼ばれた。そうした新華僑たちは労働力の提供のみならずやがて起業し、日本や華僑華人コミュニティに新しい活力を吹き込んだ。このように華僑華人は、他の移民コミュニティと比較すると、連綿と流入する新移民が続き、ますます多様化、活性化している。

地理的、歴史的な関係から、華僑華人の日本への流入は当面減ることはないであろう、しかも、労働者層のみならず富裕層も増えており、華僑華人コミュニティの存在感はますます強まるであろう。

参考文献

CHEN Lara Tien-shi. (2005) Chinese in Japan. In: Ember M., Ember C.R. & Skoggard I. (eds) *Encyclopedia of Diasporas*. Springer, Boston, MA

譚（王路）美・劉傑（2008）『新華僑　老華僑——変容する日本の中国人社会』（文藝春秋）

1-3 中国帰国者——「祖国帰還の物語」を超えて

南誠（梁雪江）

1 量的把握の難しさ

「中国帰国者」（以下は「」を外す、他も同様）とは、日中国交が締結された 1972 年以後に日本に永住（帰国）・定住した「中国残留日本人」とその家族のことを指す。ここでいう中国残留日本人とは、戦時中に中国大陸に渡った日本人が戦後も中国に「残留」し、日中国交の締結後に日本へ永住帰国した人たちである。法的には「中国残留邦人等」と呼ばれている。

中国帰国者というと、戦争犠牲者や棄民といった中国残留日本人のイメージが強い。「祖国帰還の物語」がよく注目されるが、労働市場やナショナリズムの充足に用いられ、包摂しながらも他者化していく力学が見過ごされがちである（南 2016）。また法的身分の複雑さにより、量的把握も困難を極めている。1 世は日本国籍であるのに対して、配偶者たちと 2 世以降は中国国籍を保有するケースが多い。中国国籍の場合の在留資格は永住、定住、日本人および永住者の配偶者等と多岐にわたり、分別するのが難しい。そのため、約 10 万人以上という推測値がよく使われている。在日外国人の最大グループ中国国籍住民約 79 万人（2019 年末）の約 1 割以上を占めている。

人数的には決して多くないが、特筆すべきなのは人的移動の先駆けだったことである（南 2018）。日中間の人的移動がまだ活発ではない 1970 年代から始まったその越境は、インドシナ難民よりも早く到来した「黒船」であり、「多みんぞくニホン」の特徴である日系人の逆流の契機ともなった。ナショナリティとエスニシティの曖昧さを持つがゆえに、多文化共生社会を構築する際の特殊な試金石でもある。

2 コミュニティの変遷

「日本人」であるから 1 世の永住帰国が可能となったが、自由ではなかった。日本政府の政策方針によって、1980 年代中頃までの永住先は原則として本籍地に限られ、身元引受人制度が施行された 85 年以降も大都市圏への集中を避けるために「適当の集合・適当の分散」が目された。こうした政策のもとで中国帰国者は、地方への分散から大都市圏への集中、そして公営住宅団地でコミュニティを形成していった。

中国帰国者の移住先は 80 年代半ば頃まで満洲移民を多く送出した長野県、青森県と熊本県などが多かった。85 年以降も中国帰国者自立促進センターが 15 か所に設置されたように、日本全国に「適当に分散」されていた。しかし時間が経つと、大都市を目指すようになっていく。「中国残留邦人等実態調査」（厚生労働省実施）の結果を手がかりに見ると、中国帰国者の居住地域は、2001 年の首都圏 36％と大阪府 8％

から、15年の首都圏37％、大阪府10％と愛知県5.2％にまで増加した。この調査の対象は主に国費帰国者であるため、全体を把握したとは言いがたいが、地方への分散から大都市圏への集住に変化したことが明確に看取できる。私費帰国者の場合は最初から大都市圏に住む人が多い。

中国帰国者コミュニティが都市部の公営住宅団地を中心に形成されたのは、支援策として公営住宅優先入居制度が適用され、「適当に集中」していたからである。01年の実態調査によれば、公営住宅の入居世帯は約9割にものぼる。私費帰国者も多く公営住宅に入居している。団地の周辺には中国帰国者のための日本語教室や中華雑貨屋などが開かれ、コミュニティが潜在的に創られていった。顕在化したのは、01年の国家賠償訴訟運動以後であった。全国的なネットワークや地域での組織が創られ、グループとして地域活動に参加し、自分たちの健康作りや娯楽などのための活動を催すようになった。こうしてコミュニティが活発化したのである（南2016）。

3　コミュニティのゆくえ

国家賠償訴訟運動が終結してから約12年ほど経つ。全国的なネットワークが維持される一方、各地域にはNPO法人中国帰国者の会が組織された。活動の目標には、日中友好関係の構築や日本社会への貢献など

ども加えられた。しかし近年、1世の高齢化などが理由で活動が衰退する地域も現れ始めているが、新たな展開として、2世と3世たちの主体的な活動が挙げられる。

公営団地での中国帰国者コミュニティは、経済的に豊かになって団地を離れる人が増えたことで変わろうとしている。2017年の実態調査によれば、公営住宅の入居世帯は01年より3割ほども減少して約6割であった。しかしコミュニティが衰退したわけではなく、その維持・構築には最近、SNS特に中国語版のWEICHATが用いられている。従来のコミュニティとネットワークの強化に止まらない、物理的な空間を超えた拡張的なコミュニティも創られようとしている。

公営住宅入居率の高さからも明らかなように、中国帰国者は社会的に周縁化されている。しかし周縁化に抗して成功している人も多い。たとえば、羽根つき餃子を日本に広めた中国残留孤児八木功、世界一清潔な空港の清掃プロとして注目されている中国帰国者2世新津春子、ポケモンGOをつくって世界的に活躍している中国帰国者3世野村達雄、等々。

こうした中国帰国者の多様な生成的な境界文化とコミュニティの展開からは、まだまだ目が離せない。「祖国帰還の物語」を超えて初めて、他者化ではない連帯の可能性が現れてくる。

参考文献

南誠（2016）『中国帰国者をめぐる包摂と排除の歴史社会学——境界文化の生成とそのポリティクス』明石書店

南誠（2018）「多みんぞくニホン」の歴史と境界文化」長崎大学多文化社会学部『多文化社会研究』4号：33-55.

1-4 インドシナ難民——現在・過去そして展望

長谷部美佳

1 はじめに―― インドシナ難民とは？

インドシナ難民は、ベトナム戦争終結後に共産主義政権が樹立されたインドシナ三か国（ベトナム、ラオス、カンボジア）から流出した難民の総称だ。日本では1978年に定住が閣議で了解された。日系南米人の急増の始まる10年以上前から日本に定住を始めた集団であり、また難民申請を経ないで日本に定住できた難民（現在の第三国定住難民と近い）なので、当初から在留資格が比較的安定していた。兵庫県、神奈川県、東京都にあった国の定住センターで日本語と生活適応の指導を受け、就職斡旋をしてもらう形で定住を始め、2005年までの間に、11,319人が日本での定住を認められた。

2 インドシナ難民の集住地区の形成と「地理的コミュニティ」

インドシナ難民のうち、約75%はベトナム出身者で、残りの半数ずつをカンボジアとラオスが占めている。ベトナム出身者の大半は、兵庫県姫路市にあった定住促進センターで、ベトナム出身者の一部とカンボジアとラオス出身者は、神奈川県大和市のセンターで研修を受けた。そのため、ベトナム出身者の多くは、兵庫県と神奈川県に集住し、カンボジアとラオス出身者のほぼ9割近くは神奈川県に集住している。そのほか、数の多かったベトナム出身者は、東京・品川の国際救援センター周辺や民間の定住センターがあった群馬県や静岡県にも集住している。

彼らは、斡旋された企業の寮や借り上げのアパートなどで生活し始めることになったが、斡旋された企業の倒産や自己都合などで離職すると住まいも同時に失くすことになる。すると、同国人同士の情報のやり取りの中で、同胞がどこに多く暮らしているか調べ、そこで住まいを求める。結果としてある程度同胞がたくさん暮らしているところに、後から人がやってきて集まって暮らすようになる。また、彼らを受け入れてきた自治体では、雇用促進住宅を開放したり、公営住宅に住むことができるようにしたりしてきた。こうして集住地域が出来ていくことになった。

公営住宅は、民間の賃貸住宅のように賃貸時に困難を伴うことも少なく、家賃も収入によっては安くなる。よって現在でも多くの難民出身者がいわゆる「団地」に居住している。一方で、定住から40年が経過し、第二世代の中には、新築の自宅を購入し、団地を出る人も多数いる。ただし、その一軒家やマンションも、集住地区の周辺にあることが多い。

同国人同士が集住するようになれば、彼らを相手に必要なものを提供する商売が現れる。料理店、雑貨店などは、現在でもど

の集住地区でも見かけることができるが、こうした店は 1980 年代から各地で見られた。すると生活上の利便性を求めて、またそこに新たな同胞が集まっていくことになる。結果、集住が加速することになっていく。

インドシナ難民の地理的な集住を基盤とした「コミュニティ」は 1980 年代半ばごろから定住促進センターが定住させようとしていたわけではなかったにも関わらず、定住促進センター周辺を中心にできていくことになった。

3 地理的コミュニティからネットワークを基盤としたコミュニティへ

地理的な集住が形成されると、互助組織も整えられていくことになる。ベトナム出身者には、1980 年代までは、本国に対する反政府的活動をするコミュニティが存在し、こうした組織が互助活動や自治活動をすることもあった（川上 2001）また、一定数のカトリック信者がおり、彼らは独自の教会を持つことはしなかったものの、地区ごとにグループを作り、ネットワークをベースにした共同体を作りながら、日本人信徒が集う教会を利用した。集住が進んだ姫路、神戸、大和、浜松などのカトリック教会では、多くのベトナム難民出身者がミサに通い、こうしたところが、その互助組織の基盤となった。1984 年に静岡で教会を活動の基盤とした静岡県ベトナム人協会が設立されており、互助組織の団体としては設立が早い。神戸では 1980 年代から教会に所属していたベトナム出身者が、独自の維持費を集め、情報発信やベトナム語のミサを実施していたという（川上 2001）

その教会が、阪神淡路大震災で被災すると、そこの復興活動に端を発した互助組織も作られるようになった。神奈川では教会が基盤ではないものの、1994 年にベトナム人による相談活動や互助活動を目的とした団体が設立された。ただ一方、ベトナムの大半、ラオス、カンボジア出身者は仏教徒だが、彼らの独自の寺の建設は 2000 年代に入るまで存在せず、寺院は定住当初の互助組織にはならなかった。

このため、どの国の出身者の中でも、政変を機に本国へ帰国することができなくなって「難民」扱いとなった元留学生を中心に、互助組織ができ始めた。彼らの中には自分の家族が難民キャンプなどに出国していた人たちもおり、難民と留学生には重なるところが多く、元留学生たちによる家族を含めた難民支援活動が、互助組織になっていった。

こうした組織の役割として重要なものの中に、困難な際の支援をする相談業務がある。インドシナ難民は、国が提供する研修制度を利用できた数少ない集団だ。しかしそれでも研修修了後の生活は、「多文化共生」などという言葉がない時代、困難を伴うものだった。生活の支援をするにも、言語面での困難さもあり、こうした団体は「通訳」を探す場でもある。団体の中には、難民事業本部から依頼されてアフターケアのために設立されたものもある。

しかし、互助活動や通訳探し、さらに職探しなどは、組織を形成している団体ではなく、難民同士のネットワークで解決されることも多かった。特に雇用情報の提供は最も重要なものだ。1980 年代から 2000 年代までのほとんどの調査では、彼らが友

人からの紹介で仕事を見つけた経験があることを示している。何回か転職を繰り返している人も多いが、ハローワークなどの公共機関を利用して仕事を見つけるより、ネットワークを利用して見つけることが多い。同胞が持ってくる情報は、日本語がわからなくても一緒に働く同胞がいる、あるいは求職者と同等の日本語のレベルでも就ける仕事である可能性が高く、確実に職に就けることになるからだ。また、通訳も往々にして彼らは親族の中で調達し、見つからなければ、誰か日本語のわかる同胞を探し、問題を解決しようとする。それは、定住が認められた40年前から現在まで、基本は変わっていない。

　組織の形をとった団体は、求心力の維持が難しく、団体自体の継続が困難になったり、自然消滅したりすることも多かった。そのため互助活動は、団体ではなく、日本社会とのつながりのできた特定の難民出身者が、個別に生活相談を受ける、あるいは定住促進センターで難民相談員として働いていた個人が、相談を受け続けるという状態だ。インドシナ難民のコミュニティとは、組織的基盤を持った団体よりも、ゆるい人と人との繋がりをベースにしたコミュニティであることが多い。

4　コミュニティの役割

　こうしたコミュニティの役割として雇用情報の提供と同様に重要なのは、精神的な支えだろう。日本に上手に適応していたとしても、同じ言語や同じ食習慣を共有できる人たちとともにいて、話をすることは、難民出身者にとって精神的な支柱である。実際、30年、40年と日本で生活し、国籍を取得し日本に馴染んでいる人たちの中にも、同国出身の人たちとの交流を頻繁に持っている人も多い。

　また多くの難民出身者の仏教徒は、その精神的支柱を具現化するにあたり、長らく寺院建設を求めてきた。寺院建設には、ある程度組織だったグループが必要であり、資金的な裏付けも必要だった。そのため時間がかかったものの、ベトナム、ラオス、カンボジアのどの国の仏教寺院も2000年代に入ってから設立されることになった。ラオス寺院は2003年、ベトナム寺院は2006年に埼玉、2011年に神奈川、2010年前後に兵庫、カンボジアの寺院は、2015年以降神奈川県内に3つが設立されることになった。

　文化の継承も、コミュニティの重要な役割だ。難民の第二世代、第三世代は、日本語で教育を受け育っていく。食習慣なども日本のものが主流となる。その場合、親の母語、母文化は家庭内ですぐに継承されていかなくなる。母語教室や母国の伝統文化を学ぶ場などは、家庭ではなく、コミュニティがその提供主体となっている。

5　変容と展望——結びにかえて

　インドシナ難民の受け入れは、2005年に終了したものの、いまだに彼らの家族の呼び寄せは継続しており、新規の移住者にとっては、彼らが作り上げてきたコミュニティの役割は、まだまだ大きなものがある。しかし一方で、日本に適応する人が増えれば増えるほど、コミュニティを必要としない人も増えることになる。それどころか、移民の第二世代で、日本人と結婚していく人や、日本企業に普通に勤めていく人

の中には、コミュニティへ連なることそのものが、精神的な負担になる場合も見受けられる。安定した経済的基盤が得られることになれば、コミュニティ内部での雇用情報も必要ない。

インドシナ難民のコミュニティは変容の時を迎えている。難民出身者の属性が変わっていくことと同時に、日本社会の「外国人」の状況が変容するにつれ、外部要因によるコミュニティの役割の変化が見られるのが現状である。

もともと難民出身者が築いていったコミュニティが、ここ数年急激に増加してきた、同国出身の研修生や留学生のケアに関わっているケースが散見される。特に、現在は技能実習生の数が難民出身者の30倍近くにもなるベトナム人の場合、それまで互助活動を行ってきた人たちが、実習生を支える活動も行っている。人口規模が小さいカンボジア人も同様である。一方で、難民のネットワークが、技能実習生を呼んだり、親族を呼んだりする仲介業者としての機能を果たすこともある。

また、日本社会で「多文化共生」が目指される中、各難民のコミュニティの役割が、日本社会の中で広く認識され、日本人との交流の場になったり、あるいはコミュニティを通してコミュニティの中のより弱い立場の人への支援を提供するための場になったり、日本社会と難民との関係が、コミュニティ経由で確立する場合もある。

コミュニティ内部の多様化、日本社会の変容など、コミュティ内外の環境はインドシナ難民の受け入れ開始時とは大きく異なっている。しかし、その役割も互助的なものにとどまらず多様化している。今後も日本の共生社会の中で、難民コミュニティが果たす役割の重要性は増すことになるだろう。

参考文献

アジア福祉教育財団難民事業本部（1993）『インドシナ難民の定住状況調査』

川上郁雄（2001）『越境する家族』明石書店

戸田佳子（2001）『日本のベトナム人コミュニティ── 一世の時代、そして今』暁印書館

長谷部美佳（2016）「エスニック・コミュニティと行政の役割」小泉康一、川村千鶴子編『多文化「共創」社会入門』慶應義塾大学出版会

1-5 クルド人──ふるさとからの声

ソホラブ　アフマディヤーン

はじめに

1973年の石油ショック以降、世界の注目を集めることとなった中東諸国は、イラン・イラク戦争を経て、国際社会における存在感をさらに増していった。とくに、湾岸地域は日本の国際政治の中心地点となったといえよう。1980年代前半に日本が高度経済成長を遂げると、今後は中東諸国における日本への関心が高まり、日本を目指す移住者が急増した。今日では、日本の少子高齢化とそれに伴う深刻な労働力不足への懸念から、日本国内における外国人労働者の受け入れ圧力が強まっている。

こうしたことを背景に、日本には多くの中東出身者が居住し、その中には約2,000人のクルド人も含まれている。日本の移民問題とその背景を正しく理解しようとするとき、在日クルド人たちの存在を無視することはできない。本稿では、歴史的な経過を踏まえながら、在日クルド人コミュニティの形成とその特徴について検討する。

1　クルド人、クルディスタンとは

Googleマップで「クルディスタン（あるいはKurdistan）」と検索してみると、国としては何の情報も見つけることができない。しかし、クルディスタン（クルド人の土地）と呼ばれる地域は確かに実在している。では、それは地球上のどの地域を指すのだろうか。

クルド人の古代史に関しては諸説あるが、ここではロシアの歴史家・言語学者であるウラジミール・ミノルスキーの説を簡単に説明する。ミノルスキーは、紀元前7～6世紀にメディア族が居住していた土地と現在のクルド人が過半数を占める土地が同じであることから、メディア族がクルド人の祖先である可能性を指摘した。また、言語的には紀元前8世紀にこの地域に侵入したメデス族と類似するとも述べている（Vladimir Minorsky 1915）。こうしたミノルスキーの見解は、20世紀のクルド民族主義者に幅広く支持されていた。

クルド人はアラブ人、ペルシャ人と並ぶ中東地域における三大先住民族の一つであり、独自の言語（クルド語）と文化、歴史、慣習をもった民族である。総人口は2,500万～3,000万人と推定され、居住地域はトルコ、イラク、イラン、シリアなど複数の国にまたがっている。より詳細には、トルコ南東部、イラク北部、イラン西部、シリア北部、さらに旧ソビエト連邦のアルメニアとアゼルバイジャンの一部にまたがる地域が、古くから「クルディスタン」と呼ばれている地域である。その面積は約50万平方キロメートルにおよび、フランスの国土面積と同等、あるいは日本の国土面積の約1.5倍に相当する。

2　クルディスタンを離れる

　いつの時代においても、クルド人がクルディスタンを離れる理由は、地域の政治情勢と密接に関係している。クルド人の間に民族主義の思想が生まれた年代は正確にはわかってないが、最初にクルド人のナショナリズム指導者が登場したのは、19世紀初頭であった。

　19世紀初頭、オスマン帝国は中央集権政策を推し進め、半自律的なクルド人公国の排除を行った。これにより、イスラム学者を中心としたクルド人民族組織が形成され、中央勢力との緊張関係が高まっていった（山口昭彦 2019）。中央勢力によるクルド人の抑圧は次第に強まり、それに反発するクルド人が民族主義運動を開始した。1880年代のクルド人民族主義運動は、最初のクルド人ナショナリズムの蜂起として近代史に名を残している（Kandi, 2009）。

　20世紀初頭に、クルド人は初めて独自の国家を樹立する機会を得た。第一次世界大戦中の1916年、オスマン帝国領の分割をとり決めたサイクス・ピコ協定がイギリス、フランス、ロシアの間に締結された。1920年8月10日に連合国とオスマン帝国との間に締結されたセーヴル条約では、第62条、および第64条でクルディスタンの独立が認められた。しかし、1923年に新たに結ばれたローザンヌ条約で、セーヴル条約の当該条項が無効となり、クルド人の居住地域はイラク、トルコ、イラン、シリアの国境によって分割されることとなった（中川喜与志 2001）。

　以来、クルド人は自治・独立のための戦いを続けてきた。クルド人と中央政府との長い戦闘の歴史のなかで、多くのクルド人が殺害され犠牲となっている。その一例として、以下の2つの事件を挙げる。

1. デルシム事件：1936年から1939年にかけて、デルシム（Dersim, 現在のトゥンジェリTunceli）で発生したトルコ軍による軍事攻撃。計13,800人が殺害された。
2. ハラブジャ事件：1988年3月16日にイラク北部ハラブジャで発生した、化学兵器によるクルド人の大量虐殺事件。

　こうした虐殺から逃れるため、多くのクルド人が個人で、あるいは集団で国境を越え、難民となって世界中に離散することとなった。1970年代までは合法的に、1980年代以降は非合法的に、あるいは亡命を求めて、アメリカやヨーロッパへと移動した（宮治美江子 2010; 中島由佳利 2003）。

3　日本をめざして

　日本クルド文化協会の調査によれば、日本に居住するクルド人は約2,000人で、その多くは埼玉県の川口市や蕨市など首都圏に集住している。地域への定着に伴って、たとえば蕨市では、クルディスタンと掛け合わせた「ワラビスタン」という愛称も生まれている。また、1990年代の来日から30年近くが経過し、蕨市周辺では日本で生まれ育ったクルド移民二世の若者の姿も見かけるようになった。

　とはいえ、この「クルド人」を定義することは実は容易ではない。在日クルド人のなかには、無国籍者や日本生まれの第二世代、第三世代など、多様な属性をもつ人々

が含まれるからである。こうした多様なメンバーによって構成される日本のクルド人ディアスポラは、いかにして形成され、いかなる特徴をもつのだろうか。

クルド人が移住先として日本を目指した背景には、以下の2つの基本的要因がある。第一の要因は、バブル経済の崩壊によって労働需要が縮小した一方、実際には慢性的な労働力不足に苦しむ地域・産業・企業は存在しており、外国からの労働者に対する根強い需要があったことである。また、外国人労働者側にしても、彼らの多くは母国に帰ったところで職に就ける見込みはなく、より機会の多い日本での就職を望んでいた。こうして双方のニーズが一致したことで、労働力が不足する地域や産業で外国人労働者が増加し、彼らの日本での滞在も長期化することとなった。

第二の要因は、アブドゥラ・オジャラン率いるクルディスタン労働者党（以下、「PKK」）とトルコ政府軍の戦闘により、少数民族であるクルド人が極めて困難な状況に直面していたことである。1980年代末、クルディスタンの自由と独立を掲げるPKKとそれに対抗するトルコ政府軍との間で戦闘が激化し、トルコ南東部は実質的な内戦状態におかれた。1990年代に入ると、トルコ政府は南東部の町や村がPKKを支持しているとして、この地域への空爆や戦車による破壊行為を繰り返した（中島由佳利2003）。トルコ政府によるこの無人化政策は1994年から1995年にピークを迎え、故郷を追われたクルド人の数は300万人、破壊された町や村の数は3,000を超えると言われている。家や農地、家畜を焼かれ、生活のすべてを奪われた大量のクルド

人たちは、トルコ国内の都市や、他国へと流入していくこととなった。国外避難民たちの多くはヨーロッパ各国へ逃れたが、入国規制の厳格化の動きを受けて、一部のクルド人は、トルコ共和国との査証免除協定により観光目的での入国が容易な日本を目指した。この時期にクルド難民の来日が始まっているのは、こうした事情による。

4　クルド人として日本で生きる

現在、日本に居住しているクルド人のほとんどはトルコ出身者であるが、近年はイラクやシリアでの内戦から逃れて来日するクルド人も増加している。こうした人々の大半は、日本とトルコとの間に結ばれた相互ビザ免除制度を利用して、短期滞在者として入国している。滞在期限が切れた後は、日本政府に難民認定申請をしている者が多い。

在留の形態としては、難民申請者のほか、在留特別許可を得ている者や正規の在留資格を持たずに滞在している者も多い。また、日本人との婚姻によって滞在許可を得ているケースや、仮放免中のケースも少なくない。

大半の在日クルド人は就労可能な在留資格を持たず、ゆえに、家族を養うために必然的に不法就労にならざるを得ない。また、こうした事情から、医療保険に加入することもできないまま、入管による摘発や収容への不安を抱えながら日本で生活している。仮放免中の義務である出頭の際に突然収容されるケースも報告されており、たとえ仮放免許可が下りたとしても、各収容所長の裁量で決められた保証金を納付しなければならない。そのために、多額の借金

を余儀なくされる者も多く、本国への帰国を困難にしている一つの要因といえる。

居住に関しては、一部の地域に集住傾向がみられる。東京、千葉、群馬、名古屋、大阪などの地域に分散して住んでいるクルド人も少数いるが、ほとんどの場合、埼玉県の川口市と蕨市に近居・同居することを選択している。なぜなら、川口市と蕨市の周辺地域はクルド人にとって東京近郊にある工業地帯であり、生活費や住宅費が比較的低く、労働力に対するニーズが高い等、多くの利点があるためである。加えて、様々な外国人を受け入れている同地の歴史は、クルド人にとって住みやすい環境をもたらしている。

同地におけるクルド人の個人生活に目を移せば、経済的な相互依存関係が見られる。長期滞在資格または労働許可を持つクルド人は、建設、解体産業、外食産業等で様々な会社を設立し、他のクルド人を雇用している。聞き取りの結果、当該企業のほとんどの従業員は毎月20万円以上の給与を受け取っていた。

そうした状況により、クルド人同士が集住していることで安心感が醸成されつつ、互いの生活スタイルを保ちながら寄り添える体制が形成されている。また、集団主義はクルド人の文化的特徴であることから、個人主義は忌避され、一人暮らしをする者があまりいないという傾向もある。

5　在日クルド人と求めるアイデンティティ

在日クルド人は、いかなる方法で母国・故郷とのつながりを維持し、そのつながりは、本国に向けた政治動員としていかなる意味を持つのだろうか。

日本のクルド人ディアスポラは、第一に本国の民族集団が暴力に直面した際の政治動員として機能する。国民国家を持たないクルド人は、故郷で構造的な暴力に直面し、自らのアイデンティティが脅威にさらされていると感じている。こうした、クルド人の無国籍性やアイデンティティの喪失への危機感が、クルド人ディアスポラの形成に重要な役割を果たしているといえる。

第二に、集合的アイデンティティは、ディアスポラの社会関係資本を橋渡しする機能を有している。したがって、在日クルド人の間で共有されたアイデンティティが、ディアスポラ組織やコミュニティへの動員力を向上させているといえる。こうして形成されたディアスポラは、政治エリートによるリーダーシップのもとで、主に本国での重要な出来事やイベントへの対応として動員される。

参考文献

中島由佳利（2003）『新月の夜が明けるとき——北クルディスタンの人びと』新泉社

中川喜与志（2001）『クルド人とクルディスタン——拒絶される民族：クルド学序説』南方新社

宮治美江子（2010）『中東・北アフリカのディアスポラ』明石書店

山口昭彦編（2019）『クルド人を知るための55章』明石書店

Kandi, A. (2009). Insiklopiday mêjuname *(Encyclopedia of the kurdish history)*. [In Kurdish]. Arbil: Vezaretî Roşinbîrî u lavan.

1-6　滞日ビルマ系難民──コミュニティの時間・空間・階層の観点から

人見泰弘

1　はじめに

　戦後日本は幾度か難民受け入れを経験してきた。戦後初の本格的な難民受け入れは、1970年代から2000年代にかけて実施されたインドシナ難民受け入れにさかのぼる。このインドシナ難民受け入れと並んで実施されたものが、難民条約の批准に伴い1982年から今日まで続く条約難民政策である。しかしこの条約難民政策が厳密に実施されてきたこともあり、法的に難民として日本で滞在許可を得る人々は少数に限られてきた。そのなかで1990年代から2000年代にかけて難民として滞在することになったのが、軍政による政治迫害から逃れてきたビルマ（ミャンマー）からの難民たちであった。滞日ビルマ系難民の滞在はすでに30年近くとなり、この間の2011年には祖国の民政移管という大きな政治変動を経験することにもなった。本論では滞日ビルマ系難民コミュニティが民政移管を経験しつつ、いかなる移住過程をたどってきたのかを、本書のテーマである空間・階層・時間の観点から手短ではあるが整理していきたい[1]。

2　滞日ビルマ系難民コミュニティの空間・階層・時間

(1)　空間──集住地域の形成と広がり

　ビルマ系難民の第一陣が来日し始めたの

は、1990年前後のことである。1988年にビルマで民主化運動が活発化し、日本へと逃れたことによるものであった。この時期に来日したビルマ系難民の経験をふまえると、当時の首都ヤンゴンからタイ・バンコクを経由して成田空港に到着後、日本に暮らす知り合い・縁者を頼り、都内に居住先を探し始めたとされる。東京都新宿区中井周辺に多くが住み始めたことから、中井は最初のリトル・ヤンゴンと呼ばれることになる。その後は交通の便がよい山手線近くにビルマ系飲食店や雑貨店などがみられ始め、現在のリトル・ヤンゴンは新宿区高田馬場周辺を指すようになった。高田馬場周辺には飲食店や雑貨店のほか、美容院や母語教室などもある。

　ビルマ系コミュニティでは同胞ネットワークを頼りに居住先が決まることから

1　条約難民政策とは別に第三国からの難民を受け入れる第三国定住政策が2010年度より始まり、2020年4月時点で194人（第一陣から第十陣までの合計）のビルマ系難民が関東圏のほか広島県、兵庫県、愛知県で受け入れられている。本章では長期的な難民コミュニティの変遷を追う目的と、制度枠組み及び来日する難民の移住背景が異なることをふまえて、条約難民政策を通じて滞在するビルマ系難民コミュニティに焦点を当てて論じる。
　なお、戦後日本の難民政策を比較して論じたものとして人見（2018）も参照されたい。

も、都内のマンションの一室に数名が同居して生活する姿がよくみられた。ただし詳細にそのネットワークを見てゆくと、同じ都心とはいえ、ビルマ系コミュニティのなかでは出身民族による居住地の違いも見られた。キリスト教系の少数民族出身者は多くが大田区などの都心南部に、イスラム教徒のロヒンギャ系は北関東地域に集まっており、多民族社会ビルマの様相を垣間見ることになる。各地には教会やモスク、そして僧院といった宗教施設が設けられるなど、それぞれにコミュニティ組織が整備されつつある（人見 2012）。

　他方で滞日ビルマ系難民は関東圏に限らず、愛知県などの東海地域でも多数が暮らしている。とくに愛知県はビルマ系難民政治組織の名古屋支部が置かれるほど関係が深い。例年関東圏と同じようにビルマ新年を祝う水かけ祭り（ダジャン）や燈明祭り（ダディンジュ）が名古屋市内で開催されている。ビルマ系仏教徒が集う寺院も名古屋市中川区に設立されており、2018年秋にこの寺院で開催された燈明祭りでは数百人のビルマ人が集まった。この地域で暮らすビルマ系コミュニティが集う場所のひとつとなっている。

（2）階層——経済的地位と法的地位に着目して

　滞日ビルマ系難民の階層についてはさまざまな捉え方がありうる。経済的階層という観点から捉えるならば、都心部に暮らす滞日ビルマ系難民の多くはかつてより都内の飲食業に代表されるサービスセクターで働く人々が多かった。居酒屋や喫茶店、焼き肉店などの特定の店舗に同胞ネットワークを介して就労機会を得て、結果的にビルマ系難民は一種のニッチを形成し、サービスセクターの担い手として日本社会に組み込まれていた（人見 2008b）。他方で都心から離れた北関東地域や愛知県などの東海地域では製造業などの需要が高く、工場労働者として就業するビルマ系難民が目立つ。地域の産業構造を反映して就業先を確保していたと言える。

　一方で滞在期間が長期化するなか、滞日ビルマ系難民のなかには資本やスキルを蓄積して自営業者として自立していくものも見られた。その多くはエスニック・レストランの経営者としての道を探っていく。民政移管直後にみられたある種の「ミャンマーブーム」が到来した時期には、都内でも多数のビルマ系レストランの新規起業がみられたり、今後の拡大が見込まれる日本とビルマとの観光や貿易に携わる人々も現れたりするなど、新たな経済機会に参入する人々もみられた。

　もうひとつ、ビルマ系難民コミュニティの階層を捉える視点として、在留資格という法的地位の影響も大きい。日本の難民認定制度では、難民認定申請に応じて難民認定者や人道配慮、難民申請者、非正規滞在など法的地位が異なる滞在状況が生み出されている。法的地位それぞれにより就労や社会保障、家族呼び寄せ、永住権取得などで付随する権利に差異が設けられており、享受できる権利が薄い場合に彼らの移住過程は様々な制約を受ける（人見 2008a）。行使できる権利に違いがあることで、法的地位は難民コミュニティ内の権利格差という階層をつくりだしているのである。

　加えてこうした権利格差は、2011年民

政移管後の本国帰国という文脈とも接続することになった。ビルマ側での法的地位とも関連するのだけれども、仮にかつて失ったビルマ国籍を回復し、かつ日本で永住者の在留資格を保持しているビルマ系難民は日緬間の行き来が比較的容易となる一方、ビルマ国籍が未回復であったり更新制の在留資格である定住者や特定活動を保持する場合であったりすると、ビルマへの帰国や再来日が適わなかったり権利が制約されたりしてしまう（ビルマ系難民の本国帰国の詳細は人見 [2017] を参照されたい）。法的地位に伴う権利格差は日本での滞在のみならず日緬間の国際移動という局面にも影響をもたらしており、難民コミュニティ内部において新たな階層性を顕在化させるものともなっている。

（3）時間——難民から移民へ？　難民コミュニティ内部の差異化

滞日ビルマ系難民の時間的変化を見出すとき、まさにこの 2011 年民政移管は難民の移住過程を再編させた大きな契機のひとつと捉えられる（人見 2017）。民政移管に伴って難民の帰国が実現したことから、ビルマ系難民の難民性は薄れ、難民と移民との境界線が薄まったと捉えられることもしばしばである。しかし民政移管が難民コミュニティに与える影響は一様とは言えない。たしかに民政移管はかつての民主化勢力が政権を樹立したことにより政治的迫害の恐れを遠のけ、海外に離脱した難民に祖国への帰国の道を開くビルマ史に残る出来事であった。しかしそれは同時に民政移管を経ても未だに帰国が適わない難民の存在を浮き彫りにすることにもなった。2012

年以降ビルマ北部カチン州ではビルマ国軍との衝突が続き、多数の避難民が発生する事態となった。西部ラカイン州ではロヒンギャ系難民の迫害が深刻化し、周知のごとく国際問題へと発展するに至る。これらの民族出身者からすれば民政移管は到底、難民性の消滅をもたらしたとは言えない。むしろ民政移管が肯定的に評価されることで政治的迫害が見えづらくなり、難民当事者のリスクが一層高まるという逆説的な帰結をもたらすことにもなった。民政移管を経てもなお、これら少数民族出身者が難民として保護を求める動きは続いている。民政移管は、難民性の希薄化と鮮明化という分岐を、難民コミュニティにもたらしているのである。

3　まとめに代えて

時間・空間・階層の観点から滞日ビルマ系難民コミュニティの変遷を見てきた。来日から 30 年間を通じて滞日ビルマ系難民はコミュニティの基盤をつくり、日本社会に編入していくことになった。同時に、民政移管という祖国の政状変化は、日本に暮らす難民たちの様相をも大きく変えることにもなった。近年は祖国の社会変化を受けながら、難民たちは新たな移住過程をたどり始めている。

今後のビルマ系難民コミュニティはどのような姿を見せていくのだろうか。民政移管を経て大きく変わる祖国と、難民はどのように関わっていくのだろうか。難民として日本が受け入れた人々のゆくえを、今後も見ていく必要があるだろう。

参考文献

人見泰弘（2018）「戦後日本の難民政策—受入れの多様化とその功罪」移民政策学会設立10周年記念論集刊行委員会編『移民政策のフロンティア—日本の歩みと課題を問い直す』明石書店、pp.101-107.

——（2017）「滞日ビルマ系難民と祖国の民政化——帰還・残留・分離の家族戦略」人見泰弘編『難民問題と人権理念の危機—国民国家体制の矛盾』明石書店、pp.271-290.

——（2012）「滞日ビルマ系難民のキリスト教——宗教文化とエスニック・アイデンティティ」三木英・櫻井義秀編『日本に生きる移民たちの宗教生活——ニューカマーのもたらす宗教多元化』ミネルヴァ書房、pp.29-53.

——（2008a）「難民化という戦略——ベトナム系難民とビルマ系難民の比較研究」『年報社会学論集』21:107-118.

——（2008b）「ビルマ系難民の労働市場——社会的ネットワークの再編成と職業ニッチ」『現代社会学研究』21: 19-38.

付記

本稿はJSPS科研費JP 17KT0030, JP 19K02054の助成を受けた研究成果の一部である。

加藤丈太郎

はじめに

　本稿において「ロヒンギャ」とは、ミャンマーラカイン州に暮らしていたイスラム系少数民族を指す。ミャンマーはビルマ族を中心とした多民族国家である。ミャンマーにおいて、ロヒンギャと他の民族では「ロヒンギャ」に対する見解が異なっている。ロヒンギャは、古くからミャンマーに居住していた「国民」であると主張する。一方、ミャンマーでは1982年に国籍法が改正され、国民とは「1823年以前から領土内に居住している土着民族」を指すとされた。ロヒンギャは「土着民族」ではないため、「国民」ではないという。ロヒンギャはミャンマー国内において差別・迫害の対象となり、多くが国外に逃れた（聖心女子大学グローバル共生研究所 2017）。

　日本にもロヒンギャが暮らすコミュニティが存在する。その中心となる在日ビルマロヒンギャ協会（Burmese Rohingya Association in Japan, 以下 BRAJ）は1994年4月に群馬県館林市で設立された。①在日ロヒンギャの生活支援（仕事の紹介など）、②世界におけるロヒンギャの生存者の把握及び支援、③ミャンマーの民主化を目的に活動している。

　本稿は、BRAJ 設立者・長谷川健一（Haroon Rashid）さん、その次女・留理華さん（安田 2019、山村・陳 2019 も参照）へ

のインタビューを中心に執筆している。親子に話を聞くことで、多世代から通時的にコミュニティを捉えた。また、2017年12月に筆者が群馬県館林市を訪問した際の記録を一部補足した。

　長谷川さん親子は2013年に帰化申請を行い、帰化が認められたため日本名となっている。健一さんは、ミャンマーでは地質学を専攻し、数学の教師をしていた。1993年12月に来日、1998年に日本で在留許可を取得後、2001年に家族（妻、長女、次女・留理華さん、長男）を呼び寄せ、家族で日本に定住している。新大久保・高田馬場でハラールストアを経営している。

　次節では、在日ロヒンギャを（1）空間軸、（2）階層軸、（3）時間軸から見ていく。

1　在日ロヒンギャにおける空間軸・階層軸・時間軸

（1）空間軸

　在日ロヒンギャは250名程度存在し、95％が群馬県館林市に集住している。館林市に集住しているのは、ある偶然と宗教的な理由が重なったためである。

　ロヒンギャの何名かが勤務していた会社が、埼玉県の大宮から館林市に移転した。会社の移転とともに、ロヒンギャも館林市に移った。館林市には工場が沢山あり、仕事が見つけやすかった点も集住に結びつい

ている。

　ロヒンギャは99％がイスラム教を信仰している。東京都内で外国人が就労できる場所は飲食店が多い。飲食店でロヒンギャが働く場合「ハラールで、豚肉を使わない、アルコールのない場所」でないと働きにくい。しかし、飲食店でそれを実現するのは難しいので、工業が盛んな館林市に集住することになった。

　館林市にはロヒンギャを中心としたモスクも建設された。2階建てで、1階には台所、洗い場、食事ができるスペースがある。2階が礼拝をする場所となっており、男性のみが入ることを許されている。スリランカからイマーム（指導者）を招聘し、礼拝を行っている。夜には子どもたち向けにコーランの勉強会も開かれている。

　住居は、館林市内にアパートを借りて住んでいる場合が多い。館林市はロヒンギャだけでなく、ブラジル人、フィリピン人などの外国人が多く暮らしてきたため、外国人に部屋を貸すことに不動産屋も慣れてきている。2、3家族、団地で暮らしている家族も存在する。

　以上のとおり、就労・生活の多くが館林市で行われているが、高等教育への進学、就職、ビジネスを興す場合に館林市を出て、生活する場合がある。長谷川家の場合、新大久保でのハラールストアの立ち上げに伴い、まず健一さんが東京都内に転居し、基盤を作ってから家族を呼び寄せた。BRAJの代表者会議が館林で開かれるので、最低月に1回は館林に通っている。

　第三国定住難民事業（政府主導で東南アジアの難民キャンプから、年数十人難民を日本に招く事業）で、ミャンマー人が日本に来ている。2019年に来日した中に「2家族、ロヒンギャが含まれている」ことが分かった。2019年末に、当該の家族がハラールストアに買い物に来てくれて、来日していることに気がついたという。彼らが、ロヒンギャが集住する館林市ではない場所に住んでいたため、健一さんは「正月に自宅に招き、食事をご馳走し、何か困ったことがあれば相談するように声をかけた」という。

　空間軸は、海外にも拡がっている。2017年8月「アラカン・ロヒンギャ救世軍」を名乗る武装グループがミャンマー・ラカイン州の警察・軍施設を襲撃したことをきっかけに、ミャンマー国軍が大規模なロヒンギャ掃討作戦を実施した。ロヒンギャの多くがバングラデシュに逃れ、元々逃れていた者を含めると100万人以上がバングラデシュ南部・コックスバザールの難民キャンプで生活している（日下部・石川2019）。ここには長谷川さん親子の親戚も含まれる。同年11月「キャンプの子どもが非行に走らないためには教育が重要」と考え、BRAJは現地で教師を雇い、キャンプ内に学校を設立した。300人の子どもたちが通っており、ビルマ語、英語、コーランを習っている。BRAJのメンバーも実際にキャンプに出向き、支援を続けている。「ミャンマーに子どもたちが帰還できるまで続ける」という。

　空間軸は、群馬県館林市から東京都内、そしてバングラデシュ・コックスバザールに展開されていた。

（2）階層軸

　在日ロヒンギャ男性は、群馬県館林市で工業（車の部品工場など）、リサイクル業な

どで雇用されている。日本人が経営する派遣会社を通じて仕事を見つけている。ロヒンギャの多くは就労制限のない在留資格を有しているため多様な職場に派遣できる利点が派遣会社にもある。女性は派遣会社を通じて弁当工場で働く者の他、幼稚園教諭、介護ヘルパーなどで働いている例もある。

事業を興し、それが成功した場合には階層の上昇が可能となる。健一さんはインドレストランのウエイターから、ハラールストアを2008年に新大久保、2012年に高田馬場に開業した。「店を立ち上げた際は、店の奥にベッドを置いてそこに横になり、アパートも借りずに家賃を節約した」という。一生懸命働き、節約し貯金をしたため、成功を収めた。ただし、健一さん曰くビジネスをやっている人は10人以下であるという。

一方、後から来たロヒンギャの中には、難民認定も在留許可も得られず、仮放免（収容を一時的に解かれている状態をいう、在留資格は与えられていない）状態の人もいる。10〜12人が該当する。難民認定申請手続において「細かい部分の供述でミスをしてしまい、入国管理局が信用していない」ようである。少数は家族を形成しているが、多くは単身者である。彼らはミャンマーには家がなく、親戚はバングラデシュに逃れている。一方で、ミャンマー大使館が彼らの手続きを進めてくれるわけではないので、行き場がなく困っている。

BRAJでは活動のために月に2,000円をメンバーから集めている。集めたお金の一部で、仮放免状態の者が困っているときに支援する場合もある。夫が入国管理局に収容される中、子どもを出産した妻には、おむつ、食べ物など、それぞれができる形で物資を支援した。

階層軸は、群馬県館林市で雇用され働く男性を中心に、上昇する者、在留資格がないためにより下層に置かれる者に分かれていた。

（3）時間軸

健一さんを中心に説明する。90年代に男性が難民（申請者）として来日し、2000年代に妻・子どもをミャンマーから呼び寄せ、2010年代に子どもが結婚・出産し、孫の誕生と続く。

1990年代を見る。健一さんは1993年12月にミャンマーでの迫害を逃れるため「短期滞在」で来日した。「日本は難民条約に加盟しており、アジアで近いので、自分は日本を目指した」という。

来日時、日本にいたロヒンギャは自分を含めて7人であった。1994年4月にBRAJを設立するまで、コミュニティはなかった。7人のうち3人は海外に転居し、4人は今も日本に残っている。ミャンマーで大学が同じだった1人のことは知っていたが、他は誰も知り合いはいなかった。つまり身寄りがない中、来日した。

その頃、ミャンマーに暮らす家族は、ラカイン州での差別がひどく、身の安全を確保するためにヤンゴンに移っていた。

1998年に難民認定は認められなかったが、人道配慮の在留許可が得られた。その後、「定住者」の在留資格を得た後に、家族を呼び寄せることが可能となった。

次に2000年代を見る。健一さんは2001年に家族を呼び寄せた。家族は妻、

長女、留理華さん、長男である。家族での生活を考え、コミュニティが形成されている館林市で暮らした。2007年に都内に転居し、長女と留理華さんは専門学校まで進学し、長男は大学まで通った。

2010年代には長女、留理華さんが結婚し、それぞれに子どもが4人、5人生まれ、孫が9人いる。以上、年代を追うごとに世代が増えていることが判明した。

2 ロヒンギャ以外とのつながり

(1) 他の移民コミュニティとの比較

モスクを通じ、ネパール、インド、バングラデシュ人といった他のムスリムとの交流がある。彼らはハラールストアの顧客としても来る。

一方、ミャンマーのビルマ族とのつきあいには問題が発生したことがあったとい

う。4、5年前にミャンマー大使館へのデモが起きたとき、ビルマ族がハラールストアを襲ってきた。「ハラールストアには行くな」という書き込みがミャンマー人個人やグループのfacebookになされ、グループメッセンジャーで情報が回ったという。

しかし、ハラールストアは高田馬場で近隣のレストランに卸売を行っている。ミャンマー料理レストランの多くがハラールストアの顧客である。ビジネスの関係ではいずれもつきあっていかなければいけないので、今は、関係は落ち着いているという。

以上、宗教を元にしたつながりがある一方で、母国の民族をめぐる紛争が日本で起きてしまう場合も見られた。

(2) 日本社会との関係

BRAJの事務局長が地元館林市行政との

聖心女子大学での講義を終えて学生と語らう留理華さん（2018年）

パイプ役になっている。館林市にロヒンギャを中心としたモスクを建設する際には近隣住民から反対の声も上がったが、ロヒンギャから挨拶を続け、今では理解してもらえるようになった。モスクに近隣住民を食事に招くこともあり、市議会議員なども来てくれる。

長谷川さん家族は近所の人に「ロヒンギャのケーキや、ロヒンギャの食べ物を作って配ったりしている」。近所の人は喜んで受け取ってくれ、長谷川さん家族が逆に近所から野菜をもらったりすることもある。

以上から、日本社会と関係を作りながら、コミュニティが形成されていることが分かる。

3　在日ロヒンギャにおける将来展望

ロヒンギャ難民の新たな流入は「ほとんど見られない」という。よって、コミュニティが続くには、家族における「再生産」が前提となる。そして、それは実現している。

長谷川家の場合、子どもの結婚に当たっては、親がロヒンギャの相手を選んだ。しかし、一方的に親が押し付けるのではなく、子どもにも「その人でいいかどうか見てもらうようにしている」という。娘たちは親が選んだ相手と結婚したが、息子は相手が気に入らなかったので、結婚には至らなかった。「結婚は一生続くものなので、子どもの意思も尊重している」という。長谷川家では、リビングルームの隣に礼拝のための部屋を作り、毎朝6時からコーランを詠んでお祈りをしている。

以上を見るに、日本社会と協調しつつも、在日ロヒンギャが自らの文化を守っていく姿勢が続けば、在日ロヒンギャコミュニティは存続していく。

また、日本からバングラデシュの難民キャンプ内の学校の支援を行うというトランスナショナルなコミュニティ形成が見られる。学校の支援には日本人写真家や大学生が協力をしてくれるようになり、写真展などを開き、学校にかかる資金を細かく集めている。学校継続のためには、さらに多くの支援と、安定した収益の確保が必要とされている。

参考文献

日下部尚徳・石川和雅編著（2019）『ロヒンギャ問題とは何か――難民になれない難民』明石書店

聖心女子大学グローバル研究所（2017）「ロヒンギャ難民に関する連続緊急シンポジウム報告書」

安田菜津紀（2019）『故郷の味は海をこえて――「難民」として日本に生きる』ポプラ社

山村淳平・陳天璽編著（2019）『移民がやってきた――アジアの少数民族、日本での物語』現代人文社

第2章
80年代以降の低賃金労働者
——就業条件による集住・分散と存続・消滅

本章の概要

　1980 年代半ば、製造業における人手不足が深刻になった。そこで、業界が注目し、法務省も黙認したのが、アジアや中東出身の超過滞在者である。彼らの姿は、日本各地で多く見られた。しかし、1990 年に施行された改正入管法によって日系人に「定住者」の在留資格が与えられると、彼らはその存在を取って代わられてしまう。ただし、日系人に与えられた役割は、超過滞在者と同じく人手不足の解消であり、2008 年のリーマンショックの際には、「雇用の調整弁」として真っ先に解雇された。その他にも、エンターテイナーの資格で各地に生活の糧を求めたフィリピン人女性も目立つ存在ながら、生活は楽なものではなかった。

　日本に拠点を見出した彼らの生活の厳しさは、必然的に個々の生活の保護を目的としたコミュニティ形成の呼び水となった。あるいは、それさえ出来ないほど、日々の生活が孤立した集団も存在していた。

　ブラジル人を扱ったイシ論文では、ブラジル人が 1990 年代初頭から2010 年代前半まで、中国、韓国に次ぐ外国人登録者を有していたように、彼らに対する関心の高さが紹介されている。彼らは東海地方や群馬県南部を中心に居住し、多くが勤務していた会社や派遣会社が仲介した賃貸住宅に住み、自宅を購入する人も少なくなかった。また、イシ論文ではリーマンショック後の動向についても、多方面から分析を行っている。

　ペルー人を扱ったスエヨシ論文では、1990 年代前半のピーク時にはペルー国内の独身日系男女のほとんどが来日した実情が述べられている。彼らの居住状況については、日系ブラジル人との類似性が見られるが、第2 世代の特性として日本の労働市場に能力を提供できる熟練労働移住者となっている点が指摘されている。

　フィリピン人女性を扱った高畑論文では、1980 年代後半から来日を始め興行労働者から結婚移民となった動向を軸にしつつ、2000 年代から増加している戦前の日本人移民の子孫である日系フィリピン人の事例も紹介されている。フィリピン人女性は集住地を持たず、教師経験者がほとんど居なかったことでフィリピン人学校を作れず、その子どもたちは日本人と同様の教育機関に通い、そこを通じて彼女たちは自らの文化等を発信した面がある。また、キリスト教教会がコミュニティの中心として機能してきた点も指摘されている。

　中国人留学生を扱った佐藤・徐論文では、1980 年代から中国の経済発展と日本の「留学生 10 万人計画」の相互作用により、その数を増やしたことが紹介されている。現在、彼らは首都圏への集住傾向が見られ、大学

院留学へのシフトが図られるなど、新たなコミュニティを形成する可能性
を有している。

　韓国人超過滞在者を扱った山本論文では、1990 年代前半に横浜・寿町
で建設現場等の日雇い労働を行った男性労働者や、ホテルの客室清掃、飲
食店等で就労していた女性労働者の事例を扱っている。彼らのコミュニ
ティは衰退したが、その背景には社会経済的に不安定な立場にあったこと
が指摘されている。

　フィリピン人男性を扱ったバレスカス・高松論文では、1970 年代まで
在日フィリピン人の多数派を形成していた男性に着目する。彼らの就業先
は、いわゆる高度人材職から超過滞在での建設業・飲食業まで様々であ
る。全国に分散居住している彼らには、日本人との交流も含め今後の展開
への期待が持たれている。

　パキスタン人を扱った福田論文では、1980 年代末に来日し、日本人女
性との婚姻を通じて安定的な在留資格を得て、中古車関連業を中心にエス
ニック・ビジネスを確立させた状況を追っている。彼らは首都圏を中心と
する関東に集中する傾向があるが、ロシアに面する日本海側と、国際的な
市場を意識する太平洋側でビジネス・モデルを異にしている。

　イラン人を扱った駒井論文では、ビザの相互免除協定を利用して 1980
年代末に急増した同国人の事例を扱っているが、そうした動向は前後の論
文でも同様の傾向を見せる。イラン人の場合、その後多くが帰国を余儀な
くされたものの、1979 年のイラン革命後の体制を忌避した層が一定数い
ることも特徴の一つである。

　バングラデシュ人を扱った水上論文では、同国内における 1980 年代
後半の大洪水の影響や不安定な政治状況も、日本への移住を決意させたと
指摘している。彼らは東京都北部の中小零細企業で就業する者が多かった
が、その後は永住者、家族滞在者、留学生、専門職就業者など様々な就
業・定住形態を見せている。

　タイ人を扱った石井論文では、1980 年代半ばに来日した女性と、
1990 年代以降に増加した技能実習生をはじめとする男性非熟練労働者と
いう二つの大きな傾向があることが指摘されている。男女比の変遷は、高
畑論文、福田論文でも取り上げられているが、タイ人の場合、その就業上
の内訳の多様さから、十分なコミュニティ形成が望めなかった点も指摘さ
れている。

2-1 ブラジル人──デカセギ時代の起源と終焉　時間、空間、階層をめぐる模索

アンジェロ・イシ

1 異なる「時間」の計算

　2020年は日本に在住するブラジル人（以下、「在日ブラジル人」）にとって特別な年であり、1月24日に東京の駐日ブラジル大使館において開かれたイベントは、在日ブラジル人を「時間軸」から考える上で極めて示唆的であった。「ブラジル人の日本への出移民30周年」(30 anos da emigração brasileira ao Japão) の記念イベント第一弾という触れ込みで、その記念ロゴのコンテストの入賞者の表彰式と作品の展示、そして在東京ブラジル総領事館主催の在日ブラジル人の写真コンテストの表彰と展示会オープニングが開催された（写真1参照）。

　このように、ブラジル政府は在日ブラジル人の歴史の出発点を、出入国管理および難民認定法（以下、入管法）が改定された「1990年」に設定した。それは、ブラ

写真1：ブラジル政府によるロゴマークコンテストの優勝ロゴ（筆者撮影）

ジル政府が東京の国連大学において2010年7月30日に開催し、筆者も登壇者の一人として在日ブラジル人の現状と未来について報告したシンポジウム「20 anos dos brasileiros no Japão」（日本におけるブラジル人の20年）から10年経っていることを踏襲しているともいえる。当時、ある外交官が筆者に非公式に打ち明けてくれたところによれば、日本政府による法改正によってこの人の大移動が発生したことを再確認・強調することによって、日本が在日ブラジル人のために諸政策を講じる必要があることを訴えたい、という思惑が働いた。

　この思惑はブラジル政府の公式見解としても広報された。同シンポジウムでエドゥアルド・グラジローネ大使（外務省の在外コミュニティ関連の最高責任者）は次のように述べた。「入管法の改定は、日本の工業における人手不足を補うことを目的としたが、それが功を奏して多くのブラジル人が日本に渡るきっかけとなった。法整備にあたっては、移民労働者がより容易に日本文化に適応できるためにエスニックな要素が重視された。この法改正がデカセギ現象の日本側のメルクマールだったといえるなら、ブラジル側では1990年3月のコロル・プランが追加のモチベーションになったと見なす者は多い」(Gradilone 2011を筆者が邦訳。コロル・プランとは、当時のコロル大統領

が打ち出したインフレ対策であり、銀行口座の預貯金を凍結して出金を禁じたため、多くの日系人世帯は資金繰りが苦しくなり、ビジネスの運転資金や生活費の工面に苦しむ引き金となった）。

　グラジローネが言及したエスニックな要素とは、他でもない「日系人」という身分に基づく在留資格のことである。周知のとおり、政府は日系外国人に活動に制限のない「定住者」や「日本人の配偶者等」の在留資格を与え、事実上は「就労目的」で渡日・滞日できる道を開いたのである。したがって本稿で論じる「ブラジル人」の大多数は、いわゆる「日系ブラジル人」を指す。なお本稿では、これらブラジル人の日本への移動が初期より「出稼ぎ」と称され、それがポルトガル語の国語辞典にも載るほど流行・定着したことから、ポルトガル語話者にとっての decasségui という意味合いでデカセギとカタカナで表記する。

　本稿ではまず、在日ブラジル人の30年強の小史を概観し、その過程で、日本社会との関係性について言及する。次いで、彼ら彼女らの「空間」に着目するが、居住や就労のみならず広義の「活動空間」を注視する。そして彼ら彼女らがいかに失われた階層をリカバーしようとしているかという模索を考察する。最後に、「デカセギ史」がいつ始まったかをめぐる論争を通して、あらためて「時間」に着目する。本書の柱である「時間・空間・階層」を完全に別けて論じるわけではなく、二つあるいは三つの要素が織り交ざる項目が多いことをあらかじめ断っておきたい。

2　在日ブラジル人の概況

　2019年末現在の法務省の統計によれ
ば、ブラジル国籍者の人数は211,677人である。これには日系一世や、ブラジルから帰化して日本国籍を有する人々は含まれないので、在日ブラジル人の総数は30万人を超えると思われる。これは現在、日本に在住する人々を表す数字であり、すでに日本を去った帰国者や第三国移住者（正確な統計は存在しないものの、筆者はとりわけ米国、英国、オーストラリア等の英語圏国に再移住した人々が一定数いるという事実を把握している）などのデカセギ経験者は含まれない。

　近年の数字のみを見れば、在日外国人全体の中でのブラジル人の相対的な存在感は低下したように見える。これはフィリピン人とベトナム人が激増してブラジル人を抜き、法務省の統計でブラジル国籍者数が5番目に低下したからである。しかし1990年代初頭から2010年代前半まで、ブラジル国籍者は中国、韓国に次いで最も多いエスニック集団として注目されてきた。

　ブラジル人の特徴は、日本の製造業を支える企業城下町に集住していることである。この傾向は30年前も今もほぼ変わらない。地域としては東海地方、都道府県別では愛知県（61,435人、2019年6月現在）、市町村別では静岡県浜松市（9,363人、2019年4月現在）に最も多くのブラジル人が在住している。総人口に対する比率でいえば、群馬県大泉町が際立ち、「住民の1割がブラジル人」というふうにしばしばメディアでも報道されて来た。

　有名な外国人集住都市会議（2001年設立）は、実質的にはブラジル人が多く住む自治体の首長が情報交換や課題の共有、国への要望を目的として設立されたといっても過言ではない。

3　集団意識の変化

　ここではブラジルから日本への移動がどのような言葉で認知されたか、とりわけ在日ブラジル人が自分たちのことをどのように意識し呼称してきたかを頼りに、デカセギ移民の歩みを振り返る。「集団的アイデンティティ」の変化から、この30年強の小史を4つの期間に区分できる。

①「U-ターン」から「出稼ぎ」へ：1990年以前の時代

　在日ブラジル人の公式の歴史が入管法改正の1990年に端を発するならば、その「先史」は80年代の中盤に始まったといえる。「Uターン」という呼称は、主に日本生まれでブラジルで育ち、日本国籍を有する、いわゆる「日系一世」が多く来日したからである。1988年の日本ブラジル移民80年祭のお祝いムードの背後で、二世や三世の間でも日本行きが加速化した。

②「出稼ぎ」から「デカセギ」へ：1990年代

　1980年代後半から1990年代初頭にかけて、ブラジルで発行される日系移民新聞では漢字で「出稼ぎ」という言葉が流行し、徐々にブラジルの主流メディアでも dekassegui という言葉が頻出するようになった。そしてブラジルの国語辞典にも decasségui という用語が登場した。この時期のキーワードは「残業」「貯蓄」「送金」、できるだけ早くブラジルに戻ることであった。早い時期から各地で出現したのがブラジル食レストラン、ブラジル産品を取り扱う商店やショッピングセンター、ポルトガル語新聞等々のエスニックメディアで

あった。

③「デカセギ」から「定住（移民）」へ：2000年代

　1990年代後半から2000年代にかけては、多くのブラジル人が「できるだけ早く帰る」ことを諦めて、もうしばらくは日本で頑張る」という心境への変化が現れた時期である。日本で発行されるポルトガル語雑誌 Alternativa の表紙は、在日ブラジル人の動向を把握する上で示唆的であった。あるブラジル人夫婦が二階建ての一戸建て住宅の前で笑顔を見せる写真が全面を飾り、ポルトガル語で「マイホーム——ブラジル人は一時的な労働者ではなくなり、移民となる」と綴られているが、後半部分は「移民としてのステータスを容認する」と訳すことも可能である。

　この時期にはマイホーム購入者が出現し、「永住者資格」の取得者も急増し、多くの在日ブラジル人に日本社会の一員としての自覚が芽生えた。とりわけ永住者資格の急増は著しく、1998年にはわずか2,644人だったが、10年後の2008年には10万人を超えた（表1を参照）。ライフワークバランスを求める人や、3K（キツイ、キタナイ、キケン）と称される労働を避ける人が増え、ホワイトカラー労働への転職を図る人も増えた。

　在日ブラジル人の歩みは「2008年前」と「2008年後」に二分できるといっても過言ではないほど、この年は重要な分岐点となった。2008年の上半期には「日本ブラジル移住百周年」の記念にちなんで日本では神戸での公式式典の他に、日系人のイ

表 1：急増した「永住者」

年	1998	2002	2008	2019
ブラジル国籍者数	222,217	268,332	312,582	211,677
永住者数	2,644	31,203	110,267	112,440

出所：法務省

ニシアチブによる様々な行事が行われた。たとえば静岡県浜松市では「ありがとう日本」という、日本への感謝を示すイベントが開催された。

しかし 2008 年の下半期にはリーマンショックという世界的な金融危機、そして雇用危機が勃発した。ブラジル人は数万人単位で雇い止めとなり、職を失うばかりか住む場所を失う者もいた。2009 年 1 月には東京や名古屋で、日系人の「仕事」や「住居」、そして「教育」を求めるデモ行進が行われた。その先頭には、学校に通えなくなった子どもたちもいた。エスニックビジネス市場はデフレ・スパイラルに陥り、コミュニティの新聞は休刊に追い込まれ、商店やブラジル人学校等は立て続けに閉鎖か規模縮小を余儀なくされた。

2009 年に厚生労働省は支援策を打ち出したが、その中の一つであった「帰国支援事業」は、帰国旅費を支援することを引き換えに、日本に「再入国許可」ができなくなるというあまりにも重い代償が批判の嵐を呼び起こした（イシ 2018a）。2013 年にようやく再入国が解禁された。

④「定住（移民）」から「世界に於ける在外ブラジル人の一員」へ：2010 年代

2010 年代は、日本に在住するブラジル人の集団意識が多様化・複雑化した時代だと言えよう。まず、2011 年には東日本大震災が発生した。震災後の Alternativa 誌の表紙は、在日ブラジル人の日本社会に対するコミットメントを計る上で示唆的だ。日本語の「がんばろう！日本」とポルトガル語の「Força Japão！」という文字がデザインされた日の丸を連想する表紙が掲載されたが、これは「"がんばろう日本"」という震災後の日本の流行語を連想させ、在日ブラジル人もその"絆"に仲間入りさせてほしい、チーム日本の一員として認めてほしいという願望がにじみ出ていた。被災地に駆けつけるボランティアや、官民協働の「ブラジル・ソリダリティ運動」が生まれた。

他方、2010 年代には SNS などデジタル・メディアの普及とともに、世界各国に移住した同胞とのネットワーキング、および出身国との繋がりが強化された。米国、欧州、そして日本に住むブラジル人たちをつなぐ政治イベント、文化イベント、ビジネス・イベントが次々と開かれ、在日ブラジル人は「世界に於けるブラジル人＝在外ブラジル人」の意識を強化した（イシ 2011、Ishi 2017）。

しかし、在外ブラジル人意識の強化は決して在日ブラジル人意識の希薄化を意味したわけではない。詳しくは後述するが、2010 年代はコミュニティが初めてデカセギという言葉と公の場で決別した時期でもある。

4　居住空間と社会空間

　在日ブラジル人の「空間」を考える上で、二つの象徴的な場所がある。一つは愛知県豊田市の「団地」、もう一つは群馬県大泉町の「路上」である。

　まずは居住空間に着目しよう。国際協力事業団は南米出身の日系人就労者に関する大規模調査を1992年に実施した。その成果である『日系人本邦就労実態調査報告書』には住居事情に関する設問もあり、「現在住んでいるところ」については「アパートに住んでいる」（63.1％）が最も多かった（「寮に住んでいる」は21.8％）。そして、どういう方法で住居を手配しているかについては、「会社が借りている」（80.8％）、「自分で借りている（17.3％）」、「日系就労者の他の友人や親戚が借りてくれている」（1.3％）、「日本人の親戚が貸してくれている」（6人、0.6％）という結果が出ている。そこからも分かるとおり、多くのブラジル人は「会社が借りているアパートあるいは寮」に住んでいた。ここでいう「会社」は人材派遣業者であり、その業者があらかじめ借り上げたアパートにブラジル人を入居させ、月々の給与から高額の「寮費」を天引きしたケースもある。

　ここでいう「アパート」とは必ずしも小規模物件とは限らず、多くのブラジル人が住む「団地」を指している。愛知県豊田市の保見団地を筆頭に、団地は日本人と外国人の「共生」の難しさあるいは不可能性の象徴として、しばしばメディアに登場している（安田2019）。また名古屋市の中駒団地は、高齢化しホームレス化したブラジル人の「孤独死」の舞台として、NHKの全国放送番組で紹介された（「クローズアップ現代＋」、2020年2月27日放送）。

　前節で述べたとおり、多くのブラジル人は日本で自宅を購入している。大泉町などでは、不動産業者への聞き取りから、ブラジル人に対して住宅ローンを組む条件が初期の段階では厳しかったが、次第に緩められていった（たとえば、「総経費の3割の頭金を持っていること」が「5年間程度、同じ職場に勤めていること」に緩和されていった）ことによって、「戸建て層」が増えたという報告もある（小内2009:167-8）。しかし、2000年代に始まった戸建てブームが景気後退などで2000年代後半には停滞したという指摘もある（小内2009:168）。一方で、静岡県袋井市では2007年に自治会が不動産屋に圧力をかけて、ブラジル人の住宅地購入を阻止するという事件も起きている。妨害を受けたブラジル人は静岡地方法務局袋井支局に人権侵害を申し立てたが、それを受けた法務局は住民にこのような行為を止めるよう「説示」するに止まった（イシ2015）。

　他方、居住に止まらず文化実践の場（文化活動を展開する空間）に視野を広げれば、ブラジル人は早い時期から公民館などの公共施設を積極的に借用して大人数のイベントを開催してきたという特徴が挙げられる。それはまぎれもなく、「日系人」の在留資格のおかげで人々が日本で合法的に滞在していることを自覚し、胸を張って様々な企画に挑む自信が生まれたからだと考えられる。

　空間をめぐるせめぎあいという意味では、90年代に一世を風靡した、群馬県大泉町のサンバパレードは特筆に値する。大泉町が研究者やマスメディアで「ブラジ

ル・タウン」と称されるようになった所以は、国道354号線を起点に、数十軒にも及ぶブラジル人向けの商店が出現したからである。国道354号線で毎年行われる大泉祭りでは、従来は神輿担ぎが主役だったが、ブラジル人によるサンバが人気を博し、「共生のシンボル」として有名になった。しかし、結局は様々な理由をつけられて中止に追い込まれ、パレードの中止（354号線の喪失）が共生の失敗・失速を象徴する出来事となった。なぜ中止になったかについては諸説あり、ここでは踏み込まないが、そのパレードの舞台であった「国道354号線」を舞台に、「多文化共生まち映画」を謳い文句にした作品が制作されたことは極めて興味深い。『サンゴーヨン★サッカー』（2015年公開）は大泉町在住で造園会社を経営する宮地克徳がプロデュースし、「まち映画」作りで知られる藤橋誠に監督を依頼、数十人のブラジル人や日本人の町民が出演した。サッカーを通じて日本人と在住外国人が切磋琢磨するという物語の同作は、映画という魔法を通して、再び移民（在日ブラジル人）に354号線というストリートを踏む（＝occupyする）権利をもたらし、共生の晴れ舞台に彼ら彼女らを主役として呼び戻すという偉業を成しとげた。ただし、それはあくまでもフィクションの物語の中の出来事としてであった。354

ユーチューバー、プリッチとローガン

日本に関する様々な情報を発信している

号線を封鎖して「リアルな」恒例行事として年に一度ストリートサッカー試合が実現する可能性は極めて低いと考えられるが、果たしてそういう日は来るのか、今後の展開が注目される（イシ 2019）。

ところで、さらに飛躍して「サイバー空間」「ネット空間」をも視野に入れるならば、近年はとりわけユーチューブというメディアでの動画投稿で存在感を示すブラジル人が急増している。その最大の成功例は、埼玉県を拠点に、日本に関する様々な情報を楽しいノリで発信しているユーチューバーのプリッチとローガンである。そのチャンネル登録者数は 247 万人で、人気アイドルグループの AKB48 の 239 万人（両方とも 2020 年 4 月 4 日に確認）を上回る驚異的な人数だが、ブラジル在住の登録者が多いのが秘訣という。

5　さまよえる中間層の夢と現実

「階級」あるいは「階層」は在日ブラジル人のデカセギを考える上では欠かせない、最も重要な要素の一つである（Ishi 2003a）。中間層も「中の上」「中の中」「中の下」という具合に 3 段階で区別するほど、ブラジル社会は「階級」に敏感である。階層間の区別する基準は一定ではないが、購買力で A〜E の 5 段階での分類は広く使用・認知されている。そして日本にデカセギ目的で渡航したブラジル人の圧倒的多数は中間層出身であった。問題は、中間層の中のどの層なのかということである。

筆者が参加した共同調査では、この点にこだわって質問を盛り込み、デカセギ前の所属階級を回答者に 5 段階で自己評価してもらった。デカセギに行く前は大学に通いながら仕事をしていたので「3」だったのに、今は「3 と 4 の間くらい」と答えた回答者は、答えに迷う理由を「自分は『4』に落ちないように必死で『3』にいるって感じ」と説明した。「中の中」よりは転落したくない、「中の下」から脱したいという層が、デカセギという手段に最も魅力を感じる「再デカセギ予備軍」だと分析した（イシ 2009:53）。

また、筆者が行ってきた半構造化インタビューからは、多くのデカセギ者が日本で工場労働者になったことを気にしており、「自分はブラジルではミドルクラスだったのに日本では下流に脱落した」ということに対する喪失感を抱いている様子が浮かび上がった。90 年代にはマルチ商法的な健康保険販売業が在日ブラジル人の間で爆発的に広まったが、筆者の分析では、このマルチ商法の成功の秘訣は、保険販売者になればホワイトカラー並みにネクタイを締め、名刺を持つことができ、自分の会社が持てるという夢を売り付け、ミドルクラス的なプライドを巧みにくすぐったからだ（Ishi 2003b）。

そもそも多くのブラジル人がデカセギ目的で日本を目指したのは、初期のパイオニアたちをブラジルで調査した森によれば、「中間層における社会上昇実現の困難性とその希望喪失」である。以下、彼の考察を一部、引用する。

「ブラジル経済の停滞は、中間層への社会上昇を遂げ、従来の戦略を使ってさらなる社会上昇や安定をめざしてきた日系人の社会上昇戦略に直接的な影響を与え、社会上昇戦略への無力感や社会上昇の希望の喪

失をもたらしてきた。……若年層への出稼ぎ主体の転換は、換言すれば、当初の世帯を中心とした『世帯維持型』目的の出稼ぎから『個人目的達成型』の出稼ぎへの変化であったともいえる。こうした中高年層から青年層へ、低学歴者層から高学歴者層へ……と変化をみせながら、数的に急増してブーム期を迎えることになる」（森1995:535-6）

多くの在日ブラジル人は本来ならば、日本で貯蓄してブラジルで起業する夢を持っていたが、日本で起業した者も少なくない。他方、日本の工場で働きながらも通信制教育でブラジルの大学を卒業する者もいる。遠隔教育であるという条件上、学べる分野は経営学や観光学など人文・社会科学系の学問に限定されるが、在日ブラジル人が学歴向上やキャリアアップに繋がる試みとして興味深い。また、ブラジル政府は駐日の3領事館（東京、浜松、名古屋）と連携して、2010年代後半より、年に一度「教育フェア」を開催している。日本の大学や、前述したブラジルの大学（遠隔教育を提供する高等教育機関）などが出展して、進学率を上げることを目的とした情報提供と動機付けをしている。

在日ブラジル人の中には少なからず「隠れ高度人材」がいるものの、「日系人」は身分に基づく在留資格で入国（来日）しているため、その学歴や職歴などは可視化されにくい。全般的に日本語能力が低いことや、非正規雇用の労働市場でのみ転職の機会を模索する者が多いことも、社会上昇を図る上で障壁となっている。その証拠に、日本で発行されるポルトガル語のメディア

で掲載されている求人広告では、ほぼ例外なく、時給か日当での収入が記されている。「時給制症候群」からの脱却こそ、在日ブラジル人の大きな課題である。

6　デカセギ元年はいつなのか

ブラジルから日本へのデカセギ目的の移民はいつ始まったのか。この点に関するブラジル人コミュニティの間でのコンセンサスはない。かつて移民船で日本から南米に多くの人々が移住した時代と、1980年代以降の南米から飛行機で来日したデカセギ移民の時代とでは、移動手段の条件が大きく変化したからである。1908年にサントス港に入港した笠戸丸に匹敵するデカセギ便のフライト第一号が存在しない以上、何年の何月何日を「移民零年」として設定すればいいのかについて、各自が異なる論理と戦略で計算してきた。

笠戸丸から100年が経った2008年、日本各地のブラジル人は独自の移民百周年記念行事を実施した。中でも横浜のABCジャパンは「移民100周年、デカセギ20周年」を提起し、「移民百周年」と在日ブラジル人を結びつけようとした。同団体は1988年を戦略的に「デカセギ元年」と称し、「100プラス20の会」という運動を展開した。移民百周年記念に便乗して、同時に「デカセギ移民の20周年も祝いましょう」という趣旨で、在日ブラジル人の存在を日本社会に周知しようという意図が垣間見える。同団体は『2008年〜ブラジル日本移民100周年、日本ブラジル定住化20周年』や、在日ブラジル人の活躍を記録した『ヒーローズ』などのDVD映像作品をも制作した。

2008 年をデカセギ 20 周年と称し、1988 年をデカセギ元年と設定できる明確な根拠はない。前述のとおり、政府間で「移民協定」が結ばれたわけでもなく、「移民機」あるいは「移民便」など存在しない。また、「デカセギ」の先発組が来日したのは 80 年代後半だといわれているが、それ以前に貯蓄目的で来日した者もいるだろう。それでもデカセギ 20 周年という表現が、この団体のみならず、各界の在日ブラジル人やメディアによっても使用されたことは事実である。

このように、在日ブラジル人は「2008 年」を日本社会に対して様々なメッセージを発信する好機としても活用した。その多様な発信の仕方については、静岡県浜松市で画期的な祝祭を手がけたマスコについて筆者が書いた伝記（イシ 2016）も参照願い

たい。

その 10 年後に当たる 2018 年、デカセギの時間を刻印する二つの興味深い試みが見られた。一つは在東京ブラジル総領事館のイニシアチブでの JICA 横浜の海外移住資料館の企画展示、「日伯 110 年の絆～在日ブラジル人～在日 30 年をむかえた日系人の歴史と日常」である（図1）。もう一つは、群馬県大泉町で開館した「日本定住資料館」である（図2）。同時期に、二つの展示企画が登場したのは偶然ではなかろう。それだけ各業界の関係者が「歴史」や「区切り」を意識する機運が高まり、これまでの歩みを「総括」したいという願望が生まれたからだと考えられる。

とりわけ前者はかつて南米に向かう移民船の出発点であった横浜という地に設けられた移住資料館において、初めて「入移

図1：「在日30年」を振り返る展示会

図2：群馬県で開館した「日本定住資料館」

民」にフォーカスした本格的な展示として注目に値する。しかも、この展示を考案したのは受け入れ国（日本）側ではなく、在東京ブラジル総領事館なのである。したがって、この展示は単にブラジル人の「実情」について知識を深めるために役立つのにとどまらず、在日ブラジル人（あるいはブラジル政府）の視点からどのように日本への「デカセギ史」を解釈・整理・総括しているかを垣間見る絶好の機会である。筆者もこの展示の準備に際して、監修や資料提供という形で深く関わったが、その基本コンセプトは総領事館の外交官によって構想された。そしてその外交官は、関東圏以北のコミュニティ・リーダーで構成される在東京ブラジル総領事館の市民代表者評議会が2015年10月3日に採択した「横浜宣言」を踏襲していることを認めた。

　この「横浜宣言」は外交官と民間コミュニティ・リーダーによる、いわば「官民共同執筆」の文章であるという点が興味深い。発案者は当時の総領事で、筆者がその草案の執筆を任命され、横浜市鶴見区で開かれた総会で評議員たちの承認を得た。数か月のタイムラグで静岡県浜松市や愛知県名古屋市の総領事館の各市民代表者評議会もこの宣言への同意を正式表明した。

7　デカセギの時代は終わったのか

　ところで「横浜宣言」はそもそも何を「宣言」しているのか。この点こそが、在日ブラジル人の「時間」と日本社会との関係性を考える上で示唆的である。一言で言えば、「デカセギ時代の終焉」を主張し、「私たちは日本にフィカール（ficar）することを選んだ」と宣言している。「フィカール」とい

う表現はポルトガル語にもスペイン語にもあり、「滞在する」と直訳できるが、「定住」とも「永住」とも受け取れる。多くのブラジル人は自分のフィカールが「定住」なのか「永住」なのか、明確な結論を出したがらない。フィカールは「いずれブラジルに帰りたい」という夢を捨てきれていない、出身国に目が向いている層にも、「日本で頑張っていくのだ」と移住国に目が向いている層にも当てはまる、便利な表現だったのだ（イシ 2018b）。領事館の後押しがあっての宣言であったことを差し引いても、「デカセギ」から「定住 or 永住」への転換を集団レベルで宣言した初の試みだという意味において、画期的な出来事であったことは確かである。

　一方、日本定住資料館の宣伝パンフには「30年前、飛行機の中で見ていた"夢"」という、想像力をかき立てるキャッチコピーが掲載されている。そしてポルトガル語文では、「ここ30年のdecasséguis（デカセギ者たち）の歩みを知ろう」と綴られている。

　この常設展示は内容以上にその所在地が意味深い。群馬県大泉町の「ブラジリアン・プラザ」とは、日本国内で初の本格的なブラジル系ショッピングセンターとして90年代に開設され、国道354号線沿いに形成されたいわゆる「ブラジルタウン」の象徴的な複合施設であり、移民文化の発信地でもあった。リーマンショックと雇用危機の打撃を受けて、閉鎖に追い込まれ、2017年にようやく部分復活した。コミュニティの繁栄の象徴だった場所が歴史資料館という形で生まれ変わったことがデカセギ時代の「終焉」を告げているか否かは議論の余地が残されるが、少なくとも一つの

区切り、節目であることは間違いない。

　冒頭で述べたとおり、ブラジルの外務省と駐日ブラジル大使館は2010年に大々的に在日ブラジル人の20周年を記念し、2020年には30周年を記念している。これに呼応して、群馬県大泉町や静岡県浜松市などブラジル人の集住地では、民間あるいは官民協働で30周年の記念行事が企画されている。そして誰も、わずか2年前にすでに30周年が「記念済み」であることの矛盾には言及しない。この論争の不在は、まぎれもなく、在日ブラジル人の論壇の不在に起因し、この論壇の不在はエスニックメディア（コミュニティ・メディア）の失速に起因していると考えられる。

　日本政府は2019年、「特定技能」という新たな在留資格による「外国人材」の受け入れ拡大を打ち出したが、実はその前年の2018年、日系4世に対するビザを新設した。しかし、4世に課せられた諸条件（家族の帯同禁止、一定の日本語能力証明、18歳から30歳までという年齢制限、日本滞在中にその4世を管理する「受け入れサポーター」を見つけることなど）は極めて厳しかった。結果、ビザ申請者は少なかった。日本政府が「特定技能」を新設し、日系4世に対する条件をこれほどまでに厳しくしたことは、「日系人」以外の人々を中心とした労働力の確保に踏み切ったことを意味する。他方、これまで述べたとおり、多くのブラジル人は、不本意か否かは別として、日本に定住・永住している。よって今後、ブラジル人の数は急増することもなければ、激減することもないだろう。

参考文献

Gradilone, E.(2010) Prefácio - 20 anos dos brasileiros no Japão. *20 anos dos brasileiros no Japão*. FUNAG.7-10.

Ishi, A. (2003a). Searching for Home, Wealth, Pride, and "Class": Japanese-Brazilians in the Land of Yen. In: Lesser, J. (ed.). *Searching for Home Abroad: Japanese Brazilians and Transnationalism*. Duke: Duke University Press. pp.75-102.

――― (2003b). Transnational Strategies by Japanese-Brazilian Migrants in the age of IT. In: Goodman, R., Peach, C. *et al.* (eds) *Global Japan: The experience of Japan's new immigrant and overseas communities*. London: RoutledgeCurzon. pp.209-221.

――― (2017). Integrating a New Diaspora: Transnational Events by Brazilians in Japan, the United States, and Europe. In: Rina Contini and Mariella Herold. (eds.) *Living in Two Homes: Integration and Education of Transnational Migrants in a Globalized World*. Bingley: Emerald. 201-221.

イシ、アンジェロ (2009)「大都市におけるデカセギ帰国者のジレンマ――再出発の戦略と支援活動」小内透編著『講座　トランスナショナルな移動と定住　第3巻　ブラジルにおけるデカセギの影響』御茶の水書房、pp.31-61.

――― (2011)「在外ブラジル人としての在日ブラジル人～ディアスポラ意識の生成過程」日本移民学会編『移民研究と多文化共生』御茶の水書房、pp.231-251.

─────（2015）「在日ブラジル人の涙　無念に報いる一歩　人種差別撤廃法を」『東京新聞』2015年7月23日夕刊

─────（2016）「ジョアン・トシエイ・マスコ─第二の故郷で挑戦する日系ブラジル人」杉田敦編『ひとびとの精神史　第7巻　終焉する昭和1980年代』岩波書店、pp.119-144.

─────（2018a）「在日ブラジル人／デカセギ移民──帰国支援事業の受給者に着目して」日本移民学会編『日本人と海外移住』明石書店 pp.215-234.

─────（2018b）「雇用危機から10年──デカセギ史の終わりか、新たな時代の幕開けか」『M-Net』199号、移住者と連帯するネットワーク発行

─────（2019）「映像から考える『スポーツと移民』〜『サンゴーヨン★サッカー』と『イッポン〜完璧な技』を手掛かりに」『移民研究年報』25号

小内純子（2009）「町内会活動と外国人居住者(1)──大泉町の行政区活動と戸建て層の動向」小内透編著『講座　トランスナショナルな移動と定住　第1巻　在日ブラジル人の労働と生活』御茶の水書房、pp.153-178.

森幸一（1995）「ブラジルからの日系人出稼ぎの特徴と推移」渡辺雅子編著『共同研究　出稼ぎ日系ブラジル人』（上）明石書店、pp.491-594.

2-2 ペルー人——日本社会におけるペルー人コミュニティの30年間

スエヨシ・アナ

他のラテンアメリカ諸国と同様に、かつては移民の受け入れ国だったペルーも、80年代後半から本格的な移民の送り出し国となった。ペルー国内のあらゆる地域から、さまざまな社会経済的地位をもったペルー人移民が、世界中に散らばったのである。

そのエクソダスのなか、ペルー人移民の目的地のひとつが日本であった。アジアで唯一の受け入れ先となった日本への移民は、ほとんどすべてが日系人（日本人海外移住者、その子孫と日本人家系出身でない配偶者）であり、彼らの多くはペルーの中流階級（Masterson & Funada-Classen 2004: 235）の生活を離れ、来日してから初めて工場労働者としての仕事と生活を経験することとなった（Tamashiro 2000: 31）。「失われた10年間」と呼ばれた80年代ペルーの悲惨な経済状況と政情不安、さらにテロへの恐怖というプッシュ要因に対して、日本側の「出入国管理及び難民認定法」改正と労働市場の需要がプル要因として働いたのである。

日本の出入国在留管理庁の統計をみると、ペルーから日本への流入には6つの段階がある。これは日本におけるペルー人移民の変容とつながる。第一段階は80年代の後半から同年代末までで「隠れた出稼ぎ移住」と呼ばれ、移民は少数の日系人一世あるいは、二世の独身男女によって構成された。第二段階は、90年代の前半におよ

ぶ「出稼ぎ現象のピーク」の時代に相当する。この間、ほとんどのペルーの日系人の独身男女は労働需要のある産業部門で働くために日本に渡った。第三段階は、90年代後半から2000年代の最初までで、家族再統合を主な特徴としており、「連鎖移住」と呼ばれた。移民の多数が母親であり、これにより彼女たちと一緒に来日したペルー人の子どもたち、あるいは日本で生まれたペルー人移民の子どもたちの数も増加した。第四段階は、2000年代最初から同年代末までで、「自立的な移住」と呼ばれる。この時代の特徴は増加率の減速である。第五段階は2010年代前半で、日本にいるペルー人移民数は、初めて減少した。なぜなら、日本の長引く経済危機、2007〜2008年世界金融危機の名残、2011年3月の東日本大震災による三重災害と、南米における10年間におよぶ持続的な成長によって、移民が逆方向に押し出されたためである。第六段階は2010年代の後半で、「転換期」と呼ばれる。その後、日本に住むペルー人は、2016年から2019年まで、ペルー本国での成長率の減速によって、少しずつではあるが、平均毎年200人ずつ改めて増加している。とはいえ、2008年に発生した金融危機の翌年までに日本におけるペルー人人口は、6万人を切り、10年後には5万人弱となった。

90 年代にペルー人の大量流入が始まってから 30 年近くが経過しているにもかかわらず、日本国内の受け入れ地域は変わっていない。現在でもペルー人の約半分が関東地方、5 分の 1 から 3 分の 1 が東海地方に集中している。時間とともに、その地域での居住形態も変わってきており、ペルー人同士の集住から、日本人と同様に町の至るところに住むようになった。当初、多くのペルー人は、勤務先が提供する住宅に住んでいたが、徐々に公営住宅に移るようになった。公営住宅よりは家賃が高くなるが、民間賃貸住宅に移動する人もいた。滞在が長期化して永住権を取得するようになると、ローンで戸建てを購入するペルー人も珍しくなくなった。ペルー人の居住形態は、田巻 (2015: 178) によると、民間の賃貸住宅が半分以上、持ち家は 4 分の 1、公営住宅は 1 割、残りは知人の家、社宅または会社の寮である。

　ペルー人の流入から 30 年以上経ったが、日本のペルー人コミュニティは日本社会との接点が少ない。年中行事として新木場 (東京) で開催されるペルーの独立記念日祭りと奇跡の主祭りに日本人の姿はほとんどなく、参加者はペルー人と他の外国人、特に南米出身者が多い。奇跡の主祭り (10 月) は、日本のカトリック教会とともに実施しているにもかかわらずである。民間レベルでも、ペルー料理店とペルーのエスニックショップの客は、ペルー人に限られているケースが多い。ペルー人コミュニティと自治体による共同活動 (スペイン語教育、日本語教育、文化的なイベントなど) もあるが、決して多いとはいえない。

　しかし個人レベルでみれば、ペルー人は世代ごとに日本社会との関係を構築しており、関係の意味も世代ごとに異なっている。日本語ができない非熟練労働移住者の第一世代にとって、日本という国は働く場であり、ペルー経済の浮き沈みの影響を軽減して脆弱な経済から派生する社会的・政治的問題を避けることを期待する、ライフマネジメントの一環だった。しかし彼らの子どもである第二世代は、日本の労働市場に能力を提供できる熟練労働移住者である。このように、第一世代と第二世代の日系ペルー人は異なる特徴と動機を持っている。このような「日本社会との関係構築」の変化は彼らのアイデンティティにさまざまな影響を与えるだろう。

参考文献

Masterson, Daniel M. & Sayaka Funada-Classen(2004) *The Japanese in Latin America*, Urbana and Chicago: University of Illinois Press.

Tamashiro, Satomi(2000) *Peruanos en Japón, Realidades de un Sueño, Una aproximación exploratoria*, Convenio Cooperación Kyodai, Comisión Conmemorativa del Centenario de la Inmigración Japonesa al Perú, Lima: Tamashiro & Ramírez Consultores.

田巻松雄＆スエヨシ・アナ（編）(2015)「越境するペルー人、外国人労働者、日本で成長した若者、『帰国』した子供達」『宇都宮大学国際学部国際学叢書第 5 巻』、下野新聞社

2-3　フィリピン人女性——折りたたみ椅子から大家族の一戸建てへ

高畑　幸

はじめに

　1996年、フィリピン人ジャーナリストのイバーラ・マテオは、上智大学に提出した修士論文をもとにした著書で東京のフィリピン人コミュニティを「折りたたみ椅子の共同体（collapsible community）」と表現した。同年、在日フィリピン人はわずか84,509人だったが、それでも東南アジア国籍者では最大の在日人口で、その地位は2017年にベトナム人に逆転されるまで続いた（在留外国人統計）。集住地を持たず、毎週日曜日にはカトリック教会に集って折りたたみ椅子を開いて座り、神父の言葉に耳を傾けて讃美歌を歌い、ミサ後はお茶会で盛り上がり、椅子をたたんで家に帰る。一時的だが定期的な共同体がフィリピンコミュニティであった。それから22年を経た2018年、在日フィリピン人はかつての4倍以上にあたる271,289人となり、中国、韓国、ベトナムに次いで日本で第4のエスニック集団である（在日外国人統計）。

　本稿は1980年代後半から2019年までの約30年間に見られた在日フィリピン人コミュニティの変容を、定住・永住資格を持つ2つの主要グループ——1980年代後半から2000年代にかけて来日し興行労働者から結婚移民となった女性を中心とする「興行労働者世代」と、2000年代から増加している「日系人」（戦前の日本人移民の子孫）

——を軸に明らかにしていきたい。

1　空間軸——分散と小規模集住

　在日フィリピン人は首都圏と名古屋圏に比較的多いものの、過疎地を含めて全国的に分散居住しているのが特徴である。

　エスニック集団の居住が集住か分散かを分ける要因は、自分で居住地を選べる在留資格を持つか否かである。興行労働者世代のフィリピン人の場合、雇用のメカニズムにおいて労働者は居住地＝就労地を選べず、さらには就労地が後の結婚移民としての居住地となることが多かった。その理由は、1980年代後半から2005年まで、半年間有効の興行ビザによる女性労働者の送出／受入れが市場媒介型で行われたことにある。労働者側から見れば、母国でダンスの研修を受けた後、オーディションを通じて出演店の経営者から「選ばれて」雇用契約を結び、日本へ渡り出演店へと向かう。就労地は雇用者側の都合で決まる。こうして女性たちは全国津々浦々で働き、そこで知り合った日本人男性客と結婚した。当時、興行労働者にとってほぼ唯一の定住手段が日本人との結婚であった。結婚後は夫が住む家に同居する場合がほとんどで、結果的に集住地はほぼ皆無だったのである。

　一方、日系人は来日当初、人材派遣会社が作り出した小規模集住地で暮らす。東海

地方では南米日系人とフィリピン日系人が同じ工場で働くことも多い（高畑2018）。太平洋戦争後の反日感情のため身元を隠してフィリピンで生き抜いた人びとは、自らを日系人と証明をするために時間がかかった。そのため彼（女）らの来日が本格化するのは南米の日系人から10年ほど遅れての2000年代である。貧困を強いられた日系人が多いため自費での来日は難しく、人材派遣会社が渡航費貸付を行い、彼（女）らは借り上げアパートに住みながら約3年かけて給料天引きで渡航費を返済しつつ働く。渡航費返済中は所定のアパートで暮らさねばならないが、その後は安価な公営住宅に引っ越したり、後に一戸建てを購入するケースもある。

大家族の日系人は一つの親族集団あたり3・4世あわせて50〜60人は日本にいるという話をよく聞く。日本からフィリピンへの移民は20世紀初頭のため、2019年現在、二世は70〜80代、三世は40〜60代、四世は10〜30代という目安だろうか。永住資格があればローンを組めるので自家用車や一戸建て住宅の購入も可能である。郊外に大きめの一戸建てを買って親族10人で同居すればアパート暮らしよりも住宅コストを削減できる。

以上のように、興行労働者世代は分散居住だが、日系人は東海地方各地で小規模な集住地を形成している（高畑2018）。しかし、日本には政府認可のフィリピン人学校がない。ブラジル人学校が全国に39校ある（在日ブラジル大使館）のとは対照的である。フィリピン人学校不在という事実の背景には、興行労働者世代が分散居住だったこと、学校を作ろうにも教師経験者がほ

んどいなかったことがある。結果として、興行労働者世代の子どもたちも日系人の子どもたちも、日本の学校で学んできた。

2　階層軸——社会経済的上昇経路の少なさ

高谷幸・稲葉奈々子（2011）は、在日フィリピン人の所得水準の低さや生活保護世帯の多さ、特に日本人夫に従属的な結婚移民の生活に触れ、彼（女）らの相対的な階層の低さを示している。なぜ、こうなったのだろうか。

2018年末現在のフィリピン人の在留資格別人数を示したのが表1である（在留外国人統計）。総数271,289人のうち、永住129,707人、定住52,008人、技能実習30,321人、日本人の配偶者等26,322人の順となっている。永住・定住・日本人の配偶者等といった身分資格が約8割を占め、活動資格のなかでもホワイトカラー層にあたる技術・人文知識・国際業務は7,083人、教育は980人と少数だ。そもそも、ホワイトカラー予備軍となる留学生は3,010人とアジアのなかでは少ない（比較対象としてベトナム人の留学生は81,009人）。在日フィリピン人の多数派は、表1の身分資格で滞在する人びと、すなわち興行労働者世代の結婚移民あるいは日本人など、学歴や技能を問わず入国し定住できた人びとなのである。いきおい、彼（女）らの人的資本をもって日本で達成できる社会経済的地位には限界がある。

興行労働者世代は、かつて単身で来日した若年女性たちであった。彼女らの多くが家族への仕送りを目的に働く貧困層出身である。彼女らの人的資本は比較的乏し

表1　フィリピン人の在留資格別人数（2018年末現在）

在留資格		実数	割合
身分資格	永住	129,707	47.8%
	定住	52,008	19.2%
	日本人の配偶者等	26,322	9.7%
	永住者の配偶者等	6,155	2.3%
	特別永住者	48	0.0%
活動資格	技能実習	30,321	11.2%
	特定活動	8,574	3.2%
	技術・人文知識・国際業務	7,083	2.6%
	家族滞在	3,386	1.2%
	留学	3,010	1.1%
	企業内転勤	1,634	0.6%
	教育	980	0.4%
	技能	661	0.2%
	興行	650	0.2%
	その他	750	0.3%
合計		271,289	100.0%

出典：法務省・在留外国人統計から筆者作成

く（学歴が低い・職歴がない等）、興行労働者である限りは日比両国を往復しながら半年間の契約労働を繰り返す。その後、結婚移民として定住した場合、彼女らの暮らし向きや階層は結婚相手によるのである。安定職・資産家との結婚で豊かに暮らす人もいれば、不安定雇用の貧困男性と結婚して自身が家計の担い手となる人や、離婚後、経済的に困窮し生活保護を受給する女性たちも少なくない。厚生労働省の被保護者調査によると、外国人の被保護者世帯主で最多は韓国・朝鮮籍だが、第2位がフィリピン人である。フィリピン国籍者が世帯主の生活保護世帯総数5,268世帯のうち、母子世帯が3,150世帯と約6割を占めている（2017年7月現在、厚生労働省・被保護者調査）。

　興行労働者世代にとって、結婚生活の継続が在留資格と生活費を確保する手段であった。配偶者の失業や離婚で生活手段を失った人びとが駆け込むのはカトリック教会で、そこでは神父や修道女らの尽力で自助組織が作られた。1990年代はまだインターネットが普及しておらず、日本の社会保障に関する多言語情報は極めて少なく、当事者同士での情報交換が欠かせなかった。2000年代になると自助組織から発展して職業訓練として介護研修を行うグループが現れ、彼女らの転職、副収入の確保、社会的威信の改善に役立った（高畑・原2012）。とはいえ、日本で生活費と子どもの学費を確保しつつ母国へ送金するために昼夜のダブルワークをするなど、体力勝負で働く女性たちが多かった。

　それに対して日系人は、来日前の職歴は様々だが日本では多くが工場労働者である。彼（女）らが来日した2000年代、すでに人材派遣会社が外国人労働者向けの労働市場を作り上げており、フィリピン日系人もそこへ入るだけで良かった。無理に日本語を習得したり日本人向けの労働市場で気を使って働く必要がなかったのである。1990年代、フィリピン人向けエスニックメディアの広告は国際電話や送金・海外宅配便が主だったが、2010年代になるとほとんどが人材派遣会社である。定住資格さえあれば、彼（女）らにとって工場で仕事を見つけることはあまりにも容易である。彼（女）らは非正規雇用ではあるが、大家族の強みで世帯内に働き手を増やすことで収入アップが可能である。

3 時間軸——在日人口の増加と女性たちの高齢化

(1) 全体像

図1は1974年から2018年までの在日フィリピン人人口の年次推移である。1974年、在日フィリピン人は3,129人にすぎない。Yu-Jose (2002) および高畑 (2004) から、1980年代以前に日本にいたフィリピン人は沖縄の元・米軍基地労働者とその家族（沖縄返還前後に基地での仕事を失い外国人登録対象となる）、宗教者（神父・牧師・修道女等）、音楽家、プロボクサー、日本人の配偶者、留学生、大使館職員とその家族および家事労働者等、ごく限られた人びとだったと思われる。

興行労働者世代にとって、移住の決意は経済的動機付けによるもので、日本が彼女らを受け入れたのは好景気と興行労働者不足からであった。フィリピンでは1970年代からマルコス政権による独裁政治と経済低迷が続いていたところ、1982年、労働雇用省のもとに海外雇用庁が設置され、海外出稼ぎ促進政策がとられた。1986年のフィリピン2月革命後の民主化で人びとの海外就労熱が高まったこともあり、若年女性たちが日本へ渡った。そして日本ではバブル景気の時代に男性たちがフィリピンパブで遊んだ。実際、1980年代の外国人労働者は多くが興行労働者で、その大半がフィリピン人であった（大野2019）。この時代に来日した人びとが本稿でいう「興行労働者世代」であり、1970年前後の生まれ（2019年現在、50歳前後）の女性が多い（図2）。

経済的動機付けによる来日は日系人も同じだが、日本が彼（女）らを受け入れたのは1990年の改正入管法施行による。日系3世が在留資格「定住」を取得し長期滞在が可能となったが、フィリピン日系人は戸籍等の公文書を保存している人が少なかったため、フィリピンからの引揚者および日本の企業経営者が支援して1990年代初めに日系人（残留日本人）の身元捜しと雇用が始まった（高畑2019）。また、1990年代は製造業の技能実習生や、結婚移民が増加した（図3）。この時代の日比結婚は日本における国際結婚の大衆化を引き起こしたとも言える。興行労働者数は2004年まで増加を続けたが2005年の法務省令改正により在

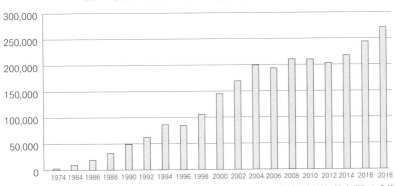

図1　在日フィリピン人人口の推移（1984-2018年）

出典：法務省・在留外国人統計（各年版）から筆者作成。

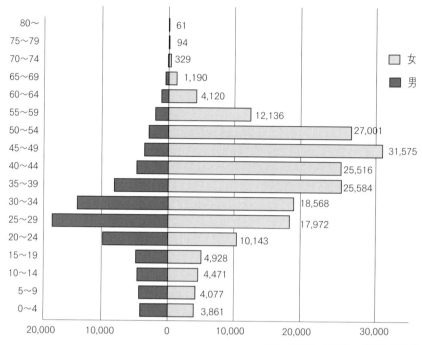

図2　在日フィリピン人の年齢構成（2018年末現在）

年齢	値
80〜	61
75〜79	94
70〜74	329
65〜69	1,190
60〜64	4,120
55〜59	12,136
50〜54	27,001
45〜49	31,575
40〜44	25,516
35〜39	25,584
30〜34	18,568
25〜29	17,972
20〜24	10,143
15〜19	4,928
10〜14	4,471
5〜9	4,077
0〜4	3,861

女
男

出典：法務省・在留外国人統計から筆者作成。

留資格発給基準が引き上げられ、それ以降は興行ビザによる入国者が激減し、それにともない日比結婚も減少した。

2005年以降、興行労働者および結婚移民が減少したにも関わらず、2010年代においても在日フィリピン人人口は伸び続けている。この背景には、永住資格を得た結婚移民による母国からの親族および再婚相手の呼び寄せ、日系人親族集団の連鎖移動、技能実習生の増加、経済連携協定や技能実習等でのケア労働者（主に介護、看護、家事労働者）の増加がある。情報処理資格の相互認証によるエンジニアや、JETプログラム（語学指導等を行う外国青年招致事業）による英語教師等、専門職として来日するフィリピン人も増えている。

次に、興行労働者世代と日系人について時間軸に沿って詳しく見ていこう。

（2）興行労働者世代

興行労働者は通常、店が指定した寮に住み、雇用主から行動を規制され、普段は出演店と寮を往復する生活を送っていた。そのため、毎週日曜日に教会へ通い折りたたみ椅子式の共同体に参加することが、彼女らにとって貴重な外出機会となり、心の安らぎを得る時間ともなった。

その後、結婚移民となり日本人家族の中にフィリピン人が独りという環境になると、教会という集いの場はさらに同胞と出会う場となり、活躍の場となった。教会を起点としたコミュニティは変容しつつも

存続した。行政との関係は概して良好で、1990年代に「国際交流」が流行すると日本各地の国際交流イベントではフィリピン人グループによる民族舞踊が場を盛り上げ、2006年以降「多文化共生」が流行すると地域社会に根付くフィリピン人が良い先行事例として紹介された。

とはいえ、第二世代への信仰の継承は容易ではない。母親たちは子どもにカトリック教会で洗礼を受けさせて一緒にミサに通うが、子どもは小学校高学年から中学生になると部活動等で教会から遠ざかるようになっていく。また、子どもの教育費を稼ぐため母親たちが労働時間を増やし、次第にミサやコミュニティの催しへの出席者が減った。しかし、子どもたちが独立して母親たちが中高年となる頃、再び教会や同胞の集いに足が向くようになっている。たとえば、大阪府豊中市にあるとよなか国際交流協会では2017年からフィリピン人中高年の居場所づくり事業を始め、月1回、40代以上のフィリピン人が集まりダンスをしたり年金や保険の学習会を行っている（とよなか国際交流協会2017）。

（3）日系人

フィリピン日系人の来日が増加した2000年代の日本は、規制緩和に伴い非正規労働が拡大する時代でもあった。2004年の人材派遣法改正により、工場および医療・福祉分野（特に介護）への人材派遣が可能となり、南米出身の日系人を雇っていた人材派遣会社が「次なる派遣人材」としてフィリピン日系人に目を付けた。工場内では人材派遣会社による通訳者の配置や多言語での指示書等、外国人労働者向けの環境ができており、派遣会社に登録すれば、労働者は家探しも日本語習得の努力も必要なく住宅を確保し収入を得ることができた。かつて南米出身の日系人労働者がたどった道をフィリピン人が歩んでいる。

日系三世とその子どもたち（四世）が、当初は人材派遣会社による渡航費貸付を利用して来日し、後に生活が安定すると、母国にいる親族に対して自分が渡航費を貸付け、あるいは親族を人材派遣会社に紹介して来日させることを繰り返した。その結果、東海地方にあるいくつかの人材派遣会社ではフィリピン日系人が百人単位で働き、人材派遣会社の借り上げアパートとその周辺の民間・公営住宅にフィリピン人が多数暮らすこととなった。日系人はマニラ首都圏よりもミンダナオ島（特にダバオ）に多い。もともとフィリピンでは近隣居住で相互扶助により暮らしてきた親族集団が、日本へ徐々に移動してきた格好だ。すなわち、親族集団が大きな共同体を形成し、日本で5世が誕生している。来日前後で世帯内の顔ぶれは変わらず、家庭内では母語（タガログ語、ビサヤ語等）を話し、国際電話をかけずともスマホとwifiさえあればFacebookのメッセンジャー機能で故郷の家族や友人と話すことができる。彼（女）らは故郷を離れて日本にいるものの「孤独」ではない。毎週日曜日に教会へ行くとしても、それは孤独の癒しというよりは生活習慣である。

4　在日フィリピン人コミュニティの特徴

フィリピン人の特徴は、第一に、50歳前後（1970年前後生まれ）の女性が多いこと

である（**図2**）。これは興行労働者世代が、ある時期に一斉に日本人男性と結婚して定住し、そのまま歳をとったことを表す。10代後半から20代前半に出産し、現在は祖母となり孫の世話をしている女性も多い。ニューカマー外国人女性が一斉に高齢化を迎える時が迫っている。また、表2のとおり生活保護を受給中の母子世帯がフィリピン人に多く、不安定層の加齢・高齢化に伴うさらなる貧困化が懸念される。

　第二に、エスニック・ビジネスの少なさである。これは興行労働者世代が集住地を形成できず、もともと貧困層出身者が多いため本国からの資本移転が難しく、自営業を行うのが難しかったという背景もあるだろう（高畑・原2012）。日系人の場合は、フィリピン食材店経営の事例はあるが、一戸建て住宅の一室を改装した店舗やトラックでの移動販売等、事業規模としては比較的小さい。ホワイトカラー層が比較的少ないことに加えて起業家も少なく、全体的に低賃金労働者が多い。

　第三に、日本人との結婚および日比ルーツの子どもの多さ、そして第2世代へのフィリピン文化継承の困難さである。これは特に興行労働者世代にあてはまる。図3に示したとおり、1994年から2017年の間に累計約15万件の日比結婚が発生し、約10万人の子どもたちが生まれている。フィリピン人学校が無いため第2世代への文化継承の装置は家庭あるいはカトリック教会など、ごく限られている。日本生まれ・日本育ちで日本の学校に通い、フィリピンへ帰省する機会が少なかった場合は、エスニックアイデンティティを潜在化させて不可視的マイノリティになってしまうことも多い。

5　時間軸がもたらしたコミュニティの消滅あるいは存続

　コミュニティのありかたは変わりつつも存続している。興行労働者世代にとってのコミュニティは教会を起点としたものでありつづけた。彼女らが中高年となり、子ど

図3　日本人とフィリピン人との結婚・離婚・子どもの出生数の推移（1994 − 2017年）

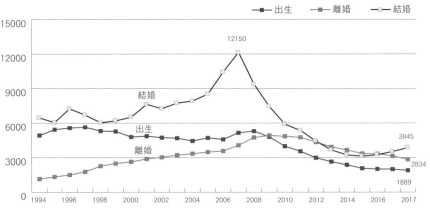

出典：厚生労働省・人口動態統計、各年版から筆者作成。

もたちが独立して自分の時間が増える中、信仰の場がふたたび彼女らを引き付けている。たとえば、山形県北部の最上地方には長らくカトリック教会がなかったが、フィリピン人結婚移民らが献金を続けて閉鎖された幼稚園を買い取り、2010年にカトリック新庄教会を開いた（『読売新聞』2010年9月16日）。信仰の世代間継承は困難でも、少なくとも結婚移民の第1世代に残された唯一の集いの場が教会であり続けると筆者は考えている。

日系人は親族集団および人材派遣会社がコミュニティでもある。日系人の多くは人材派遣会社に登録して工場で働いており、いわば「企業社会」の一員だ。人材派遣会社は季節ごとに娯楽イベントを催すなどして労働者をつなぎとめようとし、その結果、特定の人材派遣会社に所属する人びとが共同体のようになる。

上記のような対面的・実体的コミュニティに加え、興行労働者世代も日系人も2010年代からサイバー空間でのコミュニティを拡大させた。親族や人材派遣会社、若者グループでFacebookのグループを作り、日々の情報交換を行っている。

6　日本社会との関係性

日本社会との関係性は、興行労働者世代は強く、日系人は比較的弱いと筆者は感じている。興行労働者世代は家庭生活と子育てを通じて日本人夫の親族、「ママ友」や地域社会とのつながりができた。日本語の習得も早かった。彼女らは1990年代、全国各地の国際交流イベントで民族舞踊や歌を披露して「地域に根ざす外国人」の代名詞ともなってきた。その後、2000年に

は介護ヘルパーとなる人が増え、2000年代半ばから小学校で英語教育が始まるとALT（外国語指導助手）として活躍した。集住できないからこそ、彼女らは日本社会のなかで「隣の外国人」であり続けた。

一方、日系人は親族単位で集住できるため、それ以外の人びとと関わる必要性が低い。日系人とはいえ来日前に日本語がほとんどできなかった人が大半で、さらには来日後に日本語を話せずとも働ける職場にいることが多いので、日本人との接触および日本語を使う機会が限られる。日本語を習得したり周囲の日本人に助けを求めたりせずとも、来日前と同じ面々が周囲におり、スマホとwifiがあれば遠隔地にいる親族や友人たちとの交流、日本で暮らすための情報収集、仕事探しから送金までができてしまう。便利な時代になったからこそ、「日本社会」との対面的接触が少なくなったのではなかろうか。

7　将来展望

今後、在日フィリピン人コミュニティに想定される第一の展開が、興行労働者世代の高齢化である。彼女らが50代にさしかかり、自身の「老後」が見え始めている。すでに単身、あるいは日本人夫を伴って帰国し、第2の人生を始めたという話も聞く。上記のように大阪府豊中市では中高年の集いができているが、これから各地の教会を基点とするフィリピンコミュニティはいかに再活性化されるのか、そこからどのような自助活動が展開されるのかが注目される。

第二に、「相互扶助」の先にある発展形である。山形県のような教会設立に加え、多

文化共生のまちづくりへ施策提案をする立場となったり、興行労働者世代の結婚移民が帰国して技能実習生の送出機関を設立するなど、日本の宗教、地域社会および行政、雇用へインパクトを与える立場となったフィリピン人コミュニティがある。詳細は稿を改めたい。

第三に、興行労働者世代の「孫育て」である。第2世代が日本で結婚することで、それまでフィリピンに縁がなかった日本の人びとの前に「義母」「おば」等という立場でフィリピン人が登場している。さらには、フィリピン人の祖母に育てられる孫がいる。祖母から孫へエスニックアイデンティティと言語・文化の継承はいかに行われるのかが興味深い。

第四に、日系人の集住の行方である。現在はアパートや戸建て住宅で親族が近居をすることで小規模集住地ができている。今後、日系人は人材派遣会社に囲われ続けるのか、それとも彼らがいつか直接雇用や起業等の形で派遣会社という共同体から離れるのかも注目したい。

最後に、本稿では在留資格「技術・人文知識・国際業務」や「企業内転勤」で働く専門職について触れられなかった。今後の課題としたい。

参考文献

イバーラ、マテオ（2003）『「滞日」互助網 ——折りたたみ椅子の共同体』フリープレス

大野聖良（2019）「入国管理行政における在留資格『興行』の言説形成」『理論と動態』12: pp.153-179.

高畑幸（2004）「在日フィリピン人——第2世代の成長期に入ったコミュニティ」庄司博史編著『多みんぞくニホン——在日外国人のくらし』（特別展図録）国立民族学博物館、pp.105-111.

———（2010）「在日フィリピン人の介護労働参入——資格取得の動機と職場での人間関係を中心に」『フォーラム現代社会学』9: 20-30.

高畑幸・原めぐみ（2012）「フィリピン人——『主婦』となった女性たちのビジネス」樋口直人編『日本のエスニック・ビジネス』世界思想社、pp.161-189.

高畑幸（2018）「東海地方における移住労働者のエスニシティ構成の『逆転現象』——静岡県焼津市の水産加工労働者の事例」『日本都市社会学会年報』36: 147-163.

———（2019）「静岡県焼津市の水産加工業で働くフィリピン日系人——雇用と移住のプロセスを中心に」『移民政策研究』11: 47-59.

髙谷幸・稲葉奈々子（2011）「在日フィリピン人女性にとっての貧困——国際結婚女性とシングルマザー」移住連貧困プロジェクト編『日本で暮らす移住者の貧困』pp.27-35.

とよなか国際交流協会（2017）『在日外国人高齢者の居場所づくりに係る調査事業　報告書』公益財団法人とよなか国際交流協会

Yu-Jose, Lydia（2002）*Filipinos in Japan and Okinawa, 1880s-1972*, Tokyo University of Foreign Studies.

2-4 中国人留学生——1980年代から現代までの変化とコミュニティの特徴

佐藤由利子・徐一文

1 中国からの留学生送り出しと日本で学ぶ中国人留学生の変化

(1) 中国からの留学生送り出しと留学先の変遷

1949年の中華人民共和国の成立以降、中国は社会主義国を中心に留学生を派遣していたが、1966～76年の文化大革命の間は、海外留学はおろか高等教育も中止状態であった（大澤2017）。しかし、1978年からの改革開放政策において、鄧小平は中国の現代化のため、欧米・日本等への大規模な留学生の派遣を指示し（王2009：26）、1983年までに1万2千人余りが派遣され、留学先は米国が35.2％、日本（15.6％）、西ドイツ（11.3％）の順であった（白土2011：297-298）。1984年には「自費出国留学の規定」により自費留学の道が開かれ、1978～89年に海外留学した者は9万6千人、その内訳は国家派遣31.2％、機関派遣45.2％、自費留学23.6％だったが、帰国人数は3万9千人に過ぎず、帰国率の向上が大きな課題であった（白土2011：298-299）。

1992年の鄧小平による「南巡講話」（資本主義経済を借用しての経済発展と科学技術と教育の発展を説く）を受け、1993年には「支持留学、鼓励回国、来去自由」という方針が示され（白土2011：329-339）、留学帰国者への様々な優遇措置が取られるようになる。このような中、1991年に2,900人だった海外留学生数は、94年に19,071人へ急増する。2000年代に入り、一人当たりGDPが1,000米ドルを超えるなか、留学生は2001年に83,973人、2002年には125,179人と一挙に増加し、一人当たりGDPが4,500米ドルを超えた2010年の留学生数は284,700人となり、2018年には662,110人に上る（中国統計年鑑2019）。帰国率（当該年の帰国留学生数を出国留学生数で除して算出）は、1990年代半ばから2000年代は10％～30％台だったが、2010年に5割を超え、2013年以降は70～80％となった。労働政策研究・研修機構（2019）は帰国率上昇の要因を、中国企業の急成長と留学先国における移民政策の厳格化、中国政府による留学帰国者優遇政策などによると分析する。

中国人留学生の留学先（高等教育レベル）は、1999年には米国が34.1％、次いで日本が18.6％であったが、2017年には米国37.0％、オーストラリア14.8％、英国11.1％、日本9.1％の順であり（UNESCO統計）、所得水準の向上に伴い、英語圏諸国への留学が増え、日本留学の比重が低下している。

(2) 日本で学ぶ中国人留学生の変化

図1は1984年以降の中国人留学生・

図1　日本で学ぶ中国人留学生・就学生数の変遷（1984-2019年）

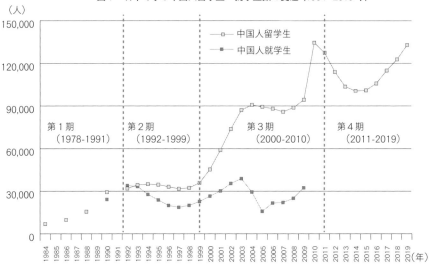

出所）法務省「在留外国人統計」（1985, 1987, 1989, 1991, 1993-1999, 2012-2019）、法務省「出入国管理白書」（2002-2005）、法務省「登録外国人統計」（2006-2011）に基づき筆者作成
注）2010年以降「就学」が「留学」に一本化され、両者を合わせた人数となっている。

就学生数の変遷を示している[1]。李（2016）は、中国からの留学生送り出しについて、1978～1991年を回復期、1992～1999年を調整期、2000年以降を成熟期と3分類している。本稿では李の区分を援用しつつ、2000年代以降を東日本大震災以前と以降に分け、中国人留学生の特徴を分析する。

① 第1期（1978～1991年）

1978年に日中平和友好条約が締結され、1979～84年に830人の留学生が日本に公費で派遣された（王2009：26）。他

方、日本では1983年に「留学生10万人計画」が発表され、積極的な留学生誘致策が開始される。1984年の中国人留学生数は6,870人であったが、中国政府が自費留学に道を開いたこと、1983年の入管法改正で、留学生に週20時間のアルバイトが解禁され、84年に入国手続きの簡素化が行われたことなどにより私費留学生が増加し、1988年の中国人留学生は15,642人となり、新規入国の中国人就学生（日本語学校生）は28,256人に達した（寺倉2010：184）。当時、日本語学校が乱立し、留学生の質への懸念が高まっていたため、1988年に就学生の入国手続きが厳格化され、日本語学校に入学金等を支払ったにもかかわらず、留学ビザが発給されない中国人の若者数百人が上海の日本総領事館を取り囲む「上海事件」が発生す

1　法務省統計は、2011年まで台湾を中国に含めているが、1980年代からの国別の留学生・就学生数を示す貴重な資料であるため、本稿では本統計を用いつつ、可能な限り他の資料から、台湾を除いた中国出身留学生数も示す。

る。この混乱から中国人就学生の新規入国者は1989年に9,143人へ激減する（寺倉2010：184）。

李（2016：103-104）は当時の中国からのプッシュ要因として、国内の高等教育機会が不足し、質が低かったこと、自由に就職先を選択できず、仕事環境も不十分で、社会が閉塞感に満ちていたことを挙げ、優秀な人材が日本に留学したと分析している。坪谷（2006：8）はこの時期の中国人留学生を、文化大革命収束後に大学進学し、知識青年という社会的期待を背負った第一世代と呼ぶ。

『日本新華僑報』の編集長蒋豊は、1988年に私費留学した理由を（中国のGDPが日本の25分の1という）貧しさのためと振り返り、段（2003：176-185）は、日本語学校、ブローカー、就労先から搾取される当時の中国人就学生の苦境を紹介している。

② 第2期（1992〜1999年）

1990年より日本語学校の審査・認定制度が開始され、1992年の中国からの就学生は33,962人、留学生は31,910人（台湾出身者を含まない文部省統計では20,437人）に回復する。しかし、バブル経済の崩壊や就学ビザの厳格化などにより、1997年の中国人の就学生は18,706人に減少し、留学生は31,707人（台湾出身者を含まない文部省統計では22,619人）にとどまった。

この頃の中国では、大学進学競争の激化や仕事環境への不満が、留学のプッシュ要因、帰国の阻害要因であった（李2016：105）。坪谷（2008）はこの時期の中国人留学生を、文革後の混乱と改革開放による経済発展の両方を体験し、多様な価値観を有する第二世代と名付ける。段（2003：

202-203）は、中国人留学生の多くが、帰国せず、日本就職を目指したことを紹介している。

③ 第3期（2000〜2010年）

1998年に留学生の資格外活動上限が週28時間に引き上げられ、2000年に入国・在留手続きが簡素化されたことなどにより留学生数は増加に転じ、2003年に中国人の留学生は87,091人、就学生は50,473人となり、留学生10万人の目標も達成された。しかし中国人留学生による凶悪事件や山形の私立短大の中国人留学生が首都圏で不法就労していたことの発覚などにより、同年末から入国・在留審査が再び厳格化し、2008年までの中国人の留学生数は8万人台（台湾出身者を含まない日本学生支援機構の統計では7万人前後）、就学生数は2万人前後で推移する。しかし、2008年に「留学生30万人計画」が発表され、2010年には「就学」の在留資格が「留学」に統合されたため、2010年の中国人留学生数は134,483人に達した。

坪谷（2008）はこの時期の中国人留学生を、1979年の一人っ子政策開始後に出生し、物質的豊かさを享受してきた第三世代と呼ぶ。李（2016：106-108）は、中国の名門大学への進学競争が激化し、一人っ子家庭が多い中、子どもの教育ならお金を惜しまない心理から、中産階級でも海外へ自費留学させるようになり、海外留学者が急増したが、中国での就職機会の増大により、帰国者も増加したと指摘する。

2　2019年5月8日付 *Record China*「一人の中国人が感じた平成の30年の変化」https://www.recordchina.co.jp/b708087-s0-c30-d0063.html

④ 第4期（2011～2019年）

東日本大震災は留学生受け入れにも大きな影響を及ぼし、尖閣諸島国有化に伴う日中関係の悪化もあり、中国人留学生数は、2014年に100,579人にまで減少する。代わって増加したのが、ベトナム、ネパールなど非漢字圏からの留学生で、1988年以降、全留学生の過半数を占めてきた中国人留学生の割合が、2015年には45％、2018年には38％に低下する。しかし、中国人留学生数自体は2017年以降に増加に転じ、2019年には132,845人に回復した。日本学生支援機構の学種別統計に基づく分析では、中国人留学生の学部在籍者は、2007年の39,862人から2018年には38,787人に減少しているのに対し、大学院在籍者は2007年の16,264人から2018年には29,097人へと1.8倍に増加し、中国の経済発展と高学歴化などを背景に、学部から大学院へのシフトが見られる

（佐藤2019）。

中国のシンクタンクCCGは、1985年以降に生まれた留学生では、異文化体験を目的と挙げる者が76％に上ると分析し（労働政策研究・研修機構2019）、日本中国留学生交流会の陳亮会長は、「（以前は）日本に着くとまずはアルバイトを探したものだが、今の学生は仕事ではなく、チャンスを探している」と指摘する[3]。

2　中国人留学生の居住地の特徴

表1は、1984～2019年の6時点における在日中国人、留学生の主な都道府県別居住者数を示している。第1期の1984年の在日中国人は6万8千人で、東京・神奈川と大阪・兵庫の2地域への集住傾向が

3　2018年7月20日付『東方新報』「中国人留学生が激変、『金より知識・スキル』を求める学生たち」DIAMOND online (https://diamond.jp/articles/-/175184)

表1　在日中国人と中国人留学生の人数と居住地の変化

年		1984		1992		1999		2006		2012		2019	
		人数	割合	人数	割合	人数	割合	人数	割合	人数	割合	人数	割合
在日中国人		67,895	100%	195,334	100%	294,201	100%	560,741	100%	652,595	100%	786,241	100%
中国人居住地	東京	21,436	31.6%	72,958	37.4%	82,911	28.2%	125,356	22.4%	154,460	23.7%	226,319	28.8%
	神奈川	6,737	9.9%	17,915	9.2%	24,438	8.3%	42,409	7.6%	53,112	8.1%	72,896	9.3%
	埼玉	1,888	2.8%	12,735	6.5%	18,257	6.2%	35,513	6.3%	47,271	7.2%	73,288	9.3%
	千葉	2,381	3.5%	8,182	4.2%	16,265	5.5%	33,453	6.0%	41,258	6.3%	54,486	6.9%
	愛知	1,627	2.4%	8,278	4.2%	13,940	4.7%	35,522	6.3%	46,952	7.2%	50,049	6.4%
	大阪	7,869	11.6%	16,352	8.4%	25,933	8.8%	43,498	7.8%	50,585	7.8%	65,394	8.3%
	兵庫	9,153	13.5%	12,491	6.4%	14,581	5.0%	22,570	4.0%	24,340	3.7%	23,983	3.1%
	福岡	1,617	2.4%	4,589	2.3%	7,650	2.6%	16,933	3.0%	21,170	3.2%	20,511	2.6%
	その他	15,187	22.4%	41,834	21.4%	90,226	30.7%	205,487	36.6%	213,447	32.7%	199,315	25.4%
中国人留学生		6,870	100%	31,910	100%	35,879	100%	88,074	100%	113,980	100%	132,845	100%
中国人留学生居住地	東京	3,801	55.3%	14,308	44.8%	11,833	33.0%	25,651	29.1%	36,318	31.9%	57,646	43.4%
	神奈川	411	6.0%	2,297	7.2%	2,076	5.8%	5,634	6.4%	6,685	5.9%	8,358	6.3%
	埼玉	93	1.4%	1,890	5.9%	1,710	4.8%	5,268	6.0%	6,562	5.8%	8,234	6.2%
	千葉	174	2.5%	1,072	3.4%	1,752	4.9%	4,980	5.7%	5,749	5.0%	6,326	4.8%
	愛知	194	2.8%	1,556	4.9%	1,991	5.5%	4,723	5.4%	5,647	5.0%	3,544	2.7%
	大阪	591	8.6%	2,336	7.3%	3,097	8.6%	9,093	10.3%	10,172	8.9%	11,782	8.9%
	兵庫	124	1.8%	995	3.1%	1,212	3.4%	2,853	3.2%	4,464	3.9%	3,722	2.8%
	福岡	226	3.3%	928	2.9%	1,582	4.4%	5,159	5.9%	4,430	3.9%	5,012	3.8%
	その他	1,256	18.3%	6,528	20.5%	10,626	29.6%	24,713	28.1%	33,953	29.8%	28,221	21.2%

出所）法務省「在留外国人統計」（1985, 1993, 2012, 2019）、法務省「登録外国人統計」（2006）に基づき筆者作成

見られる。他方、中国人の1割を占める留学生は、過半数が東京へ集住していた。法務省の在留外国人統計（1985）によれば、この年の在日中国人は台湾出身者が48％を占め、大陸出身者は、従来から主流だった福建省、広東省、江蘇省出身者に加え、黒竜江省、山東省、上海市、北京市の出身者が急増しており、これら地域出身の留学生が増加したことが主要因と考えられる。

　第2期の1992年には在日中国人は20万人近くとなり、留学生は3万2千人で、その16％を占めた。1999年には在日中国人が30万人近くとなったが、留学生は12.2％の3万6千人にとどまった。この年、東京に居住する留学生は全体の33.0％で、技術、人文知識・国際業務（日本で就職した元留学生に最も多い在留資格、以下、技・人・国）の在留資格者は20,600人と1990年から倍増し、その多くは元留学生と考えられる。留学生の東京集住の傾向は緩和され、大阪、愛知、福岡など東京以外の府県の居住者が増加した。

　第3期の2006年に、在日中国人は56万人となり、留学生はその15.7％を占め

た。在日中国人と留学生における東京以外への拡散傾向はさらに強まり、留学生では大阪・埼玉・千葉・福岡の居住者が大きく増えている。

　第4期の2012年の在日中国人は65万人で、留学生はその17.5％を占め、技・人・国の在留資格者は8万9千人と全体の8.3％に上った。2019年の在日中国人は79万人とさらに増え、留学生は16.9％にとどまったが、技・人・国の在留資格者は11.3％に増加した。日本で就職した留学生が増加したためと考えられる。2019年には留学生の東京集中の傾向が再び強まり、神奈川、埼玉、千葉を加えた首都圏に6割以上が居住している。東京集中の背景には、留学生の経済状況の改善やブランド志向から、私立であっても東京の大学を選択する志向が強まったことが挙げられる。

　図2は、日本で就職した留学生数と、そのうちの中国人留学生数を示している。日本で就職した留学生は2003年以降増加し、リーマンショックのため2009年より一旦落ち込むが、留学生30万人計画の下、留学生の日本就職が促進されるなか、

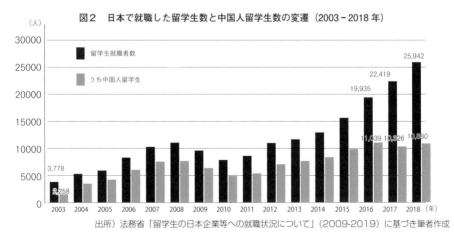

図2　日本で就職した留学生数と中国人留学生数の変遷（2003–2018年）

出所）法務省「留学生の日本企業等への就職状況について」（2009-2019）に基づき筆者作成

2011年以降増加に転じている。中国人留学生の就職者は2016年に11万人に達するが、その後やや減少しており、前述の帰国率の上昇が影響していると考えられる。

3　留学生関連団体の状況

劭（2002：178-179）は、1978年以降来日した中国人留学生がまず大学をベースとする「中国留学人員友好聯誼会（学友会）」を設立した後、様々な社会団体を設立し、その数が1998年に143に上ること、最も多いのが研究会、次いで友好交流や芸術関連の団体で、従来の華僑・華人が、血縁・地縁により結合されていたのに比べ、主に学縁・職縁（専門別）で結合されていることが特徴的と分析している。

2019年12月に「中国人団体、学生団体」というキーワードでインターネット検索を行い、中国人留学生関係団体を抽出すると、1980年には、北海道地区、九州地区、岡山県、1981年には仙台、1983年には東京大学で学友会が設立され、1992年には全国組織である「全日本中国留学人員友好聯誼会」が設立されていることがわかる。同会会長楊氏からの聞き取り（2019年12月に実施）によると、全国6地区、277の大学に支部を持ち、元留学生を含め、会員は10万人を超える。春節祝賀会、スポーツ交流、講演会、被災地支援などの活動を行い、歴代の会長は、東大、東工大、早稲田大などの博士課程で学ぶ国費留学生であったが、2020年に新たに選出された会長は、初めて私費留学生が就任したとのことである。

1993年には在日中国科学技術者聯盟、95年には中国留日同学会が設立されてい

る。各々のウェブサイトによると、前者は、在日中国科学技術者間および中国や日本の関連団体との交流促進を目的とし、2003年には会員が1千名を超え、その多くは大学、研究所、大手企業の勤務者で、3分の2以上が博士号取得者という。また、後者も、会員の7割以上が博士号または修士号を有し、留学生・元留学生間の交流、子供の教育・進学、投資、起業など共通の関心事項に関する経験交流会やセミナーを開催するほか、人材プラットフォームとして、中国の政府機関や企業への人材推薦などを行っている。

唐（2015）は福岡に、九州華人・華僑友好聯合会（1998年設立）、九州中国人学者、技術者連合会（2000年設立）、九州華人・華僑商工会（2008年設立）、西日本中日企業家協力会（2009年設立）という4つの華人ネットワークがあり、古くからの華僑・華人ネットワークである九州華人・華僑友好聯合会が、親睦団体として他の3団体をつなぐ役割を果たしていたが、会員が多様すぎるため参加者が激減したのに対し、元留学生による九州中国人学者、技術者連合会は、留学生や日本に就職した元留学生の増加により、比較的順調に活動を展開していると分析する。

4　中国人留学生コミュニティの階層性　と日本社会との関係性、将来展望

以上の分析より、中国人留学生は1980年代以降、在日中国人のなかで存在感を拡大し、在学中には学縁、卒業後には主に職縁（専門別）による団体を結成し、会員間の親睦や情報共有、日中の関係団体との橋渡しの役割を果たしてきたことがわかる。劭

(2002:192) は、中国では成績優秀な学生が「学生幹部」となる伝統があり、公費留学生に学生幹部経験者が多いこと、中国人留学生関係団体の形成において、彼らがリーダーシップを発揮してきたことを指摘している。このことから、中国人留学生コミュニティにおいては、博士課程の国費留学生を頂点とする階層が形成され、卒業後も上位階層者が活発にコミュニティを形成し、様々な活動をリードしてきたと考えられる。

しかし、ネット世代と呼ばれる90後（1990年代以降生まれ）の中国人留学生においては、SNS等で同好者と繋がり、必要な情報が取得できるため、学友会活動への参加者は減少傾向にある。このため、職縁（専門別）による元留学生団体も、2000年台までの留学生が中心になっており、中国人留学生コミュニティは、新たな結合形態の時期を迎えている。

中国の経済成長により、日本に留まるか、帰国するかを選択できる状況が生まれており、日本学生支援機構の私費留学生生活実態調査に基づく分析では、日本で就職したとしても、その後、帰国就職を希望する中国人留学生が4割近くに上る（佐藤2018：36）。このため中国人留学生コミュニティは、今後、中国と日本を繋ぐトランスナショナルな性格を強めていくと考えられる。

参考文献

大澤肇（2017）「第5節　留学と日中関係」髙橋五郎編著『新次元の日中関係』日本評論社

王雪萍（2009）『当代中国留学政策研究―― 1980-1984年赴日本国家公派留学生政策始末』

佐藤由利子（2018）「移民・難民政策と留学生政策――留学生政策の多義性の利点と課題」、『移民政策研究』(10), 29-43.

―――（2019）「留学生の多様化と留学動機／就職意識の変化―2007〜2017年度の私費外国人留学生実態調査結果の分析から」『ウェブマガジン留学交流』2019年3月号(96): 1-12.

劭春芬（2002）「日本における中国人コミュニティ」『日中社会学研究』(10):175-195.

白土悟（2011）『現代中国の留学政策　国家発展戦略モデルの分析』九州大学出版会

段躍中（2003）『現代中国人の日本留学』明石書店

唐寅（2015）「福岡都市圏における華人ネットワークの現状」佐藤由利子編著『留学生受入れによる地域活性化の取組みと社会統合の課題に関する国際比較研究（平成24-26年度科学研究費基盤研究C研究成果報告書）』東京工業大学、pp.35-40.

坪谷美欧子（2008）『「永続的ソジョナー」中国人のアイデンティティ――中国からの日本留学にみる国際移民システム』有信堂

寺倉憲一（2011）「我が国における中国人留学生受入れと中国の留学生政策」『世界の中の中国 総合調査報告書 2011年3月』

李敏（2016）「中国人留学生の日本理由決定要因に関する研究―― Push-and-Pullモデルに基づいて」『大学論集』(48): 97-112.

労働政策研究・研修機構（2019）「中国人留学生の帰国と就職戦線に変化」『国別労働トピック：2019年11月』

2-5　韓国人超過滞在者——1990年代の横浜・寿町を中心に

山本薫子

1　1990年代の人口動態と特徴

　ニューカマー韓国人は、オールドタイマーとのつながりで来日、就労するケースも多く、ニューカマーのなかでも初期から滞日してきた。1996年の韓国・朝鮮籍の外国人登録者65万7千人のうち、特別永住者ではない者は16%（10万8千人）を占め、その後は特別永住者数の減少もあり、その割合は増加している。しかし、他の国・地域出身のニューカマーと比較すると特に多かったわけではなく、特別永住者ではない者も2000年代後半の17万人をピークにその後は減少傾向にある。

　ニューカマー韓国人のもう一つの特徴は、超過滞在者（オーバーステイ）の割合の大きさである。韓国人は、1990年代半ばから2019年1月までの間、国籍別でオーバーステイ数が最も多かった。こうした中で、1990年代に一時的に900人近い韓国人の集住が見られ、いくつかのエスニックビジネスの展開もなされたのが横浜・寿町である。

2　横浜・寿町における韓国人日雇い労働者の増加

　「寄せ場」、日雇い労働者の街である横浜・寿町で外国人日雇い労働者が増え始めたのは1980年代半ば以降である。当初はフィリピン人が中心であったが、韓国で海外渡航が自由化された1989年以降、韓国人が増加した。その多くは観光ビザなどで入国して建設現場等で就労し（資格外就労）、在留期限が切れても日本での滞在を続ける超過滞在者であった。寿福祉センターが毎年、簡易宿泊所を対象に行っていたアンケートでは1991年に900人以上の韓国人が居住していたとされ、これは記録が残る中での最多である。その後、韓国人労働者数は800人弱（1992年）、700人弱（1993年）と減少した後、いったん1994年に800人弱まで増加するが、その後は減少を続け、1996年には300人程度まで減った。なお、寿町には少数だがアパート、市営住宅もあるが、それらの居住者はここでの数値には含まれていない。

　なお、韓国人労働者が多かった1991〜1994年は寿町内で外国人労働者数全体が最大の時期でもあった（1991年が最多で1146人）。当時の寿町の簡易宿泊所宿泊者は6,300〜6,400人であり、ピーク時には7人に1人が韓国人で、外国人宿泊者の大半を占めた。

3　横浜・寿町における韓国人コミュニティの形成

　寿町の韓国人労働者たちの主な就労先は建設関連の現場や中小の工場、港湾等であった。当初は済州島出身者が中心であっ

たが、次第に他地域出身者も増加し、出身地ごとのグループが形成されていった。

韓国人労働者の増加は、①韓国人の女性・子どもの増加、②韓国人を対象にしたエスニックビジネスにつながった。寿町の簡易宿泊所や周辺のアパートには韓国人労働者とその家族（妻、子ども）が暮らし、子どもたちは地域の保育所、小学校等へ通学し、地域社会との関係も生まれた。

夫とともに寿町で暮らす女性たちには、自らも就労する者と主婦として家事子育てに専念する者の2種があった。就労先の例としてはホテルの客室清掃、飲食店等がある。

人口増加にともなって韓国人を対象にしたエスニックビジネス（韓国料理店、レンタルビデオ店、食材販売、美容院等）が登場した。これらの店舗を利用したり友人に会うために他地域から寿町を訪れる韓国人も増え、仲間と集う場、韓国語だけで生活できる場、として寿町は認識されるようになっていった。

寿町では1989年に外国人支援団体が結成されたが、韓国人との関わりは限定的なものだった。寿町の韓国人労働者には、済州島出身のメンバーを抱える川崎市内の労働組合の方がより認知され、また実際に労働問題に直面した際にはその労働組合に相談する者も多くいた。

4　超過滞在者の減少とコミュニティの衰退

超過滞在者全体の人数は1993年（29万9千人）をピークにその後減少したが、韓国人は1999年（3万8千人）まで増加を続け、その後減少した。寿町の外国人は1994年（1,083人）から1995年（651人）に4割減となり、その後は減少傾向を続け、2000年代半ば以降は100人以下まで減少した。この背景の大きな要因は経済不況による日雇い労働の減少がある。

人数減少にともない、韓国人を対象としたエスニックビジネスも寿町から撤退した。寿町の韓国人は大半が超過滞在者の日雇い労働者で社会的経済的に不安定な立場にあったこと、出身地域を超えて全体をまとめる組織化や互助活動の動きがなかったことが短期間でコミュニティが衰退した大きな要因であった。

参考文献

高鮮徽（1999）『20世紀の滞日済州島人──その生活過程と意識』明石書店

斉藤弘子（1994）『韓国系日本人──マリア・オンマの軌跡を追って』彩流社

山本薫子（2008）『グローバル化する大都市インナーエリア』福村出版

2-6 フィリピン人男性──草の根からの多文化主義

マリア・ロザリオ・ピケロ・バレスカス　高松宏弥

国際移民と「世帯の形成と維持のプロセス」としての"global householding"は、不平等なグローバル市場経済と相互に関連し結びついている（Douglass 2006）。世界中で多種多様な人的労働が商品として取引されているように、生産労働および再生産労働に従事するフィリピン人は、男性女性を問わず、日本の家計、市場、経済、社会に組み込まれている。日本へ国際移動をするフィリピン人の圧倒的多数は女性であるため、日本におけるフィリピン人男性に関する文献はごくわずかである。本稿では既存研究の空白を埋めるべく、時間・空間・階層の3つの視点を用いて、日本におけるフィリピン人男性について考察する。

1 フィリピン人男性労働者

初期の段階では、日本においてフィリピン人男性はフィリピン人女性よりも多く、1970年代初頭までは日本に居住するフィリピン人の半数以上は男性であった。その後、フィリピン人男性の割合は20％をわずかに上回る程度となり、2019年には約30％まで増加した。フィリピン人男性が日本を訪れるようになったのは植民地時代で、日本へと向かうスペインとアメリカの植民地船に乗ってきたとされる。来日したフィリピン人男性は沖縄のアメリカ人またはフィリピン人が所有する会社において熟練労働者や職人として雇われていたほか、エンターテイナー、歌手等、音楽を生業としていた。

1950年当時、日本の登録フィリピン人は367人に過ぎなかったが、1964年の東京オリンピック開催に向けて多くのフィリピン人男性が建設労働者として雇われたことで、日本の登録フィリピン人は数千人に達した。長年、一部のフィリピン人は、銀行やその他企業のトップ、外交団の一員、またはエンジニア、英語教師、大学教授、研究者、学生、介護士、技能研修生として日本に滞在していた。他方、一時訪問やその他のビザで入国後に長期間滞在し、不法滞在者となった多くのフィリピン人男性は、低賃金やブローカーの虐待的対応に苦しみながらも、建設、一般企業、バー、農業などに従事してきた。1989年に改正された入管法により、日系フィリピン人は長期ビザを得て日本で働くことが可能となったほか、1993年の技能実習制度の導入後には男性も流入した。2008年にはリーマンショックの影響により多くのブラジル人居住者が帰国したが、ブラジル人の集住地域であった名古屋では、彼らと置き換わるようにフィリピン人の移住が進んだ。

2019年には、20歳代のフィリピン人のうち33,481人が農業、漁業、建設、食品製造、繊維、製造、金属およびその他の職種において技能実習生として従事したが

（2012年時点では7,002人）、その多くは男性であった。2020年東京オリンピックを控えているなかで、日本の労働市場構造にはセグメント化、少子高齢化の進展による国内労働者の不足、いわゆる3K（きつい、汚い、危険）労働を避ける、といった傾向がみられる。フィリピン人男性は、日本の相対的過剰人口（一時的で低賃金な職業に就く準備ができている人びと）として、低賃金や労働保護の観点から批判にあいつつも技能実習制度の拡大とともに増加している。このように、日本におけるフィリピン人男性はほかの外国人労働者と同様に、就業構造の低いレベルに留まることが期待されている。

2　長期滞在者と永住者

在留外国人統計によれば、2019年6月現在、日本におけるフィリピン人居住者は277,409人で、永住者（130,956人）、長期滞在者（52,963人）、技能実習生（33,481人）、日本人の配偶者と子ども（26,407人）の順に多く、フィリピン人男性の多くはこれら4つのグループに含まれる。男性を含むフィリピン人はすべての都道府県に居住しており、彼らの31%は、愛知県、東京都、神奈川県、静岡県、埼玉県、千葉県、岐阜県、茨城県、広島県、三重県の上位10都県に居住している。職（場）へのアクセスの良さや社会的ネットワーク、都道府県レベルにおける外国人に対する法的・社会的開放性は、日本における居住地域を決定する際に考慮すべき重要事項である。永住または長期滞在ビザを持ち、安定した職業に就いている家族を持つフィリピン人は、25年間またはその他の合意した期間にわたるローンを組んで新築の家を購入しているが、実習生や学生の多くは低家賃のアパートに居住している。

フィリピン人男性の技能実習生は増加しているが、在留期間が制限されているため、現状では日本人のコミュニティとの関係は限定的である。一例としては、日本人女性と結婚し、両国にルーツを持つ子供の父親としてのフィリピン人男性や、男性に限らないが、全国の学校において日本人生徒やその保護者、同僚である勤務校の教師と交流をするフィリピン人の外国語指導助手（ALT）などが挙げられる。

現時点では日本の移民政策は曖昧なものであるが、移民と職業に関する課題、長期滞在や永住権は草の根レベルで多文化主義を促進している。日本の家庭、コミュニティ、経済、社会のなかにフィリピン人コミュニティ全体がより広く組み込まれ、参加することにより、「下からのトランスナショナリズム」を促進し、日本人と外国人とのより深い文化的関与を可能とするのである（San Jose & Piquero-Ballescas 2010）。

参考文献

Douglass, Mike,（2006）Global Householding in Pacific Asia. *International Development Planning Review*, 28(4): 421-446.

San Jose, Benjamin and Maria Rosario Piquero-Ballescas,（2010）, Engaging Multiculturalism from Below: The Case of Filipino Assistant Language Teachers in Japan. *Journal of Asian studies for intellectual collaboration*, 2010: 162-180.

2-7 パキスタン人──エスニック・ビジネスの確立と定住

福田友子

はじめに

日本に在留するパキスタン人は 16,198 人である（『在留外国人統計』2018 年末現在）。これは日本の総人口（1 億 2,644 万 3 千人、2018 年 10 月現在）の 2.2％にとどまる外国人登録者（2,731,093 人）の中の 0.6％に過ぎない。第 1 位の中国人（76 万人）や第 2 位の韓国人（44 万人）、第 3 位のベトナム人（33 万人）と比べても、きわめて規模の小さな集団である。

そうした在日パキスタン人の特徴の一つは、男性の比率が 7 割と高く、日本人女性と結婚している既婚者男性の比率が高いことである。データは古いが、『国勢調査報告』平成 12 年版（2000 年 10 月 1 日現在）によると、在日パキスタンの既婚者男性（2,002 人）のうち、83.4％が日本人女性と、12.1％がパキスタン人女性と結婚していた。在日パキスタン人の既婚者女性（259 人）のうち、93.4％がパキスタン人男性と、3.5％が日本人男性と結婚していた状況とは対照的である。

在日パキスタン人の人口規模は小さいが、在日パキスタン人というエスニック集団の範囲を、「在日パキスタン人＋日本人配偶者＋（日本人にカウントされる）二重国籍の子ども」と設定した場合、その中に包摂される人数は 2 倍、3 倍となる。さらに日本国籍取得者も年々増加している。換言す

れば、在日パキスタン人は一見小規模ながら、日本社会と密接な関係を保ちつつ維持されてきたエスニック集団なのである。

ここで重要なのは、1980 年末以降に増加した移住労働者の一部が、1990 年代以降に日本人配偶者との結婚を契機として在留資格を安定化させ（超過滞在者の場合は在留資格を正規化させ）、それと同時に移住労働者から移民企業家へと転身することで、経済的基盤をも安定化させてきたという経緯である。こうした流れは他の国籍の移住労働者にも見られたが、同一業種へ集中するスピードの速さとその規模の大きさは、パキスタン人に特徴的なものであった。

1 パキスタン人来日の経緯

パキスタンは、バングラデシュやフィリピンと並び、アジアにおける代表的な移民送出国である。公式には移民受入れを認めていない日本であるが、1970 年代以降、これらの移民送出国出身者を非公式な形で受け入れてきた。そして、パキスタン人の日本出稼ぎブームが 1980 年代後半に起きる。1985 年 9 月の先進国蔵相会議（G5）におけるプラザ合意以降、円高が急激に進行し、日本とアジア諸国との賃金格差が拡大したことが大きな契機となったのである。また同時期、中東産油国は不況期にあり、アジア諸国（特にパキスタン、バングラデ

シュ）の労働者は新たな出稼ぎ先を探していた。一方、受け入れ側である日本の労働市場は、人手不足が深刻化していた。こうした構造が、一般に語られる在日パキスタン人増加の国際経済学的な背景である。

　加えて、日パ両国の法制度や政策によって移住の水路付けがなされた点にも注目したい。第一に、日本が特定の相手国と結んでいた「査証相互免除協定」が、出稼ぎブームの土台として大変重要な役割を果たした点である。日本は、1961 年にパキスタン、1973 年に分離独立したバングラデシュと同協定を結び、長年にわたり経済的互恵関係を築いてきた。第二に、日本とパキスタンの二国間協定の存在である。1983 年のパキスタン大統領訪日を受け、1984 年に中曽根首相はパキスタンを公式訪問した。この時、日本側はパキスタンからの研修生受け入れを提案している。第三に、パキスタン側の移民奨励政策である。同国の海外就労者は帰国時に家電製品などを無税で持ち込むことができ、6 ヶ月に 1 台以内ならば低率の関税で自動車を持ち込むこともできた。日本製品の人気は高く、たとえ観光や就学で来日したとしても、6 か月の滞在後にそれらを持ち帰れば、魅力的なサイド・ビジネスになった。日本出稼ぎブームは、複数の法制度によって方向づけられた現象だったのである。

　アジア系外国人の日本出稼ぎブームという現象は、1986 年頃まで日本の「国際貢献」の一形態とみなされていたため、超過滞在者の存在は入国管理局側にも黙認されていた。ところが、その数の増加は次第に社会問題化されることとなる。それを受け、日本政府は「査証相互免除協定」を

1989 年 1 月に停止した。また 1990 年の入管法改定をめぐる一連の議論の中で、アジア系外国人を排除する代わりに、日系人を優先的に受け入れるという方針が決まった。これらの政策転換を受けて、パキスタン、バングラデシュの入国者数は激減する。結果的に、1988 年が南アジア系外国人による日本出稼ぎのピークとなった。

　日系人以外のニューカマーの場合、活動に制限のない在留資格を取得するには、日本人と結婚することが最短の方法である。在日パキスタン人と日本人配偶者の結婚が増加すると、結婚によって安定した滞在資格を得た正規滞在者と超過滞在者との間には格差が生じた。その理由は、正規滞在者が労働市場において上昇移動したからではない。日本では移住労働者に分断的労働市場しか用意されていなかった（丹野 2007）。しかしながら正規滞在者は、安定的な法的地位を得たことによって、自分と日本人配偶者が持つ資源を最大限活用するチャンスを得た。彼らは当初の工場労働を辞め、起業が可能となった。結婚を契機として、日本人配偶者を巻き込みながらエスニック・ビジネスを起業する、もしくはすでにサイド・ビジネスとして始めていた個人事業を法人化するといった傾向が見られた。

　別の視点から見れば、既婚の壮年層をはじめとする日本で起業できない人々は早々に帰国し、独身の若者層のようなビジネスに挑戦できる人々が日本にとどまったのである。あるいは、経済的基盤を持つ相対的に階層の高い人々が日本に残った、とも捉えることができる。

　その後のパキスタン人移民の展開を表 1 の在留資格から見てみると、1990〜

2000 年までは「短期滞在：計」が 1 位、身分資格の「日本人の配偶者等」が 2 位であったが、2005 年以降は身分資格の「永住者」が 1 位になり、2010 年以降は活動資格の「家族滞在」が 2 位に定着した。「家族滞在」の増加は、1990 年代にはさほど見られなかった家族や親族の呼び寄せが増えたことを意味する。また、2010 年以降は活動資格の「投資・経営」や「人文知識・国際業務（2012 年以降は技術も含む）」などビジネス関連の資格が 3 〜 5 位の上位に入ってきた。これは、日本政府がビジネス関連ビザを発行する対象となりうる経済的基盤を持つ人々にのみ渡日を許可してきた証左でもある。

　1980 年代から 1990 年代にかけて来日したパキスタン人の場合、①ビジネスへ向かわざるを得ない社会的制約があること（雇用の制限）、②ビジネスに参入しやすい条件を満たしていること（日本人の配偶者や友人・知人とのつながり）、③ビジネスへ参入しようという意識が同胞内で共有されていること（企業家精神）、④それを後押しする環境が整っていること（在留資格）、といったビジネスへの志向性が重層的に見られた。筆者はかつて、上記の特徴がパキスタン人の自営業者比率の高さへつながったと分析した（福田 2012a）。一方、2000 年代以降に来日した層を見ると、経済的基盤のある保証人に呼び寄せられた人々のみが来日を許され、日本に滞在できたと推測される。そうした初期移民の自営業者比率の高さと彼らを足掛かりとした後続組の日本への参入により、在日パキスタン人の階層は他の国籍の外国人に比べ、相対的に高い傾向にあると推測される。

2　在日パキスタン人の性別上の特性

　次にパキスタン人の性別内訳に着目する。在日パキスタン人の男女比は、男性 73.0％、女性 27.0％と男性の方が圧倒的に多い。性別年齢構造を見ると、男性は

表 1　パキスタン人の在留資格別人数とその推移

	在留資格	1984 実数	%	1990 実数	%	1995 実数	%	2000 実数	%	2005 実数	%	2010 実数	%	2015 実数	%	2018 実数	%
合計	総数	660	100	2,067	100	4,753	100	7,498	100	8,789	100	10,299	100	13,138	100	17,263	100
身分資格	永住者	38	5.8	70	3.4	143	3.0	546	7.3	1,928	21.9	3,280	31.8	4,486	34.1	4,940	28.6
	定住者	0	0.0	94	4.5	107	2.3	233	3.1	421	4.8	679	6.6	1,001	7.6	1,195	6.9
	永住者の配偶者等	0	0.0	3	0.1	4	0.1	21	0.3	144	1.6	335	3.3	555	4.2	775	4.5
	日本人の配偶者等	112	17.0	374	18.1	762	16.0	1,630	21.7	1,265	14.4	818	7.9	620	4.7	659	3.8
	特別永住者	0	0.0	0	0.0	4	0.1	7	0.1	4	0.0	3	0.0	3	0.0	0	0.0
活動資格	家族滞在	99	15.0	236	11.4	305	6.4	578	7.7	893	10.2	1,644	16.0	2,441	18.6	3,627	21.0
	人文知識・国際業務	17	2.6	38	1.8	52	1.1	130	1.7	362	4.1	836	8.1	1,531	11.7	2,041	11.8
	技術	7	1.1	15	0.7	33	0.7	42	0.6	54	0.6	51	0.5				
	特定活動：計	167	25.3	5	0.2	10	0.2	15	0.2	86	1.0	156	1.5	616	4.7	1,343	7.8
	投資・経営	49	7.4	64	3.1	61	1.3	107	1.4	290	3.3	571	5.5	904	6.9	1,200	7.0
	留学	26	3.9	85	4.1	97	2.0	129	1.7	137	1.6	188	1.8	257	2.0	483	2.8
	その他	73	11.1	247	11.9	520	10.9	1,479	19.7	1,752	19.9	876	8.5	519	4.0	637	4.0
短期滞在	短期滞在：計	132	20.0	836	40.4	2,655	55.9	2,581	34.4	1,453	16.5	862	8.4	205	1.6	361	2.1

出典：法務省『在留外国人統計』各年版から筆者作成。／注：各年末、網掛けは上位 2 位まで

50〜54歳が最多（12.3%）である。これは1980年代後半に来日した初期移民の年齢層に重なることから、初期移民本人もしくはその弟やイトコといった家族・親族であると推測される。30〜34歳がそれに続く（10.8%）が、この年齢層は50〜54歳より20歳若いことから、初期移民がパキスタンから呼び寄せた実子や甥といった家族・親族であると考えられる。また20〜59歳の男性が、同年代の女性に比べてアンバランスに多いことから、この年齢層の男性親族が働き手としてパキスタンから積極的に呼び寄せられたと考えられる。ちなみに女性は30〜34歳が最多であることから、男性の30代を中心とする働き手世代の配偶者と考えられる。

なお、年代順に統計を見ていくと、パキスタン人男性の場合、1984年は20代後半を頂点として、20代前半から40代後半にかけて広く分布していたが、出稼ぎブーム以降の1990年は20代後半が頂点のまま、30代前半も急増している。その後は年齢層の頂点が徐々に移動していることから、1990年に20代前半から30代前半だった人々がそのまま日本に滞在していると考えられる。2018年には前掲のように、頂点が50代前半となった。この年代については、日本国籍取得者も増えていることから、グラフの形状がやや平坦なものになった可能性もある。

時系列で年代別の人口比を見ると、1980年代後半に来日した初期移民が日本に残り、在日パキスタン人の中心的存在であり続けていること、そして彼らが、新たな働き手となりうる、より若い世代をパキスタンから呼び寄せていることが伺える。

図1　在日パキスタン人の性別・年齢構成

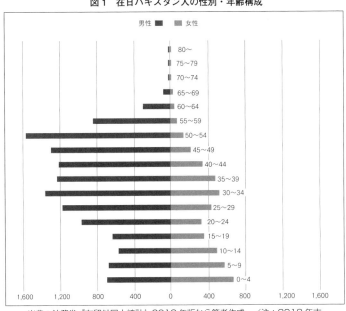

出典：法務省『在留外国人統計』2019年版から筆者作成。／注：2018年末

3 集住・分散形態に見る特性

　在日パキスタン人の都道府県ごとの居住分布とその推移をみると（表2）、第一に関東地方への緩やかな集中が指摘できる。1980年代は東京都に集中していたが、1990年代に埼玉県の増加が始まり、2000年代半ばには東京都を抜く。その後も埼玉県は首位の座を維持し、2018年現在、2位以下を大きく引き離す一大集住地域となっている。第二の特徴は、2010年代に、愛知、茨城、千葉でも人口が増えたことである。とりわけ愛知は、関東圏以外の集住地域として目立つ存在である。第三の特徴は、関東圏に次いで北陸地方の富山県が第9位に入ることである。この愛知と富山における一定の集住傾向は、その立地と就労形態から説明することができる。彼らは港湾を利用した中古車・中古部品貿易業のモデルを確立した（福田2012a; 2012b）。立地の面から見ると、愛知の場合は名古屋港、富山の場合は伏木富山港の

存在が挙げられる。一方、ビジネス・スタイルは両地で異なる（福田他2014、浅妻他編2017）。本項では、その差異に着目してパキスタン人の居住の特性を見ていく。

　愛知や関東などの太平洋側の特徴は、特定地域への企業集積や集住が見られないことである。前述の通り、自治体単位でみれば、緩やかな集中傾向は見られるものの、チャイナタウンのような企業集積地はない。海外の販売拠点は別にして、日本国内においては、中古車・中古部品貿易業者の多くが分散立地している。これは仕入拠点である日本国内において同業他社との競合を避けるため、あえて分散する戦略が取られてきたことによるものと推測される。また居住地についても、母数となる人口規模が小さいこともあるが、他の国籍の外国人に見られるような特定の団地や地区への集住もほぼ見られない。

　一方、日本海沿岸地域は例外である。ロシア人船員向けに中古車を販売する南アジア系移民企業が、1990年代に日本海沿

表2　在日パキスタン人の居住分布（上位9都県）とその推移

県名	1984	1990	1995	2000	2005	2010	2015	2018
全国	660	2,067	4,753	7,498	8,789	10,299	12,708	16,198
埼玉県 *	48	389	894	1,391	1,544	1,911	2,070	2,611
愛知県	23	66	245	492	740	986	1,236	1,616
茨城県 *	6	21	135	285	433	611	1,052	1,504
千葉県 *	22	169	514	706	724	781	932	1,303
東京都 *	401	935	1,421	1,603	1,470	1,307	1,114	1,280
神奈川県 *	55	245	584	928	1,058	1,017	1,057	1,243
群馬県 *	1	15	273	607	650	598	810	1,005
栃木県 *	1	20	176	327	361	439	672	870
富山県 **	1	1	4	62	244	425	491	544
その他	102	206	507	1,097	1,565	2,224	3,274	4,222

出典：法務省『在留外国人統計』各年版から筆者作成。

注：各年末、網掛けは千人以上、*は関東、**は北陸地方。

岸の主要貿易港周辺に集積し始め、特定地域に続々と店舗を開設した。例として富山を取り上げよう。射水市新湊地区の富山新港とその周辺の国道8号線沿いは、ロシア向け中古車貿易業者の集積地域である。2019年末現在、富山県内のパキスタン人の72.7％は、射水市に居住している。射水市への集中は、2000年時点では42.2％だったがその後徐々に進み、2008年には前年より10％も増加して、59.1％となった。翌2009年以降は、リーマン・ショックの影響を受けて人口増加も人口集中も頭打ちとなったが、東日本大震災の翌年の2012年以降は、人口増加と射水市への人口集中が再開した。

　なぜ、富山でパキスタン人の人口が増加したのであろうか。彼らは元々関東地方に在住していたが、富山にロシア向け中古車貿易のビジネス・チャンスがあることを知り、1990年代以降に富山への移住を決意し、家族と共に移り住んできたのである。

　ロシア（当時はソ連）向けの中古車輸出は、1986年に旅具通関という方法を用いて始まった。旅具通関とは、寄航中の船員が携行品（手荷物）として日本製品を持ち帰ることのできる制度である。1995年に旅具通関の要件が緩和され、携行品の枠が広がると、ロシア向けの中古車貿易が急増した。折しも1994年にパキスタン向け中古車貿易の規制強化のあおりを受け、新たな販路を求めていたパキスタン人企業家にとって、ロシアは魅力的な顧客であった。そうして1995年頃からパキスタン人企業家が富山県、新潟県、北海道といった日本海沿岸の貿易港近辺に店舗を構え始めたのである。パキスタン人企業家にとって、この時期のロシア向けビジネスへの参入は、「本当のビジネス・チャンスだった」という[1]。

　富山に最初のパキスタン人中古車貿易業者が登場したのは、1991年のことであった。モーシン氏（仮名）は、埼玉に住んでいたが、中古車の仕入れのために富山県を訪れた際、「港が近くてロシアが近いので富山に移住しよう」と考えたという[2]。当時、ロシア向け中古貿易業に携わっていたのは日本人業者ばかりであった。富山では1996年にパキスタン人企業家が急増し、1996年に50店舗弱、1997年に100店舗ほどに増え、1998年にはルーブル危機で50店舗ほどにまで減ったものの、2008年頃には200〜250店舗くらいにまで増えたという。2008年3月の現地でのヒアリングデータ[3]によると、当時、富山に出店していたパキスタン人企業家の7割程度は、本社を別の都道府県に置いていた。オーナーは本店を維持管理し、家族（キョウダイ）、親戚、友人を富山の支店（店舗）に配置した。その背景には、ロシア政府が移民政策によって外国人に複雑な手続きを課していたため、世界各地に貿易拠点を形成していたパキスタン人企業家も、ロシアの現地の中古車市場には参入できないという事情があった。

　なお2005年の旅具通関廃止以降は、ロシア人企業家が「船員」として来日する

1　2005年8月30日。パキスタン人企業家の日本人配偶者女性U氏へのインタビューより。
2　2013年2月22日。モーシン氏への聞き取り。
3　2008年3月13日。富山在住のパキスタン人企業家Y氏へのインタビューより。インタビューには日本人配偶者女性が同席し、随時情報を補足して頂いた。

必要性がなくなり、太平洋側同様、インターネットを介して全国のオークションから中古車を仕入れるようになった。さらに2008年のリーマン・ショックと2009年1月のロシア側の関税引き上げにより、ロシア向け貿易は激減した。移民企業家の多くは店舗を閉鎖して日本海沿岸から撤退し、それぞれの本社へ戻った。しかしながら、一部の業者は、日本海沿岸地域に拠点を残し、小規模な事務所と郊外の在庫保管スペース（ヤードと呼ばれる）を持つ業態で経営を維持した。日本海沿岸を離れない理由は、ビジネス環境（貿易港、銀行、店舗）、生活環境（低価格スーパー、家賃の安さ、家族の定住希望）、移民コミュニティ（ハラール食材店、南アジアレストラン、モスク、各種同郷団体）など、ホスト社会側の資源と移民コミュニティの制度的完成との複合的要因が挙げられる。

富山においては、1996年以降、地域の日本人住民側が移民企業家の急増を、驚きを持って受け止め、その一部が2000年代に「外国人排斥運動」に走ったことが知られている。日本海沿岸地域のこうした反応は、実はパキスタン人企業家に限定されるものではなく、ロシア人をはじめとする他の外国人にも大なり小なり共通する問題であったとされる（小林2012）。2009年以降、移民企業家が減少すると、地域での軋轢は収束した。2020年現在、射水市のとある住宅地では、日本人の町内会長を中心に、パキスタン人住民を地域の活動に取り込もうとする姿勢も見られるという。差別や偏見を乗り越えるため、地方自治体や地域社会の取組みが期待されている。

4　コミュニティの特性と将来像

在日パキスタン人のコミュニティは、長年の紆余曲折を経ている。日本とパキスタンの経済関係が形成され始めた1962年、留学生を中心とする同郷団体が誕生した。その団体は当初、日本とパキスタンの友好促進を目指し、劇・ダンス・歌をホールで上演するなどの活動をしていた。1970年代に入ると、次第に在日パキスタン人が増加したことから、在日パキスタン大使の「同国人を組織化してほしい」との要請を受け、勉強会などエリート層によるサークル色の強い内容に活動が変化した。

その後、在日パキスタン人の階層が、大手企業社員や留学生を中心とするエリート層と、自営業者や工場労働者を中心とする一般層に分かれたことで、同郷団体は分裂と独立を繰り返すこととなる。中古車貿易業がエスニック・ビジネスとして確立した2000年頃になると、同郷団体は宗教重視派とビジネス重視派に分かれた。ビジネス重視派は「在日パキスタン人への支援、およびパキスタン人と日本人との友好と問題解決を図ること」を活動目的とし、参加要件としてはパキスタン人であることを挙げている。同組織は2006年に商工会議所を設立するなど、公的な登録や認可を重視する戦略を立てている。

同郷組織が存在する一方、パキスタン人はイスラームの宗教活動に参加する傾向が強い。日本にはいくつかの宗教団体が存在しているが、代表的な団体は1990年頃に、彼らの生活環境がイスラームから離れていくことを懸念し、発足を決めた。当

4　詳しくは小林(2011)。

初、同組織は貯金、あるいはスケジュール帳・雑誌の発行を活動の主軸に置いており、メンバー間の親睦を深めながら、次第に各地にモスクやムサッラー（一時的礼拝所）を設立していった。

　また、宗教団体は、宗教上の機能はもちろんであるが、移民ならではの困難を軽減するための機能も付随させている。①日本人配偶者や子どもに対する語学やクルアーンに関する勉強会などの教育的機能、②コミュニティ内でのネットワーク形成や情報交換などの集団内的機能、③日本社会や他のコミュニティとの橋渡しを行う集団間機能、④ビジネス上の情報交換や相談、設立したモスク周辺におけるハラール食材店やレストラン出店といった経済的機能などである。特に、パキスタン人は第二世代への宗教実践の継承を重視し、子どもには母国で教育を受けさせようとする傾向があったが（工藤 2008）、モスクやそれに付随した学校などの施設を充実させることで、日本に居ながらにして文化の継承を果たせると捉える者も増えるなど、教育的機能の重要性は高い。

　半世紀を超える歴史をもつ在日パキスタン人のコミュニティであるが、前掲の同郷団体はインターネットでの情報発信が盛んで、外部にもオープンな姿勢を見せていた。また、コミュニティ内外の情報や人的交流の結節点であったハラール食材店は、現在ではその機能をインターネット・ショッピングに奪われつつある。日本人配偶者との家族形成、ITの普及といった背景の中で、在日パキスタン人コミュニティは形を変えつつも、日本での生活を確立してきたといえよう。

参考文献

浅妻裕／福田友子／外川健一／岡本勝規（2017）『自動車リユースとグローバル市場』成山堂書店

工藤正子（2008）『越境の人類学――在日パキスタン人ムスリム移民の妻たち』東京大学出版会

小林真生（2011）「不況が明らかにしたパキスタン人中古車業者の実相――富山県国道8号線沿いを事例に」明石純一編・駒井洋監修『移住労働と世界的経済危機』明石書店

小林真生（2012）『日本の地域社会における対外国人意識――北海道稚内市と富山県旧新湊市を事例として』福村出版

丹野清人（2007）『越境する雇用システムと外国人労働者』東京大学出版会

樋口直人他（2007）『国境を越える――滞日ムスリム移民の社会学』青弓社

福田友子（2012a）『トランスナショナルなパキスタン人移民の社会的世界』福村出版

福田友子（2012b）「パキスタン人――可視的マイノリティの社会的上昇」樋口直人編『日本のエスニック・ビジネス』世界思想社

福田友子／浅妻裕／藤崎香奈（2014）「日本における中古車貿易業の地域別・港湾別特徴」『港湾経済研究』第52号

2-8 イラン人——超過滞在者としての人生

駒井　洋

1　アジール（避難所）としての上野公園と代々木公園

　イラン人は、ビザの相互免除協定を利用して1980年代末から日本に大量流入を開始し、それは協定の廃止された1992年6月までつづいた。在留イラン人が最多であった1992年は、超過滞在者数についての情報が得られる最初の年でもあるが、年末のイラン人の総数は37,457人であり、そのうち超過滞在者は33,047人を占めていた。

　イラン人の相当数が1992年の週末には上野公園に蝟集し、当時上野公園は彼らのアジールとなっていた。中心的な場所は西郷さんの銅像のある広場と、その右手から中央通りに下る階段であり、若者たちの大声のペルシア語が飛び交い、ケバーブの立ち売り屋もいた。このようなアジールの形成には、労働市場で最下層に置かれた超過滞在者としてのイラン人が、職探しや職の移動のために同胞ネットワークに頼らざるをえないという状況があり、上野公園には関東大震災の避難民や戦災難民のアジールであったという歴史があった。1993年5月のイラン人どうしの大乱闘を機に警察は厳戒態勢に入り、イラン人は上野公園から排除された。

　そのため、イラン人は原宿駅付近から代々木公園の入り口にかけての地帯にアジールを移した。山手線沿線で駅に近接する広い公共空間は、上野公園とともにここにしかなかったからである。後述するわたしのイラン人調査もここで実施された。

2　劇的な人口減少

　1995年末になると、イラン人は総数で22,966人、超過滞在者は14,955人と急減し、2000年末に総数で10,430人と減少し、2000年代以降は数千人規模程度で推移している。この減少は、1990年代初頭からの景気後退による失業・半失業の増大とともに、取り締まりの強化に関連している。

　2018年6月現在、日本に在留するイラン人総数は4,069人ほどであった（『在留外国人統計（旧登録外国人統計）』2018年6月調査、以下同様）。1990年代前半に量的に比肩していたバングラデシュ人やパキスタン人が1万5千人前後を依然として保持しているのと比較すると、在留イラン人の人口減少がいかに劇的であったかがわかる。

3　残留者コミュニティの概況

　在留イラン人の年齢をみると、他の年齢層がすべて数十人規模であるのにたいして、48〜55歳のいずれの年齢層も数百人規模であり、顕著な対照をみせている。その結果、48〜55歳層の合計は2,000人近くとほぼ半数を占め、高齢化が著しく進行している。この年齢層は1992年に

は 16 〜 28 歳という若さであった。性別にみると、男性 3,278 人、女性 791 人と男性が 8 割強にたっし、圧倒的に多い。

居住地域別にみると、3,000 人近くが関東に居住し、そのうち 1,000 人ほどが東京都に集住している。関東における居住様態の特徴は、東京以外には突出した居住県がみられないことであって、各県とも数百人規模が分散しながら居住している。

4　社会的地位の低さ

在留イラン人の在留資格をみると、「永住者」2,609 人、「日本人の配偶者等」291 人、「定住者」198 人、「永住者の配偶者等」112 人となる。このように、就労、地域間移動および滞在期間に制約のない安定的な資格をもつ者の合計は 3,210 人と、全体の 8 割近くまでに増大している。なお、超過滞在者など非正規滞在者についてのデータは法務省の情報からは検索できず、ごく少数であろうと推察される。

在留資格の安定性の高さにもかかわらず、その社会的地位は高いとはいいがたい。高度な人材とされる「技術・人文知識・国際業務」は 128 人にとどまり、同じく「経営管理」はわずか 45 人しかいない。この両者の合計 173 人は、全体のわずか 4.3% を占めるにすぎない。パキスタン人のばあいには、この両者の合計は全体の 19.6% にのぼり、「経営管理」は 7.4% にもたっする。滞在期間がほぼ同様であったのに、パキスタン人とくらべて在留イラン人の日本での地位達成がはるかに困難であったことは明らかである。

5　残留の選択の結果としての非行化

わたしが 1993 年 7 月におこなったイラン人の来日理由の調査によれば、「出稼ぎ派」が 45.7%、「自己実現派」が 29.8% であったのにたいし、「疑似亡命派」も 18.1% もいた。「疑似亡命派」とは、1979 年のイラン革命の結果成立した神権政治的体制を忌避する者をさす。全国の入管施設に収容されている、国外退去を拒否し日本での残留を希望する外国人数は 2019 年 6 月末現在 858 人いたが、イラン人はそのうち 101 人を占めトップであった（『朝日新聞』2019 年 10 月 2 日版）。国外退去を拒否するイラン人が多いことは、「疑似亡命派」が日本での残留を選択した結果とおもわれる。

イラン人の失業者・半失業者は、バブル崩壊後偽造テレホンカードを販売していたが携帯電話の普及により売れなくなり、1998 年ごろから薬物密売に手を染めるようになった、これは、イラン人の底辺層の一部が非行化せざるをえなかったことを意味する。

最後に、在留イラン人の第二世代には、ダルビッシュ有や俳優のサヘル・ローズなど、めざましい活躍をする人びとが現れはじめていることをつけくわえておきたい。

参考文献

駒井洋（2016）『移民社会学研究——実態分析と政策提言 1987-2016』明石書店、第Ⅱ部第 3 章第 2 節

駒井洋（1994）「段階的市民権を提唱する」『世界』6 月号、岩波書店

2-9 バングラデシュ人──新しい層の流入と第2世代以降の定着

水上徹男

1 バングラデシュ出身者の増減

　バングラデシュ人の出入国が、入国管理局の統計で記録されるのは1972年である。前年の1971年12月にバングラデシュ人民共和国が宣言されて、1972年1月初代首相による政権が樹立した。日本は同年2月にはバングラデシュ建国を承認して、その後は入国者、出国者ともに順調に増加した。しかし、いずれも千人を超えるのは1970年代後半である。1980年代半ばから出入国者数が伸びて1985年に2,299人、1986年はほぼ倍の4,417人、1987年には5,854人、1988年には14,500人を記録した。この背景には、当時のバングラデシュの国内事情が影響している。「1987年から88年にかけて大洪水に襲われたことや不安定な政治情勢も移住労働者流出」の要因となった（水上 2018: 133）。

　1989年の入国者は、前年度のピーク時から1万人以上減少して3,425人となる。「入国者が減少した理由は、日本政府がバングラデシュとパキスタンからの資格外就労者の増加を制限するため、1989年1月15日に、両国とのビザ免除相互取り決めを停止したことによる。日本はパキスタンとは1960年、バングラデシュとは1973年に、3ヶ月間の観光や商用には査証（ビザ）なしで互いの国に滞在できる取り決め

を結んでいたが、入国審査を厳しくすることで資格外就労者の減少を狙った」（同書）。実際1980年代半ば以降、単純労働に就くバングラデシュ出身者のなかにも、査証免除や観光などのビザで入国した人々の超過滞在（オーバーステイ）による就労者も数多く存在していた。

2 バングラデシュ出身者の特徴

　1980年代後半から90年代前半は、強制送還者数も注目に値する。法務大臣官房司法法制調査部によると、バングラデシュ出身者で強制送還された人々は1986年に122人となった後、1988年に3,116人となり、1990年には4,799人の強制送還となる（同書: 134）。

　1980年代後半から1990年代にかけて顕著な存在だった日系ブラジル人やイラン出身者などと比較すると、バングラデシュ人はとくに注目された集団ではなかった。1990年代初期に行われたいくつかの調査では、日本に滞在するバングラデシュ人が比較的に裕福な家庭の出身であることや教育水準の高いという特徴が明らかにされている。その当時、バングラデシュ人の8割以上が30歳以下であり主に中小零細企業に就業し、4分の1以上が10名以下の規模の事業に就いている。多く（約70%）が、鉄工、金属加工、印刷業、ビニール製造業

等を中心とした製造業に就き、その他に建設業（約14％）、サービス業（約13％）に従事していた（Mahmood 1994）。また、中小零細企業への就職機会のある地域として、板橋区大山駅周辺にパキスタン人、上板橋周辺や北区東十条・滝野川辺りにバングラデシュ人が集住する傾向があった（吉成1993）。

3　連鎖移住と地域的集住化傾向

　1989年以降は1990年代半ばまで入国者数は3千人代で推移してきたが、1990年代半ばから増加傾向を示す。法務省の統計によると、2000年代半ばから2012年まで8千人台、その後も順調に増加して2017年には1988年のピーク時を超えて15,993人、翌2018年には17,186人が入国した。2018年度（12月）に記録されたバングラデシュ人の在留資格には様々なものがあるが、30日以内の短期滞在が約4割（6,886人）を占めた。短期滞在者を除いた10,300人の内、永住者（2,449人）と家族滞在（1,717人）が約4割、4分の1以上（2,637人）が留学目的であった。ビザ免除の取り決めが停止された1980年代後半から数年間3千人台で入国してきた人たちのなかにはその後家族形成をしたり、起業したケースも存在する。また近年は、専門職に従事する層も一定の割合を占める。

　増加傾向にあるバングラデシュ出身者は各都道府県に居住しているが、関東地方への集中傾向がみられる。「在留外国人統計」によると、2018年（12月）に15,476人のバングラデシュ人が記録されて、その内3割以上（4,819人）が東京に在住であり、埼玉県（2,035人）と神奈川県（1,179人）、千葉県（1,018人）を含めると、6割近く（9,051人）となる。大阪府（297人）、京都府（196人）、兵庫県（179人）の関西3県ではわずか4.3パーセント（672）だった。バングラデシュ出身者は、親族や友人を介した連鎖移住の傾向を示し、初期段階の定住に同胞のネットワークを利用するケースが多い。ムスリムのモスクも建設されているが、ラマダン明けのイードなどでは会場を借りて数百人規模で祝うこともある。

4　ホスト日本社会のなかでの多様化

　1980年代後半にバングラデシュ人と日本人で創設した外国人住民の支援団体Asian People's Friendship Society（通称APFS）にかかわっている多くのバングラデシュ人は、「日本社会に貢献したい」「日本人の役に立ちたい」と語っており、「外国人住民の支援とは、必ずしもホスト社会の日本人が優位な立場で、弱者としての外国人を支援する」ことではない（吉成・水上2018: iv）。APFS周辺では、協働や連携が行われている。1980年代後半に日本を訪れたバングラデシュ人の多くは帰国したが、長期にわたる滞在の間に家族形成して、第二世代が増加してきた。子どもの教育問題などの対応にも迫られている人々も存在する。日本で育った子どもの永住が許可されても、親の滞在が認められないケースである。他方ではバングラデシュから新しい世代も継続的に入国している。日本で起業して国際的なビジネスを展開するバングラデシュ出身者もおり、その定住形態は多様化の一途を辿っている。

参考文献

Mahmood, R. A. (1994) Adaptation to New World: Experience of Bangladeshis in Japan. *International Migration* 32(4): 513-532.

水上徹男（2018）「バングラデシュ出身者の出入国の動向とコミュニティの形成」吉成・水上編『移民政策と多文化コミュニティへの道のり——APFS の外国人住民支援活動の軌跡』現代人文社、pp.130-139.

吉成勝男・水上徹男（2018）「はじめに」吉成・水上編『移民政策と多文化コミュニティへの道のり——APFS の外国人住民支援活動の軌跡』現代人文社、pp.ii-v.

吉成勝男（1993）「国際都市ＴＯＫＹＯ－バングラデシュ人とともに」長谷安朗・三宅博之編『バングラデシュの海外出稼ぎ労働者』明石書店、pp.61-90.

Websites:

法務省（2020）『在留外国人統計（旧登録外国人統計）統計表』http://www.moj.go.jp/housei/toukei/toukei_ichiran_touroku.html

2-10 　タイ人——「分断」された多様な人びと

石井香世子

1 「在日タイ人」の多様性

　1980年代半ばに拡大を始めた日本のタイ人社会は、徐々に規模を拡大しながら今日まで構造変化を繰り返している。そこには常に、日本の経済力・国際的地位の低下と、(中国や韓国の国際的プレゼンスの上昇とのバランスの上に立つ) タイと日本の関係性の変化が影響を与えている。

　日本では、「タイ・フィリピン女性」とひとくくりにされることが多いが、日本で暮らすタイ人のアイデンティティやコミュニティの構造は、フィリピン人のそれとは大きく異なる。まず日本で生きるタイ出身の人びとは、非常に多様なバックグラウンドの人びとから構成されている。2018年現在、65,497人のタイ国籍者が日本におり、彼らは3つのグループに大別することができる。まず、日本で「嫁」や「母」として過ごした後、今まさに永住者として老年期にさしかかろうとしている「中高年タイ女性」たちがいる (グラフ1右側の"山"がこれにあたる)。じつはこの人々は、経済発展前のタイからバブル期の日本に若くして来日した女性たちと、経済発展後のタイから景気低迷が続く日本へ中年期を迎えてから来日した女性たちに大別できる。タイから日本への結婚移民は1990年前後をピークに、まるで日本経済の減速と歩調を合わせるかのように減り続ける (法務省『在留外国人

統計』より)。しかしその後タイが経済発展した2000年代半ば以降に、今度は再婚先を日本に選んだ形での結婚移民が増加する。今日、日本人と結婚するタイ女性の4割近くは再婚者 (2018年)、その平均年齢は40歳を超えている (2015年、厚生労働省『人口動態統計』より)。しかも彼女たちはじつにさまざまな契機 (千差万別の駐在員・観光客・留学生との/としての出会い) を経て来日している。このため、彼女たちのタイでの出身階層や出身地域、学歴、職歴、日本での夫の収入規模や職業、居住地には大変なばらつきが見られる。これもまた、彼女たちの日本でのコミュニティ形成を難しくする要因となっている。ただひとつ彼女たちに共通しているのは、彼女たちの子どもは、多くが「(外国人の母を持つ) 日本人」として育ち(Ishii 2012)、すでに母親のもとを巣立ちつつあるという点である。子どもたちの多くは今、日本人として日本社会で生きている。その母親たちが日本のあちこちに築いた様々な小規模タイ人ネットワークは、「一代限り」となる傾向が強い。それはまるで、日本のそこここでタイから来た彼女たちが「嫁」や「母」として生きたことは、まるで日本人の「嫁」や「母」の代替物であったかのように、忘れ去られていくかのようである。

　一方で、1990年代以来、技能実習生な

どとして、若年タイ人非熟練労働者が、他の国々から来た同様の労働者とともに日本の産業社会を支えてきた（グラフ1左側の男性人口の"山"がこれにあたる）(Shipper 2008)。滞在資格に関わらず、彼らはたいていの場合、数年単位で出稼ぎをした後、タイ都市部や、別のもっと有利な出稼ぎ先国（韓国・台湾・中東など）へ移動していくネットワークのなかで生きている。このネットワークは、タイの出身村を基盤とした地縁・親族ネットワークやその擬製である。時代とともに国境を超えて展開したこの出稼ぎネットワークの一部に、日本の特定の地域や地点が組み込まれている限り、彼らは日本にもやってくる。しかしこのネットワークは構造的に、日本に根差したものではない。このグループの人々の日本社会との接点は経済的なもの以外には少なく、彼らの日本におけるコミュニティの形成と継承も、経済活動以外には拡大しにくい。

また新しい現象として、2015年頃から増加しているのが、東京など大都市で、専門職として働く20-30代のタイ人高学歴・高職歴者である。このグループの人々には女性が多い（この人々はグラフ1中央の20-30代女性の"台形"人口に含まれる）。彼女たちは日本で「中国系」「欧米（留学）経験者」など、必ずしも「タイ人」に限らない様々なアイデンティティを纏って生きている。これは、日本社会に残る"タイ女性へのスティグマ化されたエスニック・イメージ"(Ponpongrat & Ishii 2018:136) への反応ということもできるだろう。これら「専門職タイ女性」たちは、上記「中高年タイ女性」や「非熟練タイ若手男性労働者」と一枚岩的な「タイ人」アイデンティティを持つことも、コミュニティが交わることも、稀である。

しかも、日本で「在日タイ人」と認識・区分されている人々のなかには、一方のタイでは「（本物の）タイ人」と認識されない人々も、含まれている。タイには、今日でも「タイ国民」と「無国籍者」のあいだに、じつに多様な立場とアイデンティティの人々が存在し、それぞれの立場でタイの

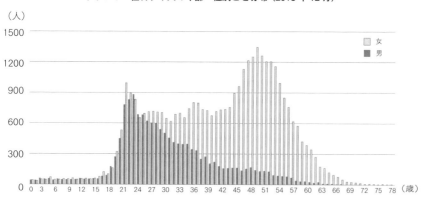

グラフ1　在日タイ人の年齢・性別ごと分布（2018年12月）

出典：『2019年版 在留外国人統計』表 18-06-02-2 より筆者作成

産業や社会を——ひいては国際経済を底辺で——支えている。北部山岳少数民族、東北部ベトナム系住民、東部ココン系住民、南部マレー系住民……などとして象徴される人々である。こうした人々の中には、タイ国内でエスニック・マイノリティとして難しい立場に置かれているがゆえに、タイ国外で将来を摑もうと志す人々もいる。このような、少数民族居住区にあるいくつかのコミュニティのなかには、海外への移民労働者や結婚移民者の送出地となっているケースも散見される。こうしたタイ出身エスニック・マイノリティの多くは、日本社会で「在日タイ人」とカテゴリー化されている。しかし彼らと、先述のタイ出身の人々との関係性は、日本人が外から眺めるより複雑な場合も多い。

2 低い「タイ人」としての集約性

以上にみてきたようなタイでの背景と日本での立場の多様性から、日本で暮らすタイ出身の人々に「タイ人」としての集約性は低い。彼らはしばしばネットワークを形成しているが、「タイ人学生協会」など、タイでの出身階層や日本での立場ごとに分断された、断片的なものにとどまる傾向がある。彼らの多くは、むしろタイの所属階層・出身社会と直結した、国境を超えて拡がるコミュニティに「属して」いる側面が強い。つまり、在日タイ人社会は、内部が複数に分断されている。しかし母国タイの社会そのものが階層によって「分断」された社会なのである。そこから来た、来日の時期も、動機も、立場や生業も異なる人々のあいだに、「在日タイ人」としてのコミュニティを醸成することは、難しい。また上座部仏教徒が多いタイ人にとって、国際化を推進するタイ仏教教団が日本に「タイ寺院」進出を進めても、その寺院の結節点としての機能は、(フィリピン人にとっての教会のようには)強くない。一方で日本社会は、労働者であれ「嫁」「母」であれ、タイから来た人々をあたかも日本人の代替物であるかのように位置づける傾向がある。こうした要因が相まって、日本で暮らすタイ人が築いた小規模ネットワークが、世代を超えて継承される傾向は小さい。日本では、「タイ人」がそこにいたことは、やがて忘れ去られていくかのようである。

参考文献

Ishii, Kayoko（2012）Mixed-ethnic Children Raised by Single Thai Mothers in Japan: A Choice of Ethnic Identity .In: Ah Eng Lai, Francis Leo Collins, and Brenda Yeoh (eds), *Migration and Diversity in Asian Contexts,* ISEAS Publications pp.163-181.

Ponpongrat, Kannapa. and Kayoko Ishii（2018）Social vulnerability of marginalized people in times of disaster: Case of Thai women in Japan Tsunami 2011 *International Journal of Disaster Risk Reduction,* 27: 133-141.

Shipper, Apichai W.（2008）. *Fighting for Foreigners: Immigration and Its Impact on Japanese Democracy.* Cornell University Press.

第3章
80年代以降の研修生・技能実習生
──就業業種による規定と一時的滞在性

本章の概要

　現行の外国人技能実習制度は、幾度かの変遷を経ている。1960年代に日本が高度経済成長を進める最中、海外の現地法人などの社員教育として行われていた研修制度にその源流はある。当時の研修制度は、基本的に大企業が現地出身の幹部職員育成を目的としていたため、労働条件等に関する問題が話題になることはなかった。その後、1990年に中小企業でも研修生の受け入れを可能にするために、商工会議所や事業協同組合等の指導の下、第二次受け入れ先である企業等が研修を行う「団体監理型」の研修制度が導入され、1993年には技能実習制度が新設された。それにより、1年の研修期間を経た後、1年の技能実習期間は労働者として働くことが可能になった（1997年より上限は2年に引き上げ）。

　本来であれば、座学および業務上の研修を行う研修期間で、日本語能力や海外で生かせる技能を身につけ、技能実習期間において適切な労働条件の下、研修内容を実地で学ぶことが想定された。そして、第一次受け入れ機関や国際研修協力機構（JITCO）が制度に沿った受け入れを行っているかを常に指導しなければならなかったが、実際には人手不足が深刻な地方の単純労働分野において監査等も不十分なまま、研修生や技能実習生が不当な労働条件に従わざるを得ないケースが頻発したのである。当然のように、そうした受け入れ先では日本語教育等もおざなりにされる場合が多く、周囲の日本人社会との接点は限られていた。

　上掲の問題が国内外で非難を浴びるなかで、2009年の入管法改正以降は、受け入れ1年目から研修ではなく技能実習資格での来日となり、研修と銘打ちながら実態は労働であった状態の是正が図られたものの、法務省などが掲げる「人づくり」という理念と実態の乖離は解消されることはなかった。もちろん、理想的な受け入れを行う企業も存在していたが、それはあくまで個人や個々の協働組合等の善意に基づくものであった。そこで、2017年の外国人技能実習法により、良好な監理団体等には4・5年目の実習を行う在留資格が認められ、2019年の改正入管法では、技能実習修了者に新在留資格「特定技能」が与えられ最長5年の在留が認められる等の変化が見られた。そうした状況を踏まえ、本章では中国、ベトナム、インドネシアという主要送り出し国ごとの事例と、それぞれのコミュニティの特徴を検証していく。また、本書において研修生という用語を用いる場合、2009年までの状況を指していることをご了解いただきたい。

　中国人の事例を扱った上林論文では、中国人が長年、研修生・技能実習生の数では主たる割合を占めて来たことを様々なデータから明らかにして

いる。彼らは受け入れ先の要望に沿って就業先が決まる状況から、日本人若年労働者が少ない地方に居住することが多い。そのため、彼らは各地に分散しており集住傾向は見られない。また、在留期間が限られていることも日本社会との接点と遠ざけているとする。労働環境に目を移せば、彼らの賃金は日本人の半分、外国人労働者の7割に過ぎないが、そもそも母国中国において下層に位置づけられていた人びとが、技能実習制度に活路を見出した状況を指摘している。

　ベトナム人の事例を扱った岩下論文では、まず日本とベトナムの政治体制の相違を指摘し、1990年代以降、次第に両国が距離を詰めてきたことが紹介されている。21世紀に入るとベトナム国内の若年層の失業率の高さから、海外労働が推進され、就労機会の少ない農村の若者が実習生として来日する傾向の中、ベトナム人実習生の数は製造業、縫製業等が盛んな地域を中心に急伸した。その後、彼らの生活環境は技能実習法により改善は見られたものの、失踪者数は大きな減少を見せておらず、対策の必要性を指摘する。

　インドネシア人の事例を扱った奥島論文では、インドネシアが1990年代に団体監理型の受け入れが定着する前から人材の送り出し国であったことを紹介している。次第に現在の主流である団体監理型の受け入れが増えたことで、同国内において日本における研修・技能実習制度に対する認識が変化した。日本全体で実習生として受け入れられているインドネシア人であるが、生活しているのは交通の不便な地方都市や農漁村が多いとの特性がある。そのなかでは、宗教を通じた同国人間の連携がある一方で、日本社会との接点は希薄である。ただし、海上で生活を共にする機会が多い漁業実習生に関しては、同船する日本人との間に連帯感が生まれることも指摘されている。

　かつて研修生や技能実習生の実態を告発した記事・文献や、各種調査でも彼らが携帯電話等を有していることは稀であったが、それぞれの論考に見られるように、近年では法整備、安価な機器・無料Wi-Fiの登場等の要因により、状況は改善された。それにより本国家族や実習生間の連絡等は取りやすくなったものの、日本社会との接点は埋まっていない。その点に実習生のコミュニティの大きな課題と可能性がある。

3-1 中国人研修生・技能実習生
── 一時滞在性と過疎地での若年労働力供給

上林千恵子

1 中国人技能実習生のコミュニティ形成の困難さ

技能実習制度は、制度上、メンバーが3年間ですべて入れ替わるので永続的なコミュニティを形成しにくい。中国人技能実習生の場合は、その上に送り出し国である中国の特殊事情が加わる。中国は広大であり、地域によって言語、食物、アイデンティティが異なるので、コミュニティ形成に必要とされている共通基盤は出身地域別に区分される。そのため第1に同一出身地域を共有する中国人であり、また第2に出身階層を農民出身者、という限定を付すと、日本の国籍別外国人労働者数では、中国人が最も多く25.2%を占める（2019年厚生労働省「外国人雇用状況」）とはいえ、彼らがコミュニティ形成条件に恵まれているとはいえない。

2 日本の中国人研修生・実習生の受け入れ経緯──時間軸の観点から

1990年の法務大臣告示で団体監理型研修生の受け入れが開始されて以降、現在までほぼ30年間の経緯がある。この間、1993年の研修期間後の就労を保障する外国人技能実習制度、2008年の入管法改正による在留資格「技能実習」の創設、2016年の技能実習法の成立などいくつかの制度的な改革が行われた。こうした制度改革は、受け入れ技能実習生の人数とその質にも影響し、同じ技能実習制度という看板の下で受け入れ内容に変化をもたらしている。それを以下に見てみよう

図1は、1994年から2018年の研修生および実習生の新規入国者数を国籍別にグラフ化したものである。棒グラフに見られるように、1994年の新規受け入れ数は36,000人であったが、その後は順調に数を伸ばし、2007年におよそ10万人とピークを示す。しかし2008年のリーマンショックによる世界経済危機のため受け入れ人数は一旦、落ち込むが、2015年以降に大幅増加を示す。これは景気の回復とともに、これまで単純労働を担っていた日系人がリーマンショックの派遣切りで大幅に帰国し、その空いた雇用を埋めるべく技能実習生への切り替えが進んだことによる。また注目すべき点は受け入れ実習生の国籍変化である。研修・実習生に占める中国人の比率を図1の線グラフで示した。その割合は線グラフに示すとおり、ピーク時の2011年には7割を超えていたが、2018年は26.7%まで低下した。中国人比率の急減とは対照的にベトナム人が増加する。ベトナム人実習生の新規受け入れ人数が中国人を超えた年度は、過去30年間の歴史で僅か4年前の2016年に過ぎないが、その伸び率が大きい。中国人実習生

108

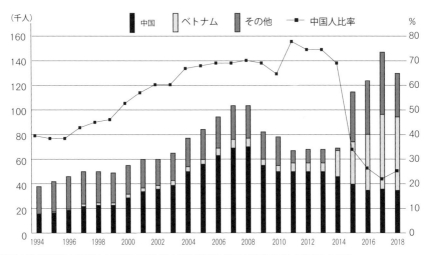

図1　国籍別に見た研修生・技能実習生新規入国者数および中国人比率

出所：国際研修協力機構編『JITCO白書』および法務省編『出入国管理白書』各年版より作成
注1）1994年〜2009年は在留資格「研修」の新規入国者数、2010年は「研修」及び「技能実習」の合計人数、
　　　2011年以降は「技能実習」の新規入国者数。
注2）新規入国者に占める中国人比率は右軸に表示。

の受け入れ人数は若干の減少に過ぎないの
で、近年の技能実習生の増大はベトナム人
によってもたらされているといって過言で
はないだろう。

　技能実習生数の近年の飛躍的増大と、そ
れによる相対的な中国人実習生の減少傾向
は、日本社会全体の外国人労働者の構成の
変化とも軌を一にしている。日本で就労す
る外国人労働者総数は一貫して増加傾向に
あり、それを国籍別に見ると中国人が近年
は最多となっている。これまでは日本にお
ける中国人就労者は、その多くを技能実習
生が占めていた。だが、近年は専門技術分
野の中国人が急増し、相対的に中国人技能
実習生の占める比率が低下した。表1は、
厚生労働省の「外国人雇用状況の届出状況」
を整理した結果である。すべての外国人労
働者のうち、中国人の専門技術職は6.9％、

一方、技能実習生は5.2％である。別稿で
示したが、2012年から2019年までの在
留資格と国籍による外国人労働者の増加寄
与率を見ると、中国人専門技術者は6.2％、
ベトナムの技能実習生と留学生はそれぞれ
18.5％、13.0％増加に寄与している一方、
中国人技能実習生はマイナス1.3％となっ
ている（上林2020）。中国人技能実習生は、
日本社会で就労する中国人労働者の間でも
その存在は低下し、また技能実習生の中で
も相対的に割合が減少していることがわか
る。

3　技能実習生の地方への散在——空間軸の視点から

　技能実習生はその国籍如何を問わず、地
方の中小企業にとって今や貴重な労働力を
提供している。人口減少という日本社会の

表1　国籍別・在留資格別外国人労働者数と構成比

（人数：2019年）　　　　　　　　　　　　　　　　　　　　　　　　　　　（人）

	専門技術	技能実習	留学	身分	合計
中国	114,856	86,982	84,014	112,040	418,327
ベトナム	49,159	193,912	130,893	14,646	401,326
ブラジル	1,071	129	211	133,943	135,455
フィリピン	11,579	34,965	2,099	125,197	179,685
全国籍	329,034	383,978	318,278	531,781	1,658,804

（構成比・2019年）　　　　　　　　　　　　　　　　　　　　　　　　　　（%）

	専門技術	技能実習	留学	身分	合計
中国	6.9	5.2	5.1	6.8	25.2
ベトナム	3.0	11.7	7.9	0.9	24.2
ブラジル	0.1	0.1	0.1	8.1	8.2
フィリピン	0.7	2.1	0.1	7.5	10.8
全国籍	19.8	23.1	19.2	32.1	100.0

出所：厚生労働省『2019年度外国人雇用状況の届出状況』

課題はもっとも人口の少ない地方圏に顕著であり、こうした地域ではそもそも出産可能な若年人口は少なく、若年者はたとえその地域で生まれ教育を受けたとしても、都会へ流出する傾向にある。その隙間を埋めている存在が若年労働者である技能実習生である。彼らはそもそも来日するにあたって、日本国内の就業地選択を行っていないので、人口減少のみられる過疎地ほど技能実習生を若年労働者の穴埋めとして雇用している可能性が高い。

表2は、受け入れ外国人労働者に占める技能実習生比率を都道府県別に見て、その上位6県を抽出した。いずれも人口密度の低い地方圏である。対照的に東京を中心とする首都圏や大阪では受け入れ外国人総数が大きいため、技能実習生の占める比率は低い。地方における労働力としての技能実習生への依存度の高さこそ注目されてよいだろう。また技能実習生への依存度が高い地方圏では、表2の右欄に見られるとお

り、主な従事職種は各地方の地場産業である。これらの地場産業は地方が独自に経済的自立を図っていくために不可欠な産業となっている。ただし、総菜製造は全国的に拡大している。これは高齢化に伴って一人世帯が増加し、こうした世帯がコンビニで販売している弁当などの総菜を購入していることが総菜製造業の拡大と結びついているのではないだろうか。

技能実習生が人口減少地域に居住していることはどのような結果をもたらすか。それは実習生自身によるコミュニティ形成の難しさである。日常的に出会える人が基本的に職場に限られてしまうことが、一定の人数の広がりを前提とするコミュニティを形成しにくくしている。日本人の場合は、地方圏ほど自動車に頼り、それを交通手段として行動範囲を拡大することが可能である。しかし、技能実習生の場合は交通手段が徒歩か自転車であり、中山間地のような傾斜が多い土地の場合、移動範囲も限定さ

表2 外国人労働者に占める技能実習生比率と主たる従事職種

区分	都道府県名	技能実習生数（人）	外国人労働者に占める比率（％）	主たる従事職種
	全国（平均比率）	383,978	23.1	惣菜製造、耕種農業、溶接、婦人子供服製造、とび
技能実習生比率上位6県	宮崎	3,546	70.5	耕種農業、食鳥処理、婦人子供服製造
	鹿児島	5,722	68.2	耕種農業、畜産、食鳥処理、加熱性水産加工
	愛媛	6,674	68.2	溶接、婦人子供服製造、惣菜製造
	徳島	3,269	66.1	婦人子供服製造、耕種農業、惣菜製造
	岩手	3,354	64.8	食鳥処理、非加熱性水産加工、惣菜製造
	熊本	7,980	64.6	耕種農業、惣菜製造、溶接
技能実習生比率下位4都府県	沖縄	2,343	22.7	型枠施工、耕種農業、惣菜製造
	埼玉	17,072	22.5	惣菜製造、とび、鉄筋施工、型枠施工
	大阪	20,838	19.8	とび、溶接、機械加工
	神奈川	12,642	13.8	とび、総菜製造、溶接、建設機械施工、
	東京	20,578	4.2	とび、建設機械施工、鉄筋施工、惣菜製造、ビルクリーニング

出所）厚生労働省『2019年度外国人雇用状況の届出状況』
従事職種は、外国人技能実習機構『平成30年度業務統計』による

れてしまうだろう。また自腹で交通費を支払って他の土地へ出かけることも節約を旨とする実習生の生活からは、なかなか選びにくい。その結果、休日には空いた土地で野菜を栽培する、あるいはコンビニの駐車場に行き、自分の携帯電話から無料でつなげるWiFi経由でインターネット空間に遊ぶ、などの余暇の過ごし方を選んでいる。コミュニティ形成に必要な他の人とのつながりに乏しい生活形態と言わざるを得ない。

空間の視点から中国人技能実習生のコミュニティ形成を検討すると、以上のように就業地との関連でその可能性が低いといえよう。さらに、本人たちも3年間の出稼ぎを前提に来日しているので、自らが積極的に日本の地域社会に溶け込もうという意欲に欠ける。移民は受け入れ社会で非社会性を持つと他所で触れたことがあるが（上林　2015：183）、まさに日本の技能実習生は非社会的性格を有していると言えるだろう。

4　母国の農民出身者と日本での3K労働——階層軸の観点から

中国人技能実習生は、農民出身者が多い。技能実習生に対するアンケート調査は非常に困難であり、正しい回答を得られにくい中で、筆者が2009年に調査した結果がある。やや古いが、その中で渡日前職業を質問した結果が表3である。その約2割は無職、すなわち失業者であり、農村労働者が2割である。また雇用者とされている人も正社員は約4分の1であり、他は「打工」と呼ばれる非正規労働者であり、どちらかといえば都市雑業層に近い（上林

表3　中国人技能実習生の渡日前職業（%）

	無職	雇用者	都市個人労働者	農村労働者
総計	18.0	52.0	2.0	22.0
男性	25	55.0	5.0	15.0
女性	14.8	51.9	—	25.9

引用：（上林千恵子　2015：167）
表6-3を再掲

表4　職業威信スコアの日中比較

	日本		中国	
	スコア	標準偏差	スコア	標準偏差
医師	89.3	15.4	71.3	18.2
裁判官	86.0	17.5	84.0	18.9
大学教授	83.5	16.7	75.0	19.8
看護婦	59.7	16.5	50.6	17.1
警察官	56.3	15.3	58.0	24.7
バス運転手	49.1	10.7	46.7	18.1
農業	44.8	16.3	28.0	29.7
採鉱夫	37.9	18.7	29.9	29.9

引用：（園田茂人編　2005：9）の表1-2を簡略化して再掲

2015：163-172）。彼らは農民工といわれる存在であり、本来は戸籍制度に縛られて農村から離れられない中、雇用機会を求めて都市に流入してきた国内移民であり、容易には都市の市民権を得られない存在である。中国が、都市戸籍の国民と農村戸籍に国民とに2分割され、二重労働市場を形成していることはかねてより指摘されてきた。この下層の農民工労働市場でいわば3K労働に従事している存在がその農民工である。彼らにすれば故郷を離れて都市に流入する選択と、日本、韓国、シンガポールへの出稼ぎに行く選択とが目の前に開ければ、海外出稼ぎを選ぶことも十分に考えられ得る選択肢の一つである。日本と中国の地理的な近接性と、中国国土の広さを考えれば、日本海だけの距離の障壁となっている日本は、存外に近い働き先ともいえるのである。

さて、中国における農民の階層的地位については園田茂人による詳細な研究がある。表4はその中から、職業威信スコアの日中比較を示したものである。職業威信スコアとは、日本SSM調査（社会階層と社会移動調査）の方法を踏襲し、調査対象者に各職業の社会的地位を5段階で評価してもらった意識調査である。「もっとも高い」を100、「やや高い」を75、「普通」を50、「や

や低い」を25、「もっとも低い」を0として計算されている。

中国人の評価は、1993年にハルビンで実施された調査に基づく。中国の農民は中国国内では採鉱夫よりも低く最下位に位置づけられ、また日本の農業従事者よりもはるかに威信スコアが低い。中国人技能実習生は農民出身者を中心に構成されており、彼らは本国でも下層の地位に置かれているのである。

それでは日本での階層上の位置づけはいかなるものか。彼らは労働移動の自由と職業選択の自由が否定された短期の労働者である。表5に技能実習生の月平均賃金を示した。2019年調査結果である。技能実習生はその年齢の若さを考えてもやはり低額賃金で月額156,900円である。およそ日本人一般労働者（短時間労働者ではない）の半分、外国人労働者全体平均の7割である。

基本的に技能実習生は従事種の最低賃金に張り付けられ、多くの場合、3年間

表5　日本人、外国人労働者と比較した技能実習生の月平均賃金等

	賃金 (千円)	年齢 (歳)	勤続年数 (年)
日本人一般労働者	307.7	43.1	12.4
外国人労働者全体	223.1	33.4	3.1
技能実習生	156.9	26.7	1.5

出所：厚生労働省（2020）「賃金構造基本統計調査」

の就業期間中に昇給はない（ただし2年目に2号に移行する際に時給が10～20円昇給する場合もある）。昇給がない理由は、受け入れ監理団体が個別の賃金管理を嫌うからである。わずか3年間しか勤続しない実習生に対して賃金個別管理を実施すると、たとえ昇給による実習生のモラールアップは図れたとしても、彼らの人事管理が複雑化するため、労使紛争の火種を撒くことが懸念されるからであろう。

　以上、中国人技能実習生を階層軸の視点から見た場合、母国中国においても、受け入れ国日本でみても、いずれも下層に置かれていることがわかる。彼らの母国での階層上の地位を前提とすれば、来日して、た

とえ日本では最低賃金であっても、母国では得られにくい就業機会を得ることは、一面では母国での貧困状態から脱出する機会でもあることは否定できない。ここに外国人の低熟練労働者を低い社会的地位と労働条件で受け入れることの社会的正義の問題と、送り出し国と受け入れ国の双方の経済的利害とが輻輳しあっている現実が生まれているのである。

5　将来展望

　中国の過去30年間の経済発展に世界が目を見張っている。経済的に発展し、国内の所得水準が上昇し高学歴化が進展した結果、都市部での海外出稼ぎ希望者は減少した。一方、それに代わって中国人専門技術職の来日者が増加した。母国でも、農民工と都市住民との格差が拡大しているのであるから、日本においてもこうした専門技術職者と技能実習生とが交流する可能性は極めて乏しい。中国人技能実習生数そのものは日本で漸減気味であり、今後のコミュニティ形成の可能性はより小さくなっていくのではないかと思われる。

参考文献

上林千恵子（2015）『外国人労働者受け入れと日本社会』東京大学出版会
――――（2019）「地域社会における外国人労働者受け入れ――人口減少と技能実習生への依存の深化」『生活経済政策』No.266,：.5-13.
――――（2020）「新出入国管理政策と外国人労働者受け入れ」『月刊統計』2020年4月号、pp.26-32.
園田茂人編（2005）『東アジアの階層比較』中央大学出版部
田嶋淳子（2010）『国際移住の社会学』明石書店

3-2 ベトナム人研修生・技能実習生
——仮想空間に拡大するコミュニティと今後の展望

岩下康子

　本節では、ベトナム人研修生・技能実習生（以下実習生）の母国や日本でのコミュニティの実態について述べる。政治体制の違いから日本とベトナム両国の国交樹立は遅れ、その後のベトナム長期戦争によって国民相互の交流は途絶えていた。技能実習制度開始当時、ベトナム人実習生たちは統計上「その他」にカウントされるほど少数であったが、2016年以降、中国人実習生と入れ替わって国籍別で最多となり、現在もこの傾向は続いている。過疎地域の地場産業をはじめ、労働集約型産業の集積する地方都市に多く集住しており、その総数は全国で10万人を超えている（法務省在留外国人統計、2019：2）。

1　1990年代のベトナム及び日本

　1980年代まで社会主義陣営に属するベトナムの強力な支援者はロシア（旧ソ連）で、日本が属する資本主義陣営とは対極にあったことから、ベトナム国内で日本の情報を得る機会はなかった。ベトナム人の海外就労先は主に東欧やロシアであったが、1986年に採択されたドイモイ政策によって市場経済が導入されると、近隣諸国から一気にモノや情報が入り、日本の経済力と家電製品が流入したことで、海外就労を目指す人々の候補に日本が浮上した。1990年代のベトナム人実習生たちは都市部に住む中流階級の若者が多く、アジアの大国日本を経済発展モデルとして注目していたことが伺える。この時期に、派遣業者を経た海外労働派遣の仕組みが整えられ、新たな経済活動の一環として捉えられるようになる。

　一方、1990年代の日本はバブル経済が終焉に向かい、急速な経済の冷え込みが列島を襲っていた。大都市の自動車や家電製品関連会社の下請けに多く集住していた外国人労働者の需要は縮小したにもかかわらず、外国人労働者総数はその後も微増を続けた。背景には日本の労働力人口減少の加速、近隣アジア諸国の急速な経済成長による産業構造の変化とグローバル市場での生き残りを図る中小企業の姿があった。慢性的に労働者が不足する地方では、単純労働者としての外国人労働力を切望しており、そこに実習生が投入されるようになっていった。ベトナム人実習生たちの多くは製造業、縫製業に従事し、ブラジルやペルー出身の日系人労働者や中国人実習生たちに混在するような形で生活していた。実習生は、実施企業から住居の提供を受けており、同企業で働く実習生同士が共同生活を送っていた。住環境に関する規定はなかったため、一部屋に数名が生活するなどよい環境ではなかったことが漏れ聞こえる。1年目の研修費は月8〜10万円程度であ

り、2年目以降は労働者として労働対価を稼ぐことができたが、研修と労働の狭間で違法な残業や賃金形態を適用する事例が頻発している。地域とのつながりを持たない多くのベトナム人実習生たちは、過酷な状況下にあっても声を上げられなかったことが推測できる。

2 2000年以降のベトナム及び日本

　ベトナム政府は今日まで一貫した労働者輸出政策を推進し、2000年以降は特に労働者海外派遣法の整備強化に努めている。激しいインフレと国内産業の不振、加えて若年層の失業は深刻であった。2000年の失業率は全体で約2％だが、20代の若年層に限っては7％近くに跳ね上がる。国内雇用創出が進まない中、海外労働派遣は増加し、2000年からの10年間で累計70万人を超えるまでに発展した。海外労働は高額な収入を第一の目的とする。中東やマレーシア、台湾などと比較し、より稼げる国としてベトナム人の日本行きは2010年以降に急増する。政府の貧困削減号令による海外派遣の波が農村地域にまで広がり、就労機会のない農村の若者が都市部の派遣業者を経由して来日するようになったためだ。同時期に日本企業のベトナム進出が進み、国策として情報通信整備と工業国家達成が掲げられ、農村地域の生活が一変したことも海外労働を後押しする（川越 2019:57）。国内の要素産業が成長せず、熟練労働者の育成が進まないまま社会変革が一気に押し寄せ、「貧しさを分かち合う社会主義」の元で暮らしていた国民間に経済格差が生まれ、海外就労は貧困脱却の希望となった。

　日本では技能実習制度が拡充され、2000年から労働者雇用と見なされない農業や水産加工職種が対象に加わることで、研修手当は7万円以下にまで引き下げられてしまう。女性実習生が増加するのもこの頃である。企業が掲げる生産拡大とコスト削減の相反する目標は、人件費削減すなわち非正規雇用労働者と外国人労働者の登用を浸透させた。以下は筆者がベトナムで調査した元実習生が語る典型的な例である。2007年に東海地方で溶接の実習をしたズイ氏は、「賃金に不満はあったが会社自体はよく人は親切だった。日本に行ってよかった」と語る。一方、同地域の自動車部品製造工場で実習したリエン氏は、「まるでモノ扱いだった」と、残業代が300円であったことや経営者の心無い言動について肩を落とす。居住地域を超えた連帯は当時少なく、実習生たちの3年間は、実施企業に大きく左右されていたことが分かる。

　実習生たちは多くの労働集約的な現場に配置され、制度、言語、心理的な壁に阻まれた環境のなかにいる。単身での渡航、最長3年（2016年以降延長2年）で入れ替わり、地域に根差したコミュニティを形成する余裕はないのが実情といえる。その中で身近な同胞との交流を拠り所とし、同僚を中心とする人間関係を基盤とするコミュニティのなかに居場所を求めている。日本人との関係は実習生たちの日本語能力に左右され、その日本語力は個人の努力に委ねられている。母国とも日本人とも分断された状況は人権侵害の温床となっていたが、そこに大きな変化が起こる。2010年以降世界各国で急速に拡大したSNSという新た

表1　研修・技能実習生の国籍別登録者数の推移

年 国	1992 年	2003 年	2004 年	2006 年	2008 年	2011 年	2015 年	2016 年
総　数	43,627	44,464	54,317	70,519	86,826	143,308	192,655	230,430
中　国	-	30,763	40,136	52,901	65 716	108,252	89,086	80,920
ベトナム	-	3,528	3,491	5,148	6,763	13,789	57,581	89,149
インドネシア	-	4,234	4,189	4,407	5,085	8,181	15,307	18,744
フィリピン	-	2,689	2,888	3,738	4,938	8,333	17,740	22,630
タ　イ	-	1,314	1,566	2,121	2,324	1,045	6,084	7,315
その他	-	1,936	2,047	2,204	2,000	574	6,857	11,672

出典）法務省（1992-2016）『旧登録外国人統計』及び『在留外国人統計』

なツールによって、ベトナム人実習生たちは仮想空間にコミュニティを次々に形成し、遠隔に住む実習生たちを統合していった。口コミ文化を背景に持つベトナム人たちは新たなツールによって結束し、特にベトナム人は Facebook 上に多くのコミュニティを築いている。送り出し機関の仲間内で立ち上げたものや旅行、買い物情報などの趣味や娯楽のサイト、さらに日本語情報サイトなども開設されており、自由な意見交換の場が拡大した。実施企業によって提供される住居は、2016 年の技能実習法によって冷暖房の有無や個人のスペースが規定され、生活環境が大幅に改善し、ネット環境も整えられるようになったことも大きい。近隣に居住する実習生たちが SNS 上で繋がり小さなコミュニティを形成するようになる一方、3 年ごとにメンバーの主体が入れ替わるため、継続性に欠けることも特徴の一つである。

また、信仰を頼りとする実習生が教会や寺院に集まる動きもある。2011 年の東日本大震災の際、ベトナム人の避難所として提供したことがきっかけとなり、東京都港区にある「日新窟」は、在日ベトナム仏教信者会に発展している。埼玉県川口市のカトリック教会でも、ベトナム人コミュニティが形成され、多くの実習生が通ってきている。さらに支援団体が SNS で実習生の相談に当たるなど、日本人との接触も SNS が多用されている。

職場の異動が許されない実習生たちにとって劣悪な環境からの避難は、失踪という形となって表れる。失踪問題は年々深刻化しており、2018 年にはおよそ 9 千人もの実習生が失踪する事態となった。ベトナム人失踪数は初期の頃から多かったが、その数は更新し続け、対策は急務となっている。失踪問題はベトナム人を受け入れる他国でも同様に起こっており、失踪率低下の具体的成果を要求した韓国はベトナムの送り出しプロセスの透明化に成功している。日本の失踪対策に関する議論はいまだ消極的で漠然としている。失踪の原因はベトナムの送り出し機関が課す保証金等による借金や日本の職場での人権侵害が最大要因ではあるが、失踪によって新たなアンダーグラウンドのコミュニティが構築されてい

ることも見過ごせない。今後は出入国管理庁を中心に対策に取り組むことが期待される。その際ベトナム人の気質も考慮する必要がある。長期間の植民地政策と戦争の影響からベトナム人は近視眼的な考え方をすることが多いと言われる。翻せば、母国での保証金や違法な低賃金など眼前の重荷を取り除くことは言うまでもなく、実習終了後の道が明確に展望できるようなシステム作りも必要である。還流人材から長期滞在への道も開かれるようになり、今後、日本の産業を支えるベトナム人実習生の若い力によって日本のコミュニティは大きな活力を得るだろうと思われる。実習生たちの社会的統合も視野に入れた政策と自治体の意識改革は急務である。

参考文献

石塚双葉（2014）「第5章 ベトナムにおける国際労働移動——失踪問題と労働者送り出し・受け入れ制度」山田美和編『東アジアにおける移民労働者の法制度——送出国と受入国の共通基盤の構築に向けて』（研究双書611）、アジア経済研究所、pp.179-213.

川越道子（2019）「ベトナム技能実習生急増の背景と実習生の経験」『人口減少社会における外国人労働力の再編に関する研究』科研費助成 16H03707 pp.55-68.

坪井善明（2008）『ヴェトナム新時代』岩波書店

二階堂裕子（2016）「第2章　非集住地域における日本語学習支援活動を通した外国人住民の支援と包摂——ベトナム人技能実習生の事例から」『外国人住民の非集住地域の地域特性と生活課題』創風社出版、pp.81-102.

3-3 インドネシア人研修生・技能実習生
——多様な既存コミュニティの活用

奥島美夏

1 来日背景と変遷

　日系企業の海外生産拠点の1つであるインドネシアは、1982年の外国人技能研修生受け入れ開始当初から中国とともにまとまった人材を送り出してきた。1980年代後半には円高による日系企業の東南アジア諸国進出により、タイ、フィリピン、マレーシアなどからの送り出しが急増した。インドネシアも技能実習制度が追加された1990年代中盤から年間5,000〜6,000人台を派遣するようになり、1997年のアジア通貨危機後は外貨獲得のためさらに力を入れ、中国に次ぐ送り出し国となった（奥島2019）。

　だが2000年代に入ると、中国の経済発展や外交関係の悪化のため多数の日系企業がベトナムへ移転し、ベトナム人研修生・実習生が2006年にインドネシア人を抜いて第2位に、2016年には中国人をも上回るようになった。その間、本国の汚職文化の影響もあって募集・事前研修に不正・不備が多かったインドネシアは（奥島2009）、2010年の改正技能実習制度に合わせて送り出し企業の厳選・管理強化などを余儀なくされたが、2012年以降は第2次安倍政権の受け入れ拡大政策によって再び増え、2018年は13,729人が新規入国、26,914人が滞在している（JITCO 2019、法務省2019）。

　このような時代の流れに沿って、インドネシア人研修生・実習生のプロフィールも変化している。彼らにとって日本は長らく憧れの国であり、日本行きに選ばれ、研修・実習期間をまっとうして帰国すれば、競争の厳しい先進国社会でもやってゆける優秀な人材であると解釈されてきた。そのイメージが崩れ始めるのは研修生・実習生の労働環境が悪化する1990年代後半からである。その頃はインドネシアもアジア通貨危機で打撃を受け、各地で頻発するデモや暴動を避けて出稼ぎや留学などで諸外国へ流出する者が急増し、高卒・高専卒の若者は研修生か不法就労者になるしか選択肢がなかった。当初、東京をぶらつくインドネシア人青年が増えてきたのを見た同国人ジャーナリストが、彼らを上野公園の一角に毎週末集めて励ましあったり情報交換したりできるよう組織したが、やがて無職の日本人配偶者や不法就労者も合流し、無許可で弁当を販売する者や不法就労・偽装結婚のブローカーまで出入りするようになると警察の巡回対象となり解散した。また、帰国した研修生・実習生は日系企業の現地幹部になる道もほとんどなく、同国人の日本就労斡旋業者となる者も増えていった。

　こうした緊迫した状況は2000年代に入ってある程度緩和された。日本では研

118

修・実習制度が改正されて賃金水準も徐々に上がり、インドネシアも民主化改革や国民福祉の拡充と合わせて無闇な出稼ぎを制限する政策に転じたからである。また高学歴化も進んでおり、現在のインドネシア人実習生は日本で何年か働いただけでは良い就職につながらないこと、技能実習はその後の進学や転職の準備段階ととらえるべきことを理解している。とはいえ、職場によっては労働環境の改善が進まず、実習生の増加とともに失踪者数も再び増えつつある。

2　希薄なプレゼンス、既存コミュニティへの依存

インドネシア人実習生はすべての都道府県にみられるが、最近は特に愛知、茨城、静岡、埼玉に多く、機械・金属などの製造業のほか、茨城では多数が農業、埼玉では建設業に従事している（JITCO 2017、2018、OTIT 2019）。だが、各県内の実習生総数からみるとインドネシア人は1〜2割未満に過ぎず、さらに配属先も交通の不便な地方都市や農漁村が多いため、全体にプレゼンスが希薄である。例外は沖縄県で、他の都道府県に比べて外国人技能実習生の数は少ないが、その3割近くをインドネシア人が占め、「気質や見た目が日本人と似ていてやりやすい」と現地社会でも好評であるという。

インドネシア人実習生が単独の国籍集団としてめだたない理由には、日本人社会との接点がなく孤立しがちなことと、自分たちでコミュニティを形成するよりも既存の外国人コミュニティへ流れる傾向にあることもある。限られた日本語研修しか受けて
いない彼らは文字言語に弱く、日本語の新聞やネット文はもちろん、掲示・標識の類や購入した食品や機器の使用説明もよく読めず苦労している。JITCOが毎年開催する実習生向け日本語作文コンクールでも、30人前後選ばれる受賞者にインドネシア人は1人いるかいないかで、残りはほぼ中国人とベトナム人に占められている。

そんなインドネシア人実習生が拠り所とするのは気のおけない同国人との交流である。休日には実習生同士で買い物に出かけて一緒に料理をしたり、都会の賑わいを見物し、サッカーなどのスポーツに興じたりもする。また、実習生によってはイスラーム教やキリスト教などの礼拝に通う。彼らの本国では6大公認宗教（イスラーム、カトリック、プロテスタント、ヒンドゥ教、仏教、儒教）のいずれかに属するのが国民の義務であり、移住労働政策でも異国の地でこそ信仰を精神的な支えとするよう奨励している。

インドネシア人実習生がよく訪れる礼拝所や雑貨店・レストランに付設された礼拝スペースの多くは他の滞日外国人、ないし他の在留資格をもつインドネシア人が運営している。例えば、モスクやハラール食品店にはパキスタン人やイラン人などが多い。彼らは定住者・日本人配偶者などで自営業を営み、実習生より資金も時間もある。キリスト教の場合は、既存のカトリック教会のいくつかがインドネシア語礼拝も行うほか、インドネシア人留学生や日系人によるプロテスタント教会組織も関東・中部・関西に点在している。東京のインドシア大使館付属学校でも毎週各種礼拝が行われているが、遠方の実習生が通うのは難し

く、クリスマスや断食明け大祭などの主要行事のみ参加する者も多い。

このように、インドネシア人実習生は既存の外国人コミュニティに合流しているが、主力メンバーにはなりにくい。インドネシア人元実習生が日本人と結婚して雑貨店などを開いた例も多少あるが、品揃えやサービスの質が他のエスニック雑貨店に劣る、など案外同国人からの評価は厳しく、客層もインドネシア人以外に広がりにくいという悩みを抱える。

3　本国コミュニティに基づく漁業実習生のネットワーク

上記の全体傾向と比べて、漁業実習はだいぶ様相が異なる。国内に 3,000 人近くいる漁業実習生の約 6 割はインドネシア人で、受け入れ県の大半で唯一の国籍集団となっている。漁業実習では 1990 年代以来の漁船漁業に加えて 2010 年から養殖業も開始され、特にマグロ・カツオ漁のさかんな宮崎や高知、宮城、またカニ漁で知られる石川などでは 150 〜 200 人以上が日本人とともに近海・遠洋漁船に乗り組んでいる（表）。ただし、広島などでさかんな養殖業では中国人とベトナム人が主力となっている。

17,300 以上の島々からなる海洋大国インドネシアはフィリピンに次ぐ世界的船員送り出し国である。ただし、インドネシア人船員はフィリピン人に比べて英語力が劣りがちで労働条件のより良い商船には参入しにくく、日本などの漁船に流れる者が多かったため、漁業研修・実習制度にも起用されたという事情がある。

漁業実習生は長く不規則な海上生活を強いられる。乗船実習を終えて本格的な漁に出ると、十分な釣果を得て帰港するまでに数か月ないしそれ以上かかることもある。実習生は通常 1 〜 2 人ずつ、大型漁船でも 4 〜 5 名ずつと少数に分かれて乗船し、甲板の様々な雑用や魚の積み下ろしなどの重労働を担当し、船によっては荒っぽい指導もある。だが、日本人船員との差別感はほとんどなく、船上の共同生活や危険な体験を共有しながら連帯感を強め、特に同年代の日本人とは親しくなる点で、日本人社会から孤立しがちな一般のインドネシア人実習生とは対照的である。

乗船期間は漁場や漁獲量に左右されるので、ある船のインドネシア人実習生が陸に戻っても、他の漁船に配属された仲間たちはしばしばまだ海上にいる。実習生たちの寮（借り上げアパートなど）も船会社ごとに用意するので、仲間と集まれる場所もない。にもかかわらず、彼らは全般によく連絡を取りあい、助けあっている。この絆は滞日経験を通して育まれるだけでなく、本国に

表　漁業実習における計画認定件数（2018 年度）

	インドネシア	ベトナム	中国	その他	職種小計
漁船漁業	2214	5	3	1	2223
養殖業	234	995	726	30	1985
国籍小計	2448	1000	729	31	4208

出典：OTIT（2019）

おける船員特有のライフスタイルにも由来している。すなわち、インドネシア人船員は1航海ごとに雇用契約を結び、陸に戻ると次の契約が決まるまで港湾付近のボーレン（ボーディングハウス）と呼ばれる寮で待機する。彼らは専門学校を卒業すると先輩のいるボーレンを頼るか、同期同士で民家を借りて仕事を探す。その間に周辺にいる他校出身の船員たちとも知り合い、情報交換をしたり一緒に遊びに出かけ、仲良くなると結婚式や葬儀に招いたりもする。船主や斡旋業者も人手確保のためボーレンを頻繁に訪問して回る。

インドネシア人漁業実習生は卒業後すぐ日本へ赴くが、帰国すればやはり仲間のボーレンに合流して次の仕事を探す。本国の船員コミュニティは実習生にとってのセイフティネットなのである。養殖実習も漁船実習生の出身校にある養殖科・水産科の後輩を受け入れている。

4　今後の展望

最近の傾向として、インドネシア人実習生は以前より海外の知識が豊富になり、ソーシャルメディアその他を活用して広く各地の仲間とつながれるようになっている。インドネシア労働移住省が開設した帰国後の研修生・実習生の就職支援の会などもあるが、元実習生による相互扶助グループも多数生まれている。たとえば、2015年結成の「インドネシア人元研修生の会（Eks Japan Kenshusei Indonesia）」は、2018年にインドネシア・日本ソリューション財団（Yayasan Indonesia Jepang Solution: IJS）を設立し、元実習生と日系企業のマッチングや起業などを支援すると発表した（Kompas 2018）。

今ひとつ急がれるのは、技能実習から新たに開始した特定技能へのキャリアパスの確立だ。現在実習生を送り出している機関・企業は利権を守るため新制度への移行には当面反発するし、実習生が特定技能に移行しても職種は限られ家族帯同も許されない。半恒久的に日本で働くということがインドネシア人実習生のその後の人生設計にどんなメリットをもたらせるのか、具体的なデザインを描くことが必須だろう。

参考文献

奥島美夏（2009）「インドネシアから来た船乗りたち——遠洋船から近海漁業研修まで」奥島美夏編『日本のインドネシア人社会——国際移動と共生の課題』明石書店、pp.86-111.

———（2019）「外国人技能実習生」信田敏弘ほか編『東南アジア文化事典』丸善出版、pp.734-735.

法務省（2019）「在留外国人統計（2018年末現在）」

JITCO（2017, 2018）『JITCO白書』各年度版

Kompas（2018）"Berdayakan eks-TKI Jepang, alumni "Kenshusei" Indonesia dirikan Yayasan IJS".（12 March）

OTIT（2019）「国籍・地域別職種別技能実習計画認定件数」（https://www.otit.go.jp/files/user/191001-18-1-6.pdf）

第4章
高度人材の移動と分散
──IT革命を転機として

本章の概要

　本章で扱うのは、いわゆる高度人材である。特に、21世紀に入りニーズの拡大したIT技術者をその中心に置いている。国際的にIT業界に注目が集まったのは、1995年のWindows95の販売を契機としているが、日本はバブル後の不況の影響もあり、IT分野への投資が不十分な状態が続いた。一方で、海外においてはIT分野への投資に将来的活路を見出す国も少なくなかった。そうした状況もあり、2000年を緩やかな分岐点として各国の技術者が来日するようになる。

　IT技術者をはじめとする高度人材の経済的な階層は、一般の日本人と比べても高く、自らを移民国家と認めていない日本政府も高度人材の受け入れには積極的である。そうした事例を見るために、本章ではIT技術者を中心としつつ、長年高度人材の象徴的存在であったアメリカ人、高収入のスポーツ移民であるトンガ人の事例も併せて紹介する。

　中国人高度人材を扱った王論文では、中国人IT技術者が集住する芝園団地、および高度人材の送り出し機関となっている中国東北部の進学校出身者の事例を取り上げている。芝園団地を選ぶ中国人の場合、日本への留学を経て就職した者は減少傾向にあり、直接参入を果たした者が増加している。そこには緩やかなコミュニティがあり、団地から転出した後も近隣に居住する傾向がある。また、出身校に起因するコミュニティの場合、来日前から日本語を学んでいることもあり、日本社会からの保護機能ではなく、日本社会との連携を深めようとする特徴を有している。

　韓国人ニューカマーを扱った宣論文では、IT技術者および韓流ブームを活用して来日した事業者の事例を取り上げている。IT技術者の場合、日本側の需要だけでなく、技能を持つ若年層の失業者対策として韓国政府が彼らの海外就労を後押しした点も指摘されている。そして、彼らの居住については、子弟の学校の立地を考慮する家族同伴層と、個人の生活を優先する単身層では指向が異なっている。また、韓国人事業者については都市部への留学を経て、新大久保等での開店に至ることが多く、従来日本で居住してきた在日コリアンとは異なり、自らの出自を明らかにする傾向が強いという。しかし、その行動がヘイトデモの攻撃を助長した点は、新たな悲劇であった。

　インド人IT技術者と商人を扱った澤論文では、インドからの移民の大きな特性として、関東大震災を契機とした神戸在住のオールドカマーが中心となった社会と、IT企業の進出以降目立つようになった東京や横浜のニューカマーが中心となった社会の存在を指摘している。彼らの集住の背

景には、宗教・職業・出身地といった要因もさることながら、子弟の教育も大きな比重を占めている。東京や横浜のインド人コミュニティの特徴としては、来日前の日本語研修期間が短いため、日本社会との接点はやや限られたものになる傾向が挙げられる。その一方で、ネットの活用、インドというナショナリティに基づいた相互扶助理念の誕生という新たな特性も首都圏のコミュニティでは見て取れる。

　ロシア人を扱ったゴロウィナ論文では、在日ロシア人の移住の傾向を年代別に４段階に分けている。①宣教師や白系ロシア人を主とするスーパー・オールドカマー、②学術関係者を主とするソ連時代後半のオールドカマー、③出稼ぎや結婚移住者を主とし、ソ連解体後から 2010 年代に来日したニューカマー、④論考の中心に位置し、IT 技術者や日本語学校生などの高学歴者に代表されるスーパー・ニューカマーである。特にIT 技術者は日本語を学ぶことは稀ながら、敢えて日本を選んでいる点に特徴がある。

　アメリカ人を扱ったウィルキンソン論文では、日本とアメリカの関係性に着目しつつ、歴史的経緯を紹介している。日本に開国を迫り、「お雇い外国人」となった者もいるアメリカ人は、多くの日本人にとって社会的・経済的な先進性の象徴であった。加えて、圧倒的な戦力差を見せつけられた敗戦を経て、当該認識は強まった。在日アメリカ人を考える際には、その延長線上にあり、法的には日本に存在しないものの、物理的には存在している在日米軍の軍人・軍属約 10 万人のことも意識する必要がある。アメリカ人の居住地は東京に集中する傾向があり、特に港区には駐在員や政府関係者が多く、富裕層間の接点が多いことが指摘されている。

　トンガ出身者を扱った北原論文では、彼らがなぜ 1980 年代から来日し始め、ラグビーを通じて留学や就職を行い、高給を得ているのかが解説されている。2019 年のラグビーワールドカップの日本代表にトンガ出身者は 7 名選出されたが、その内 3 名が日本に帰化している状況が「トンガ出身者」という名称の由来となっている。彼らは所属チーム周辺に居住するため全国に分散し、永住や帰化を選択することも多い。その背景には、留学を通じて得た、日本語能力や人の縁が大きな要因となっている。

4-1 中国人高度人材
―― 滞日経験者の国際移動　コミュニティとモビリティの関係性

王　暁音

1　中国人高度人材の概況

　日本が外国人高度人材に関して初めて積極的な受け入れ政策をとったのは、2000年前後の時期である。2001年に、政府のIT戦略本部はIT技術者に特化して外国人専門職を受け入れる「e-Japan基本計画」を打ち出した（上林2017：283）。その背後には「選別的移民受入政策（selective immigration policy）」の受け入れ構造がある。より直接的な高度人材受け入れ政策として、2012年に「高度人材ポイント制」が導入され、外国人高度人材の獲得は国益の獲得と位置づけられるようになった。また、間接的な高度人材受け入れ政策として、2008年には「留学生30万人政策」が策定され、「高度人材受け入れとも連携させながら、優秀な留学生を戦略的に獲得していく」（文部科学省2008）として、高度人材の予備軍の受け入れにも力を入れている。

　国籍別で日本の外国人高度人材の在留者数を見ると、高度人材ポイント制が実施されてから中国国籍者はその半分以上を占めており、2018年末の時点では、外国人高度人材在留者数11,641人のうち、全体の65.6%にあたる7,642人に達している（法務省2019a）。また、中国国籍者は、専門的・技術的分野の在留資格をもつ在留外国人の3分の1以上となっており、留学生の

4割近くを占めている（法務省2019b）。さらに、留学生の日本企業等への就職状況をみると、2018年に日本の企業等への就職を目的として行われた在留資格変更許可数において、中国国籍者は全体25,942人の約4割を占める10,886人であり、2016年から新規許可人数は1万人以上の水準を保っている（法務省2019c）。中国人は日本の高度人材受け入れの主な担い手であるといっても過言ではない。

　中国人高度人材の国際移動に注目すれば、近年「頭脳循環（brain circulation）」と呼ばれる高度人材の帰国や第三国への移動が盛んになっている（戴2012）。中国人高度人材の中国への還流は2008年から顕著になり、改革開放から2018年末までに3,651,400人の留学経験者が学業を終えた後に帰国しており、海外で卒業・修了した中国人留学生全体の8割にもおよんでいる（中華人民共和国教育部2019）。こうした動向をみると、留学生全体の帰国規模と帰国率は着実に上昇している。また、帰国した高度人材のさらなる移動を探ってみると、留学生が一度留学先国から中国に戻り、その後また留学先国あるいは第三国へ赴く現象が増加している（王・苗編2017）。しかし、彼らがさらに他の国に移動するのか、あるいは最終的に母国に帰国するのかは未知数である（王・苗編2016）。

高度人材は人的資本や社会関係資本を豊富にもつため、世界中どこでも働くことが可能であり、国境や国籍に縛られることなく自由に移動することができる。高度人材の移動は、低技能移民のように集団を形成し、特定の地域や分野に集中することはないと考えらえてきた。しかし、いったん移動のネットワークが形成されるとその後の人の移動が大きく促進されるというのは、高度人材にも当てはまる（松下 2015）。

また、高度人材はコミュニティに縛られない存在であると指摘されてきたが、そのような主張において、コミュニティは地縁関係に基づいたものという前提がある。しかし、グローバリゼーションの急速な進展にともなって、相互依存が深化した現代社会においては、場所に縛られないコミュニティ（Delanty 2002 = 2006）についても、より入念な考察が必要である。確かに、高度人材の間には、典型的な労働移民にみられる、地縁と血縁に基づいた「連鎖移動（chain migration）」は少ないが、学縁と職縁に基づいたコミュニティの存在を無視してはならない。

本稿は、滞日経験をもつ中国人高度人材の国際移動はどのような特徴を呈しており、コミュニティとどのような関係にあるのかという問題意識に基づいている。本稿において高度人材として研究対象となるのは、在留資格を問わず、中国生まれであり、高等教育機関（大学）の卒業資格をもち、日本で職務経験をもつ者とする。そこで、中国人 IT 技術者が集住する芝園団地と高度人材の集団的越境を促している D 校の事例を取り上げながら、モビリティ（移動可能性）とコミュニティの関係性を明らかにする。

2　IT 技術者が集住する芝園団地──静かな分断と緩やかな共生

(1) 静かな分断

近年、埼玉県川口市にある「芝園団地」は、中国人 IT 技術者が集住している場所として注目を浴びている。団地住民約 5,000 人の半分が中国人であり、近年中国人 IT 技術者の出入りが活発になっている。新聞記者である大島隆（2019）は日本人住民と外国人住民の間にみずから線引きがなされていることを「静かな分断」と定義し、日本人住民の間に芽生える「もやもや感」を明らかにした。彼は日本人住民の「感情」に焦点を当て、移民社会を迎える時代において、コミュニティの内実を見直そうとしている。

筆者が初めて芝園団地を訪れたのは、2017 年 9 月であった。中国人向けの防災訓練番組のロケ地として選ばれた芝園団地では、中国人住民は多文化共生の対象として、日本社会への適応が要求されている実態が伺えた。一方、団地の住民自治会の委員のほとんどが日本人であり、中国人住民は積極的に参加しようとする意思を示さなかった。

中国人住民と日本人住民との間に何らかの境界線があり、彼らが互いの世界に対して無関心であるという印象を受けた。その背後には、芝園団地を一時的な滞留地としか見ていない考えが潜んでいることが、中国人住民の A さん（男性、29 歳。年齢は調査時による。以下同）に対するインタビューから分かった。以下では、2019 年 11 月から 2020 年 3 月までのインタビュー調査

の結果を踏まえながら、コミュニティの側面から芝園団地の実態に迫る。

(2) IT技術者の集住

公共住宅団地における華人ニューカマーズの集住化に着目して芝園団地を取り上げた江衛・山下清海（2005）の研究によれば、中国人の芝園団地への入居が目立つようになったのは1990年代になってからであり、2000年代初頭に芝園団地に居住していた人はIT関係と技術系の仕事に従事していることが多いとわかった。彼らの中には、中国で就職した後に、留学のために来日し、日本の大学・大学院を卒業・修了して、日本で就職した者も少なくないという。

江らの先行研究の結果と異なり、現在、芝園団地に居住している中国人IT技術者の大半は、留学を経由せず日本の労働市場に直接参入した。2018年7月末にIT技術者として来日したAさんは、「会社側が団地内の3LDKを社員寮として借りている」ので、芝園団地への入居を決めた。彼は3年か5年後に故郷の長春に帰る予定で、日本語があまり上達していないことから、芝園団地は住みやすい場所である。「中国物産店や飲食店がたくさん集まっていて、日常生活は何の心配もない。3LDKで一緒に暮らしている人も中国人で、同じ会社の同僚です。安心感がある」という。

実際に、団地に大量に住んでいるのは、Aさんのような中国東北部出身のIT技術者である。来日した理由について聞いたところ、「日本のIT業界の待遇は北京や上海とあまり変わらないが、地元より優れている」ので、経済的利益を追求して来日した

ケースが多く見られている。Aさんは「技術・人文知識・国際業務」という在留資格で日本に入国し、契約社員として働いている。「正社員より契約社員は毎月の手取りが多いから、それでいい」という。彼は社会保障や年金制度など日本社会で長期的に生活するための準備に対して関心が薄かった。そこから短期間でより多く稼ぐというAさんの目的が見えてくる。IT技術者は仕事の関係で日本語の読み書きは比較的上達しているが、話すのに限界を感じる人が少なくない。日常生活は団地内で完結しており、中国語だけで十分コミュニケーションを取れるため、中国人同士の間に日本語を練習する場を積極的に設けていないようである。

芝園団地は、UR都市機構が管轄する団地であり、入居するために収入の条件がある。それゆえ、経済的能力が比較的低い中国人留学生は入居の対象から外れる場合が多い。また、留学を経由して日本の労働市場に参入した中国人には、芝園団地のようなエスニック・コミュニティを好む傾向が見られない。そのため、芝園団地に集住するIT技術者の大半は、ある程度経済能力をもち、日本社会での生活経験が豊富でないものとなる。その中には、Aさんのような帰国を前提とする独身者や単身赴任の人が少なくない。

Aさんを雇用している会社は、団地の最寄り駅の蕨駅の近くにあり、中国人起業者が創立したIT企業である。この会社には、日本人社員も含めて150名の従業員が在籍しており、直接的に中国からIT技術者を受け入れる。新入社員の日常生活の環境を保障し、精神面の安定感を保つために、

中国人が集住する芝園団地に社員を入居させるのである。逆にいえば、芝園団地のような中国人が集住するコミュニティがあるからこそ、その周りにエスニックビジネスだけではなく、新興企業の誕生も促されている。芝園団地は新規中国人移民の受け皿であり、さらに新しい事業を醸成する土台になっていると考えられる。

(3) コミュニティ内の磁場

Ａさんにインタビューした場所は、彼の行きつけのお店で、中国人が経営している飲食店であった。彼にとって、この店は「憩いの場」である。芝園団地およびその近隣にある芝園ハイツに居住している中国人の間で人気があり、中国人がよく使うチャットアプリWechatには、店のチャットグループがある。常連たちはグループに入って、インターネットで注文したり当日のメニューを確認したりする。これは、いまの中国では一般的に展開されているビジネスモデルである。店主のＢさん（女性、40歳）によると、店のお客さんはだいたい中国人の常連であり、仕事帰りに店に寄って食べながら話したり情報交換したりする。Ｂさんの店は、地元の中国人にとってまるで「磁場」のような存在であり、中国人住民を結びつけることに役に立っている。

もう一つの磁場は、1999年に設立されたバドミントンサークルである。20年の歴史をもつサークルは、中国人住民の過去と現在を結ぶ存在である。毎週末に行われるサークルの活動には、芝園団地の現役住民だけではなく、サークルが創立された当時の住民もいる。また、日本人住民も参加しているため、スポーツを通じて住民間の交流を促進している。サークルのメンバーにはIT技術者が多いという特徴がある。Ｃさん（男性、40代）は、10数年前に結婚した時に日本での定住を決め、不動産を購入し、団地から引っ越しした。だが、「やっぱり団地との絆を切りたくない」ため、定期的に団地に戻り、サークル活動に参加している。「来日した後の一番大変な時期にこの土地で生き抜いたので、愛着がある」という。

Ｃさんのように、結婚や子どもの出産という人生の節目を迎えるとき団地を離れたケースが中国人住民の間ではよくみられる。興味深いことに、団地を離れた住民の引越し先は、団地から電車で20分以内のところが多く、団地を取り囲む地域に対する愛着性が見えてくる。また、芝園団地の正門の向こう側に、新築の一戸建てが林立している。持ち主の名前をよく見ると、中国人らしい名字が少なくない。彼らは、団地の延長線にいる住民として、コミュニティを構成するメンバーと考えてよいだろう。

(4) 緩やかな共生

芝園団地では、中国人同士の繋がりが強ければ強いほど、日本社会に溶け込む必要性を感じなくなり、住民間の分断に導かれると懸念されている。「静かな分断」と対照的に、住民自治会の事務局長である岡﨑広樹（男性、38歳）は「緩やかな共生」という概念を提唱した。それは、興味関心がある人たちが地域の中にある「場」で出会うことによって、人間関係を緩やかに築き、個人的なつながりを拡大し協力する関係を築

くことを指す。高齢化する日本人住民と増加する中国人住民は、「日本人と外国人」の二分法から脱出して共生を考えるべきであると彼は考えている。ただし、そのためには見知らぬ隣人でしかない日本人と外国人が、出会う場を地域の中で意識的に作ることが必要になる。外部の第三者が、両者の人間関係づくりを支援することが、緩やかな共生を実現するために求められるのである。

　多文化の現場でよくある問題は外国人が受け身になっていることである。いかに国籍を超えて地域住民としての連帯感を作るかが、芝園団地の課題である。コミュニティ内の分断を阻止するために、外国人住民と日本人住民の間で、共に生きる「場所」に基づいた共通のアイデンティティが必要であろう。芝園団地の現在は、まさに外国人受け入れを拡大する日本社会の未来であり、共生の最前線にあると考えられる。すなわち、芝園団地の事例は、変容する高度人材と変容するコミュニティとの関係性について示唆を与えるものである。

3　コミュニティの越境──校友会の力

(1) 高度人材の連鎖移民

　同じ出身地かつ同じ学校という同類的なつながりを利用して次々と人が移動し、結果的に地域間に紐帯が生まれるというような高度人材の「連鎖移民」が生じている。地縁関係と学縁関係に基づいたコミュニティの越境の事例として、D校を取り上げる。

　中国東北部にあるD校は、中高一貫校であり、学年ごとに1つの日本語クラスを設置している。日本語クラスに選抜された学生たちは、中学1年生から日本語を勉強し始め、高校卒業までの6年間日本語教育を受ける。また、日本語クラスの学生たちは、通常の文理科目の試験でよい成績を取ることはもちろん、高い英語能力を要求される。外国語学校と違い、D校は地元の名門進学校である。中国の高校の学期は、9月開始、翌7月終了という制度になっている。そのため、日本語クラスの学生たちは毎年の7月に高校を卒業し、10月頃に、同級生20名以上が一斉に来日し、提携関係にある日本語学校に入学する。彼らは留学生向けの日本留学試験や大学の入学試験で勝ち抜き、東京大学や京都大学など日本におけるトップ大学の合格者を輩出している。彼らは、まさに日本社会において高度人材の有力な候補者となる。

　日本語クラスの卒業生であるEさん（男性、38歳）によると、日本語クラスを設置した背景には、草の根レベルで日中交流を促進する目的があったという。中国の東北部に位置するD校の前身は、1932年から1945年までの間に日本人移民の子どもたちが通う小学校であった。その時の歴史に深くかかわった日本人T氏が記念奨学金を設立し、毎年日本の大学に入学したD校日本語クラスの卒業生3名に対し、入学一時金50万円と月額8万円の奨学金を2年半にわたり提供している。この奨学金は、来日前にD校の推薦で受給者が決まるのが特徴である。2000年10月に来日したEさんは、この奨学金の受給者であった。

　1992年から設置された日本語クラスは、1998年に初めての卒業生を日本に送り出した。Eさんが第3期生として来日し

たときには、第1期生と第2期生の先輩た
ちが全員日本の一流大学に入学していた。
日本語クラスの学生は先輩の姿をみて、日
本への留学に際してどれほどの位置まで到
達できるのかを、ある程度予測できたので
ある。さらに、D校の系列校である外国語
分校は1998年に創立され、2001年から
より大規模な卒業生を日本に送り出した。
このような同じ出身校の先輩と後輩のつな
がりは、留学生の継続的な送り出しを維持
し、潜在的な高度人材の養成に貢献してい
る。

(2) 日本社会における校友会の役割

　日本社会において、D校の卒業生を強
く結びつけているのは、校友会である。D
校および外国語分校の日本校友会の副会
長を務めるFさん（男性、37歳）によると、
1998年から2018年までの20年間、D
校および外国語分校から合計2,600名以
上の卒業生が来日した。校友会は、学生た
ちが来日した後のネットワークの維持に重
要な役割を果たしている。

　D校日本校友会の特徴は以下の3点が挙
げられる。第一に、規模の大きさである。
現在、来日したD校卒業生の半分に当た
る1,300人以上が日本に残っており、中
国の高校ないし大学の中でも、最も人数の
多い日本校友会である。第二に、期待され
る資質の高さである。D校の学生は中学校
に入った時点で、すでに厳格な選抜を受
けて、グローバルに活躍することを期待さ
れている。来日した後、D校の卒業生たち
は、留学の段階から外国人高度人材の中で
有利な地位を勝ち取り、その優位性を保っ
ている。日本社会で勝ち抜くために、彼ら

は外国人高度人材としてだけではなく、日
本人高度人材に匹敵する、もしくはそれ以
上の能力を備えているのである。第三に、
一体感である。大学の校友会のように高等
教育段階から学縁関係に基づいて結成され
たコミュニティではなく、D校の卒業生は
中学校時代から長年にわたりコミュニティ
を形成し、かつ出身地が同じであることか
ら、校友会内部の凝集力がより一層高い。
たとえ何年経っても、D校卒業生は校友と
してのアイデンティティにプライドをも
ち、留学を終了した後にも日本での就職・
転職活動から不動産の購入という生活の
隅々までに強い影響力を発揮している。

　個人で来日するケースと違い、D校およ
び外国語分校の集団単位での移動は、コ
ミュニティの越境と言える。高度人材の国
際移動においても、コミュニティによる
ネットワークの拡大が示されており、この
ようなコミュニティの存在は、高度人材が
受け入れ社会において有利な立場を獲得す
ることの助力となっている。

4　コミュニティとモビリティの関係性

(1) 二つの流動性の出会い

　ここまでコミュニティの概念にしたがっ
て、中国人高度人材の国際移動の特徴を捉
えることを試みた。芝園団地の事例では、
個人は分散して越境し、来日後に地縁関係
に基づいたコミュニティに所属するように
なる。一方、D校の事例では、コミュニ
ティ単位で越境し、来日後にも学縁関係に
基づいた校友会の力を維持している。その
ほかにも、高度人材の移動は様々なパター
ンで展開されており、彼らの職業設計や生
活設計と緊密に関連している。

このように、「選別的移民受け入れ政策」に基づいた国民国家に歓迎される高度人材の移動を、一概に論じることは困難である。その理由は、高度人材の移動にはつねに二つの流動性が付随しているためである。換言すれば、グローバリゼーションの進展という急速な変化とともに、高度人材の国際移動における新しい個人主義 (the new individualism) の嗜好が浮き彫りとなっている。アンソニー・エリオット (Anthony Elliott) らは新しい個人主義の特徴を、個人の意志によって移動の効率を最大化することと位置付ける。それは「即時の変化」「短期間主義」「自己の再創造」「気まぐれさ」というイデオロギー的輪郭をもつ (Elliott and Lemert 2009)。こういった傾向は、高度人材の分散に拍車をかけている。

D 校の事例が示しているように、高度人材は空間的移動を行っている一方、来日後の社会的移動も積極的に実現させている。D 校の場合、集団単位での越境が推進されているものの、移動の個人化志向も見落とされてはならない。なぜなら、高度人材はより豊かな暮らしを実現したいという価値観を内面化し、「個人単位」の上昇志向をもつためである (塩原 2015:223)。

グローバリゼーションという時代の流動性と新しい個人主義という個人の流動性が出会うとき、どのようなコミュニティが形成されうるのか。また、これら二つの流動性は人々の移動にどのようなインパクトを与え、そして空間的・社会的にどのような移動可能性を付与するのであろうか。

外国人 IT 技術者といっても非正規雇用で生活が不安定な場合もあるが、本稿で扱うのは日本で中間層以上の労働と生活が営めていると見なし得る人々のケースである。比較的高度な学歴や技能を身につけ、移住先でも社会的中上層の生活を送る専門職・ミドルクラス移民は、途上国から先進国に移動するだけでなく、先進国間や場合によっては先進国から途上国へも移動すると指摘されている (塩原 2017)。こうした動向は、移民が物理的移動を通して社会的上昇移動を追求するという構図を打破する。中国から日本への移動を検討する中国の上位大学出身の若者が高度人材であればあるほど、中国国内に留まる場合に得られる待遇と比較すると、日本への国際労働移動は経済移民のような上昇移動ではなく、下降移動となる可能性が出てくる (松下 2019)。一部の高度人材は、経済的合理性よりも自分の心理的充足感を優先して移動を決定するからである。

しかしながら、芝園団地の中国人 IT 技術者のように、経済的利益を追求して国境を越える高度人材は依然として主流である。その場合、滞在予定年数に応じて、メインストリームのコミュニティに参入する必要があるかどうか、コミュニティといかに関わるのかは、移動する本人に委ねられた選択である。ある意味、コミュニティとの関わり方を自ら決められる立場は、高度人材のモビリティの一環といえる。

(2) 傘と架け橋

芝園団地と D 校の事例では、地縁関係と学縁関係に基づいた中国人同士のネットワークが高度人材の国際移動において重要な役割を果たしていることが示された。しかし、コミュニティと個人の関係を詳しく分類すると、芝園団地は中国人 IT 技術者

にとって、傘のように彼らを日本社会から保護する機能があり、D校の校友会はその卒業生にとって、彼らを日本社会と結びつける橋渡し役になっていると言えよう。

コミュニティの結成時期に着目すると、芝園団地に居住しているIT技術者たちは、来日直後にコミュニティに参入した人々であり、参入にあたってやや受身な態度であった。一方、D校の学生たちは、来日前にすでにコミュニティを形成しており、来日直後に校友会を通じて日本のメンバーと合流し、その範囲を拡大している。そこからは、校友会のメンバーたちが主体性を生かし、コミュニティに積極的に参与する様子が観察される。

また、コミュニティへの参入が日本社会で生きていくうえで資源になるかどうかを考えると、両者はまた異なる結果を示している。芝園団地の場合、IT技術者は「現在」に着目してコミュニティに依存することで、必要最小限のエネルギーで日常生活を送っている。一方、D校の場合、その卒業生はつねに「将来」を目指してコミュニティを有効に活用することで、将来における最大限の可能性を創り出している。たしかに芝園団地は、傘のように来日直後のIT技術者を保護する役割を果たしており、コミュニティ内部の結束がある反面、また傘のように彼らを日本社会と分断して、個人のモビリティを抑制することにつながる。それと異なり、D校の校友会は、架け橋のようにその卒業生を日本社会と結びつけ、彼らの日本社会への分散を促進している。さらに、このような分散により、コミュニティとしてのブランド力を浸透させていく。コミュニティと個人のモビリティ

との間には相乗効果があると言える。

従来、海外に渡る中国系移民は「血縁」「地縁」「業縁」からなる「三縁関係」と呼ばれるネットワークが強固であり、こうした人的ネットワークを基本に宗親会、同郷会、商会などの組織を形成し、異郷の地で相互扶助、信用醸成に役立てていると指摘されてきた（陳 2013:296）。しかし、芝園団地のような受け入れ社会での「地縁」に基づいたコミュニティやD校のような送り出し社会と受け入れ社会をつなぐコミュニティの増加は、中国系移民の移動の多様化を示している。さらに、コミュニティ間の差異や個人とコミュニティとの関係性の差異は、高度人材の内実の変化を表している。

5 永住資格付与の意図せざる結果

本稿では、芝園団地のIT技術者とD校の留学生の事例を挙げながら、高度人材のモビリティとコミュニティとの関係性を解明することを試みた。モビリティの多寡とコミュニティとの関わり方の違いは、高度人材内部の多様性を反映している。高度人材にとってのコミュニティの意義に着目すると、受け入れ社会への適応度が比較的低い芝園団地のIT技術者は、地縁関係に基づいたコミュニティを、生活を支援する傘と見なしている。それに対して、受け入れ社会への適応度が比較的高いD校の卒業生は、学縁関係に基づいたコミュニティを、日本社会における自分自身の地位を確保する架け橋と見なしている。

従来、国民国家は、高度人材の移動を頭脳の移動と同一視しており、高度人材をできるだけ自国の国内に留め続けさせ、国益

に貢献させようとしてきた。頭脳獲得をめぐる競争はゼロサムゲームのように語られており、高度人材の主体性と自己決定が無視されがちである。中国人高度人材には、移住先国と出身国のどちらにも愛着度が弱いタイプの「没愛着型」が存在しており、彼らがもつグローバルな高い空間的可動性の動向は注目に値する（駒井 2015）。

日本政府は外国人高度人材を日本社会に定着させるために、永住資格の付与を加速化し、最短1年間で永住資格を取得することを可能にした。しかしながら、来日した高度人材は、必ずしも永住資格を獲得したいというわけではない。モビリティという観点からいえば、高度人材にとって、永住資格の取得は日本とのつながりを維持する手段であり、いつでも日本に戻れるための環境的整備ともなる。それゆえ、永住資格取得後の帰国や第三国への移動の可能性を無視できない。永住資格の付与は、結果的に高度人材を日本社会に定着させるというより、最終的に高度人材のモビリティを向上させるという意図せざる結果を導き、高

度人材のさらなる国際移動と分散につながる可能性がある。そのため、永住資格の付与という在留資格における工夫より、コミュニティの多様化を意識し、その連帯を強めることが、高度人材の日本社会への定着を実現させる方策であると考えられる。

本稿では、コミュニティとモビリティの関係性から、中国人高度人材の国際移動の実態を解明することを試みた。芝園団地とD校の事例は、すべての高度人材を代表するものではないが、中国人コミュニティの一部としてその特徴を捉えることで、コミュニティの多様性を示すことができた。また、人々が経済的・社会的・文化的つながりをもつ、2つまたはそれ以上の地域の間を繰り返し移住することによって形成される「トランスナショナル・コミュニティ（transnational community）」（Castles and Miller 2011=2014:39）の概念も中国人高度人材の国際移動を考察する際に有効であるため、今後の課題として究明する予定である。

参考文献

【日本語文献】

江衛・山下清海（2005）「公共住宅団地における華人ニューカマーズの集住化——埼玉県川口芝園団地の事例」『人文地理学研究』29：33-58.

大島隆（2019）『芝園団地に住んでいます——住民の半分が外国人になったとき何が起きるか』明石書店

上林千恵子（2017）「高度外国人材受入政策の限界と可能性——日本型雇用システムと企業の役割期待」小井土彰宏編『移民受入の国際社会学——選別メカニズムの比較分析』名古屋大学出版会、279-309.

駒井洋（2015）「BRICs諸国からの高学歴移民の空間的可動性」五十嵐泰正・明石純一編著『「グローバル人材」をめぐる政策と現実』明石書店、pp.172-189.

塩原良和（2015）「グローバル・マルチカルチュラル・ミドルクラスと分断されるシティズンシップ」

五十嵐泰正・明石純一編著『「グローバル人材」をめぐる政策と現実』明石書店、pp.222-237.

─── (2017)『分断と対話の社会学──グローバル社会を生きるための想像力』慶應義塾大学出版会

戴二彪（2012）『新移民と中国の経済発展』多賀出版社

陳天璽（2013）「在日中国人コミュニティの過去と現在」吉原和男・蘭信三・伊豫谷登士翁・塩原良和・関根政美・山下晋司・吉原直樹編『人の移動事典──日本からアジアへ・アジアから日本へ』丸善出版、pp.296-297.

法務省（2019a）「高度外国人材の受入れ状況等について」http://www.moj.go.jp/nyuukokukanri/kouhou/nyuukokukanri06_00088.html、2019 年 12 月 20 日最終閲覧

─── (2019b) 「在留外国人統計（旧登録外国人統計）統計表」http://www.moj.go.jp/housei/toukei/toukei_ichiran_touroku.html、2019 年 12 月 20 日最終閲覧

─── (2019c)「平成 30 年における留学生の日本企業等への就職状況について」http://www.moj.go.jp/nyuukokukanri/kouhou/nyuukokukanri07_00229.html、2019 年 12 月 20 日最終閲覧

松下奈美子（2015）「日本のグローバル人材の受入れの現状と政策展開」五十嵐泰正・明石純一編著『「グローバル人材」をめぐる政策と現実』明石書店、pp.74-91.

─── (2019)「若年中国上位大学出身者の国際労働に関する意識調査──日本への移動を規定する要因に着目して」移民政策学会編『移民政策研究』Vol.11: 95-112.

文部科学省（2008）「『留学生 30 万人計画』骨子の策定について」http://www.mext.go.jp/b_menu/houdou/20/07/08080109.htm, 2019 年 5 月 28 日最終閲覧

【外国語文献】

Elliott, Anthony, and Charles Lemert（2009）*The New Individualism: The Emotional Costs of Globalization*, Revised Edition, London: Routledge

Castles, Stephen, and Mark J. Miller（2011）*The Age of Migration*, 4th edition, Basingstoke, England: The Guilford Press（関根政美・関根薫監訳『国際移民の時代』、名古屋大学出版会、2014 年）

Delanty, Gerard（2002）*Community,* London and New York: Routledge（山之内靖・伊藤茂訳『コミュニティ──グローバル化と社会理論の変容』NTT 出版、2006 年）

王輝耀・苗緑編（2016）《国際人材藍皮書──中国留学発展報告 2016》社会科学文献出版社

─── (2017)《国際人材藍皮書──中国留学発展報告 2017》社会科学文献出版社

中華人民共和国教育部（2019）《2018 年度我国出国留学人員情況統計》http://www.moe.gov.cn/jyb_xwfb/gzdt_gzdt/s5987/201903/t20190327_375704.html、2019 年 12 月 20 日最終閲覧

4-2 韓国人ニューカマー——ミドルクラスの移動と定着

ソン・ウォンソク（宣元錫）

はじめに

　長期的な視点で見れば、韓国人の日本への移動は2000年を前後してそれまでとは異なるステージに入ったといえる。戦前の植民地時代はいうまでもなく、20世紀を通して韓国人の日本への移動は、日本に仕事やより高い収入を求めて、またはより先進的な学問や技術を学ぶための、"縦方向への移動"であった。ところが、2000年前後以降の移動は別の動力が働いた。2002年日韓共催のサッカー・ワールドカップが象徴するように、移動を取り巻く両国の関係はそれまでの縦関係から水平な横の関係に変化した。そのきっかけになったのが、一つは1990年代以降の情報革命の進展による韓国人IT技術者の日本への移動であり、もう一つは韓流ブームと呼ばれる韓国文化コンテンツに対する日本での関心の高まりであった。

　経済不況の中で関連分野への投資が滞り情報革命に乗り遅れた日本では、急速に増大する関連産業技術者の需要に対して国内ではそれを満たすことができず、先行していた韓国から多くの技術者が移動する契機を生んだ。また、韓流ブームによって韓国の食や文化コンテンツに対する関心が高まり、東京・新大久保に代表される韓国商店街が形成されるに至ったのである。ここではIT技術者の移動と韓流ブーム、この二

つを韓国人の日本への移動において新しいステージに入った契機として取り上げる。前者のIT技術者の移動については移動の動力として働いた移動システムと日本での就職と生活を中心に、後者の韓流ブームについてはその結果として現れた新大久保地域の韓国人コミュニティを中心に検討することにする。

1 韓国人IT技術者の日本への移動

(1) 2000年代の日本における韓国人IT技術者の増大

　外国人高度人材の日本への移動は、2000年を前後して新しい局面を迎えた。1990年代後半から始まった情報革命に乗り遅れた日本では関連の技術者が不足し、政府と業界が一体になって外国人IT技術者を積極的に受け入れる方向に舵を切ったのである。在留資格別入国者統計を見ると、高度人材の代表的な在留資格でありIT技術者が主に取得する「技術」ビザ発給は2000年頃から2008年の「リーマン・ショック」による世界的な金融危機に伴う景気後退局面までの間、急速に増加した。この時期に日本に移住した外国人専門職のなかで、最も顕著な増大傾向を示しているのが技術ビザによる入国者である。技術ビザによる外国人の本格的な入国が始まる直前の2001年と、その流れがピークに

達する 2007 年における新規入国者数を比較すると、全体で 3,396 名から 10,959 名まで増大 (3.22 倍) している。この間の新規入国者数の変化を出身国別に見れば、国籍別総数が第一位である中国は、942 名から 5,403 名の増加 (5.73 倍) であるのに対し、第二位である韓国は 314 名から 1,999 名の増加 (6.36 倍) となった。同様に 2000 年末時点とピーク時である 2008 年末時点における技術ビザによる外国人在留者数を比較すると、全体で 16,531 名から 52,273 名まで増大 (3.16 倍) している。この間の在留者数の変化を出身国別に見れば、第一位である中国は、11,334 名から 27,665 名の増加 (2.44 倍) であるのに対し、第二位である韓国は 1,537 名から 8,647 名の増加 (5.62 倍) となっている。総数で第二位である韓国人技術者の増加率は第一位である中国人を上回った。

なぜ、2000 年前後に日本で IT 関連分野の技術者がこれほど増加したのか。さまざまな背景と要因が考えられるものの、ここでは産業や技術的要因より、日本政府の外国人 IT 技術者の受け入れ政策の変化について整理しておきたい。なぜなら受け入れ側の日本の状況とともに日本政府の政策展開は韓国人 IT 技術者の日本への移動のプル要因としてポジティブに働いたためである。後述する韓国側のプッシュ要因と合わせて、日本側の状況は移動の主要な要因であった。

日本政府は 2000 年前後の IT 技術者の移動が顕著になる前から高度人材を積極的に受け入れるスタンスをとってきたが、なかでも情報通信分野への積極的な受け入れが当初から強く意識されていた。2000 年の第二次出入国管理基本計画においては、今後の方針として次のような記述がなされていた。「専門的、技術的分野の外国人労働者の受入れに関しては、積極的に検討していくこととする。特に今日、情報通信分野の発展は、その他の産業分野の発展にも大きく寄与するものであり、積極的な人材の確保や交流に、出入国管理行政としても貢献していく」。また、同年に日本政府が発表した「IT 基本戦略」では、政策目標として 2005 年までに 3 万人程度の優秀な外国人を受け入れる、という数値目標が示された。注目すべきは、産業と職種を公に特定した上でさらに目標人数まで明示するような積極的な方針は、過去の日本の入国管理政策において前例のないものであったことである。このような積極的な IT 技術者の受け入れ政策は、上記のように技術ビザによる外国人技術者の急速な増加へつながった (宣元錫他 2014)。

(2) 韓国の海外就労支援システム

韓国人 IT 技術者の増加を解明するためには、入国管理政策の規制緩和とその背後にあったとされる日本の IT 市場拡大による労働需要の増加というプル要因に加え、技術者の供給側すなわち IT 技術者の送り出し側である韓国側の要因も探らなければならない。韓国人 IT 技術者の日本での就労を可能にしたメカニズムを韓国サイドから観察すると、2000 年代前半に官民が協力して有効な送り出しシステムを形成したこと、そして以前から日本で操業していた駐日韓国系 IT 企業がこの送り出しシステムの受け皿として重要な役割を果たしたことという二つの重要な事実が浮かび上がっ

てくる。韓国人IT技術者の日本での就労は、韓国の立場からは、技術者の募集・選抜・訓練・受け入れ・定着までが一体となった独自の送り出しシステムの構築の所産なのである。

韓国で官民が協力してIT技術者の海外就職を支援した背景には、1997年通貨危機から始まった韓国の経済危機と若年層の失業問題があった。韓国政府は深刻な若者の失業問題の解決策の一つとして、高学歴層の海外就労を政策目標として取り入れ、IT技術者の海外就労支援も重視されていた。1997年以降、韓国国内では通貨危機に加えアメリカのインターネット・バブル崩壊の余波もあり、大企業は事業縮小や人員整理を進め、非正規雇用を増やすと同時に新規学卒者の採用を大幅に削減する方針を取っていたため、大学を卒業しても就職できない若年失業者が増大したのである。こうした背景の下で、韓国政府は若年失業者を中心に国内の人材をIT技術者として

育成し、国内外のIT産業に送り込むという人材育成・就労支援事業を開始した。

その事業では、海外就労を希望する人は政府の補助金を受給し、語学とITの研修プログラムを受講することができる。研修終了後の就職活動は、研修機関が韓国人IT技術者を採用したい日本企業に積極的な就職斡旋活動を行うと同時に、人材を募集している日本企業が研修機関や大学に出向いて採用活動を行う。このため、わざわざ日本に行って就職活動を行う必要はなく、人材の育成からマッチングまでのプロセスのほとんどは韓国内で行われる。その結果、就労支援を受けて日本に就職した人は、図1が示す通り、2001年の14人から年々増加し、リーマンショック前年の

---

1 1998年に韓国政府が開始した海外就業支援事業にはITの他に、看護師、航空サービス（キャビン・アテンダント）、経営事務・サービスなどがあるが、来日したのはほぼ全員IT関連業種であった。

図1　就労支援による韓国人就職者数の推移（人）

出所）産業人力公団「海外就業統計」各年度

2007年に604人とピークを迎えた。そして再び景気が回復する2015年以降増加に転じ、2018年には1,828人と増加傾向が続いている。2015年以降はIT以外の職種の就職も増えているが、それまでは就職者のほとんどをITが占めていた[2]。つまり、韓国人IT技術者の日本への移動は、日本側の産業と労働市場の変化を背景としてIT分野に海外からの技術者の積極的な受け入れを打ち出した入管政策の転換と、韓国側の官民協働による海外就労支援事業が相まった結果であったといえよう。

(3) 韓国人IT技術者の就職と生活

日本に移住した韓国人IT技術者はどのような会社に就職して、日本社会の中でどのように生活しているのであろうか。ここでは、筆者が2010年から行っている日本で働くニューカマー韓国人に対するインタビュー調査などに基づいて簡略に述べたい。

日本に就職した韓国人IT技術者の就職先は日本企業、韓国系企業への直接雇用の他に、IT関連の業務請負会社や派遣会社などその形態は多種多様である。その中でも駐日韓国系IT企業は韓国人技術者の移動システムの最も典型的な就職先といえる。特に2000年代初期に韓国人技術者の受け皿になった企業においては、1990年代に日本に進出した韓国の大手IT企業の日本支社の駐在員出身で後に独立した例が少なくない。日本でIT分野の市場が本格的に成長する2000年代の中頃以降になると韓国企業の日本進出が増え、また日本で留学した人が起業するなど、韓国系IT企業も多様化したものの、初期はやは

り元駐在員の存在が大きかった。

筆者の限られた調査によると、実際に駐日韓国系IT企業で雇用されている技術者の大半は韓国経由のケースが多い。あるいは韓国政府の海外就労支援を受ける教育研修機関からの直接採用と、自社の韓国支社からの企業内転勤の形態もある。韓国系企業の直接採用の場合は、日本のIT業界に精通した幹部が韓国に出向いて応募者の面談を行い、応募者の適性、日本語能力、技術力などを見極め、日本でも十分通用する人を選抜するため、採用後ミスマッチによる早期離職の例は少ない。また入社後、個々の技術者のキャリア・ディベロップメントに配慮して社員教育を頻繁に実施するなどの人材マネジメントを行うのが一般的である。

しかし、筆者が直接インタビューを行った韓国人技術者の中には専門的な技術を要求されない、当事者の表現を借りれば「誰でもできる」単純な仕事を請け負う会社に就職するケースもあった。たとえば、ある韓国人技術者は携帯電話やスマートフォン用のアプリの試作品をひたすらクリックとタッチを繰り返し、エラーの有無をテストする業務を担当したという。彼の会社には日本人の高卒アルバイトも同じ業務を担当していて、彼は韓国で大学を卒業して日本に就職するために1年間教育を受けた時間が「もったいない」と嘆いていた。結局、この人は6ヶ月でその会社を退社して他の

---

2 海外就業業種は2000年代前半の初期はITが占める割合が高かったが、2010年代以降は経営事務・サービスと機械・電気電子といった技術分野が増えている（韓国産業人力公団、2018：20）。

IT会社に転職して開発業務を担当することになったものの、彼曰く彼のようなケースは稀ではあるが海外就職に潜んでいる情報不足と早く就職先を決めたいという焦りがもたらした「悲劇」だという[3]。

いまやSNSを通して海外就職の経験などが広く共有され、求人や業界の情報だけではなく、仕事の慣行や生活情報に至るまでありとあらゆるものがネットに氾濫する時代である。しかし、このような情報が少なく、先にそうした経験をした者の口コミが重要な情報源であった時代であれば、上記の失敗談は、韓国人技術者のネットワークやコミュニティの弱さの証左でもあった。実際にインタビューした日本在住の技術者間には仕事仲間や個人的な知り合いで構成された小規模なネットワークはあるものの、技術者業界を代表するような組織はなかった。FacebookなどのSNSで生活情報を共有することはあるが、相互扶助のような助け合いや自分たちの利害を代弁するような組織はなく、個人単位の印象が強い。日本の企業社会のなかで韓国人技術者はエスニック集団として目立つ存在ではないが、韓国人技術者を多く雇用している韓国系企業はビジネスアクターとして、日本の産業界または韓国とのつながりを通して存在感を発揮している。これは1990年以降アメリカのシリコンバレーにおいて中国人とインド人技術者の増加と同国出身起業家によって一大移民社会が形成された（Annalee Saxenian, 2001）状況とは異なる。ITから始まったいわゆる「高度人材」に分類される韓国人の日本での就職や起業が、アメリカのシリコンバレーで見られるような移民社会に発展するかは未知数ではある

ものの、現時点で見ると海外での就職に興味のある韓国人の若者に環境が変わった日本の労働市場が選択肢の一つにはなっている。地理的距離、言語や文化の類似性など他の外国では見られない両国をつなげる基本的な条件からすれば、教育を受けた若者にとって日本への就職は容易に選択できる韓国の国内就職の延長線にある。

少々粗い見方をすれば、このような移動の背景から韓国人技術者の日本社会への関与は、石井由香（2009:72-73）がいう、ホスト国の市民として同等の政治・社会的力を持とうとする統合指向の「パワー移民型」より、出身国・社会とのつながりを維持しながらホスト国・社会への政治・社会参加への指向性は薄い「ディアスポラ型」か、あるいは政治・社会参加への関心は薄いがビジネス活動や社会的機会を得るためにはエスニック・アソシエーション活動に参加する傍観者指向の「サイレント・マイノリティ型」に近い[4]。実際、筆者のインタビューでもこうした指向は確認できた。彼・彼女らの居住地は、東京を例にあげる

3　ブログやYouTubeなどSNSで日本に就職した韓国人の体験談をみると、仕事の内容のレベルが低く賃金も低い、といった不満を述べるものが少なくない。そのような企業のなかには資本と経営者が韓国系の企業も多く、数ヶ月での転職や帰国といった経験を「失敗談」として綴っている。

4　石井は、このような3分類の中で第2の「サイレント・マイノリティ型」が現代専門職移民を捉える一般的イメージであり、実際オーストラリアにおいてもこうした考えを持つ移民は少なくないとしながら、マレーシア系移民のエスニック・アソシエーションを対象に行った調査を通じて「パワー移民型」の出現について分析している（石井2009、71-97）。

と、子どもを同伴している場合は韓国学校がある新宿区から通学圏に居住を構える例が多いが、単身者は特定の地域に集住するより職場との距離や家賃を考慮し分散傾向にある。休日には仲間と新大久保などの韓国商店街で食事と買い物を楽しむことはあるものの、外国人としての権利擁護や社会のマジョリティである日本人との交流に積極的ではない。

　韓国人IT技術者は、「学校で勉強し、高等教育を受け、就職活動をうまく切り抜け、昇進のために仕事に励み、スキルアップする」ことによって、労働者階級より上の豊かな暮らしを実現したいというという価値観を内面化した人々である。その意味で、渋谷望（2010: 18）がいうミドルクラスに当たる。そして個人単位の印象が強く、仕事やビジネス上で必要なもの以外では日本社会とのつながりは薄いとの専門職の一般的なイメージと合致する。

2　韓流ブームと韓国人の動向

(1) 韓流ブームと韓国商店街の出現

　韓国人ニューカマーの日本への移動は、韓国側の社会状況の変化から始まった。1989年それまで制限されていた海外旅行が自由化され、距離的にも近い日本は韓国人に人気の海外旅行地となり、訪日者が増加したのである。1990年代に本格化した韓国人ニューカマーの日本への移動は当時大量に来日したニューカマー外国人の代表格である南米日系人と比較すると「分散型」といえる。日系人は日本と南米をつなぐ労働者の国際移動システムが確立され、東海や北関東など製造業が盛んな地域に集まる「集住型」の様相を呈していた（梶田他

2005）。対照的に韓国人は日本語学校や大学など教育機関が多い大都市への留学生の移動が多く、家族滞在も少なかったために特定の地域に集まる集住現象はあまり見られなかった。短期間の旅行者に加え留学生などが増える中、元留学生によるレストランなどスモール・ビジネスをはじめる人があらわれた。そしてそのような店が多く出現し、徐々に韓国色が濃くなった商店街が形成されたのが東京の新大久保である。

　新大久保周辺地域は新宿にある巨大繁華街である歌舞伎町と職安通りを挟んだ、山手線、中央総武線が交差する交通の便利な地域であるが、新宿駅周辺の高層ビル群や整備された商店街と違って細い路地が多く、安いアパートと小規模の店が点在する地域でもある。その路地裏に1990年代に入って、同胞向けの食堂、食材店、美容院等が次々と生まれた。留学生や歌舞伎町で働くホステスが主な客層だったため、当時は、中国、台湾、韓国以外に、タイやマレーシアなど東南アジア系の店も多く、多国籍な状態であった（稲葉2019）。

　このような状況を一変させる転機となったのが、2002年の日韓共催のサッカー・ワールドカップとそれに続く韓流ブームである。ワールドカップ期間中に韓国レストランの大型スクリーンの前で韓国チームを応援する韓国人の姿が連日のように日韓のマスコミに登場し、「日本の中の韓国」「東京の韓国」として新大久保の存在が知れ渡った。新大久保は日本国内はもちろん韓国でも有名になり、同地の存在はその後ビジネス・チャンスを求め投資を伴う移住者を呼び込んだ。また韓国ドラマから始まった韓流ブームは韓国食と文化コンテンツに

対する関心を高め、多くの人がすでにコリアタウンとしての認知度が高まったこの地域を訪れるようになった。やがて新大久保は「食」「遊」（遊び）、「事」（情報やイベント）、「言」（言葉）といった韓国文化の集積地であり、発信地となった（宣2005）。

この時期の新大久保地域には、それまでとは違う特徴がある。かつて日本の一般市民の認識のなかで、韓国は「近くて遠い」国であり、表立って韓国文化を楽しんだり好感を表したりすることを控えられてきた。またそれまで在日コリアンが大多数を占めていた韓国人もそうした日本人の認識を意識し、自身のエスニシティを露骨に出す事を控えていた。もちろん一部の焼肉屋などで韓国が連想される店名を使っていたものの、そうした店は分散しており、目立たない存在であった。ところが、1990年代から来日し大久保でビジネスをはじめたニューカマー韓国人は韓国色を全面に押し出した。日韓共催のワールドカップや韓流ブームが、日本人の韓国人や韓国文化に対するセンシティブな感情を和らげたことは間違いない。加えて、先進国の仲間入りを果たした韓国経済の発展と1980年代の民主化運動を経て着実に民主主義を歩む韓国に誇りを抱く韓国の若い世代は、海外でも韓国のエスニシティを躊躇なく出すようになった。新大久保で店名に堂々と「韓国」を入れた店が次々と登場したことや、それまでレストラン中心の出店傾向があった、韓流グッズを販売する店のほかに、書店や民間が運営する博物館までオープンするなど総合的な文化コンテンツまで範囲が広がったことは、変化のの証といえる。

(3) 多文化のまちの中の韓国人

2000年代初期の韓流ブーム以降、その動向に浮き沈みはあったにせよ、新大久保地域がその中心であり続けたことに変わりはない。新大久保は一時期職安通りに観光バスが列をなす程の韓流観光地となり、東京に限らず日本中から観光客を呼び込んだ。人が増えるとそれに商機を感じた投資が増え、高齢化と後継者不足に悩んでいた日本の商店が次々と韓国商店に変わった。こうした状況は韓国にも広く知られ、日韓関係に何か問題が発生した際には、決まって新大久保での韓国人に対するインタビューがテレビで流れるようになった。最近では日韓両方ともにSNSを通してリアルタイムでこの地域の韓国文化と韓国人の生活が紹介され、多くの情報が伝えられている。また、1999年からは日韓の若者を対象にしたワーキングホリデー・ビザ（以下、ワーホリ）は、両国の多くの若者が互いの国を訪問し仕事など実生活を体験する機会となったが、韓国はこのビザの発給件数で常にトップを維持している。2018年の状況を見ると、全発給件数17,730件の中で韓国は6,534件と全体の3分の1を占めている（外務省「平成30年ビザ発給統計」）。そして新大久保の韓国系商店は、日本語があまりできないワーホリで来日した韓国人の雇用の受け皿にもなった。このように新大久保は韓流観光地となったことにより新たなビジネス・チャンスと雇用が生まれ、商店街を中心とする韓国人コミュニティが形成された。

韓国色が濃くなる新大久保に対して、メディアでは同地を「コリアタウン」と呼ぶようになった。地域の日本人住民のなかで

はこうした状況を地域活性化につながると喜ぶ者もいる一方、文化と生活習慣の違いが生む様々な問題や軋轢から韓国人を歓迎しない住民も少なくなかった。日本人には外国人が商売だけに関心があり地域のことは二の次だと感じられ、ビジネス・チャンスをうかがってこの地域に出店した外国人も、地域と商店を一体として捉える意識や独特な商店会文化に馴染みがなく、付き合いも希薄で互いに距離があったことも事実である。ところが、韓流ブーム以降、新大久保に韓国人と韓国系の店のプレゼンスがさらに高まるにつれて、日本人住民との関係に変化が見られるようになった。韓国人を筆頭に、この地域でビジネスを営み定住して働く外国人からも、自らをそれまでの「お客さん」や従業員として短期間働き去っていく者ではなく、同じまちに住む住民であり、店を経営し利害関係を共にする仲間や同僚として捉える意識の変化が見られるようになった。日本人側も外国人が経営する店を除く商店会はそもそも実態に合わず、地域社会を考えるのであれば一層外国系の店と協力しなければならない現実に直面したのである。実際に韓国人経営者の中には商店会に加入して地域の課題に率先して取り組み、まわりの韓国人経営者を上述の方向へリードする人物も現れた（宣2005）。

　順調に繁栄への道を歩んでいくように見えた新大久保であったが、大きな試練が訪れる。2012年からコリアタウンの象徴になったこの地域が「嫌韓」活動のターゲットとなり、右翼団体のヘイトスピーチの街宣が激しくなったのである。その影響によって、客足が遠のき韓国関連店舗の売上

は激減した。2013年には、客足は最盛期の4分の1、店舗数も40％近くにまで減少したという（「新宿韓国商人連合会」へのヒアリングによる、2019年12月13日）。この衝撃は新大久保のまちに大きな変化をもたらした。撤退した韓国系店舗の後に中国、ネパール、ベトナムなど他のアジア系の店が次々とオープンし、一層多文化化が進んだのである。そもそも多文化のまちだったところに韓流ブームによって一時的に韓国色が濃くなった状況が、再び多文化に戻ったといえる。

　もう一つの変化は韓国人経営者の意識の変化である。韓流ブームが長く続くとは思わなかったとしても、韓流がヘイトスピーチのターゲットになったことは、彼らにとって大きな誤算であった。日本には韓国や朝鮮に対する差別意識が存在し、時に政治家などの発言が問題なることはあったものの（岡本2013）、このような形の攻撃は韓国人と地域社会に大きな衝撃を与えた。それまで新大久保一帯がコリアタウンと呼ばれ、韓流が観光ブランド化した状況を商機としか捉えられなかった韓国人経営者は、自らも状況が変わればいつでも攻撃のターゲットになりうる両面性があることに気づかされた。彼らはコリアタウンを目指したわけではなかったが、実質的にコリアタウン化していくまちの移り変わりに何も疑問を持ってはこなかった。そうした韓国人経営者たちは、当時韓流ブームの衰退とは異なる言い知れぬ危機感をおぼえたのである。

　時を同じくして2014年11月に設立された「新宿韓国商人連合会」が、発足当初から新大久保を韓国色が強いコリアタウン

ではなく、多文化のまちにすべく努力する事を掲げたのも危機感のあらわれであろう。それが形となったのが2018年からはじまった「インターナショナル事業者交流会」である。概ね2か月に一回、日本・韓国・ネパール、ベトナムの4か国の事業者が区の支援を受けながら商店街の課題を話し合い、相互交流を行われている（稲葉2019）。新宿韓国商人連合会の幹部は「韓国人が長く商売をして得た経験を新規参入する他の外国人と共有したい」そして「共にこの地域を繁栄させたい」と語る（同連合会のヒアリングから）。職安通りと新大久保界隈にニューカマーによる韓国系の店が出現して30年を数え、韓国人はすでにホスト社会の側に位置づけられつつある。それは誰かに強要されたわけではなく、時間と共に変わりゆくまちと、それをめぐる人々の意識と出来事への対応のプロセスといえる。

3　韓国人ミドルクラス移民と共生の模索

　韓国人の日本への移動と定着において、2000年前後は正に転換期であった。冒頭で言及した通り、それまでの日本優位の縦方向から、水平な横方向への移動へとヒトの動きが変化したのである。また移動した者も技術者と独立自営業者という典型的なミドルクラスであり、それまでとは異なる階層が主役として登場した。

　世界経済が産業資本主義から情報革命の進展に触発された新しい段階に突入した局面で、それまで経済産業面で常に日本優位・韓国劣勢の状況に部分的であれ韓国が先行する部門が現れた。当時の韓国の経済

危機に起因する若年失業問題が背景にあったにせよ、高学歴の韓国人IT技術者の移動は、両国の経済的な位置づけが新しい局面を迎えて展開された現象である。韓流ブームよる自営業者の増加は、より多様な視点からその意味合いを捉えることができる。戦後韓国で「複雑な国民感情」を理由に禁止されていた日本の大衆文化がキム・デジュン（金大中）政権期に解禁され、それに応えるように日本でも韓国文化コンテンツが紹介されるようになった。テレビで放映された韓国ドラマが韓流ブームの火付け役となった出来事はその歴史性とともに、両国関係が政治外交だけでは言い表せない新しいステージに入った事を知らしめたのである。

　ところが、IT技術者と自営業者とでは日本での定着と日本社会との関わり方において違いが見られる。IT技術者は大卒で政府の海外就労支援事業の支援を受けた専門職として、ミドルクラスの一般的な特徴である仕事中心の生活を送り、個人指向が強く、日本の政治・社会への関与は薄い。これはアメリカやオーストラリアにおいて、アジア系専門職の移民に見られるエスニック集団の結成やホスト国の政治・社会への積極的な関与（石井他2009）といった状況とは異なる。ミドルクラス専門職としての個人属性の他に、雇用の受け皿としての在日韓国系企業の存在、そして密接につながっている日韓のIT部門の労働市場などが、このような現象の要因として考えられるものの、これについてはさらなる観察と考察が必要である。

　一方、新大久保界隈にできた韓国商店街はニューカマー自営業者のコミュニティと

して注目に値する。主に小売飲食店を営む自営業者は業種特性から既存の日本人住民との軋轢や同業者との関係など必然的にホスト社会と深く関わることになる、。そして、ヘイトスピーチによる暴力的な排除の動きは日韓関係の特殊性だけでは片付けられない。それは視点を変えれば、現在日本社会が抱えている「多文化共生」の課題を露骨に表わしているといえる。韓国人自営業者たちは地域社会の当事者として同国人コミュニティを超えた新たなまちづくりを、同じ地域の日本人や他の外国人と共に模索している。日本とは文脈は異なるが、

塩原は、オーストラリアにおいて「アジア系ミドルクラス移民の市民活動の実践には、オーストラリアの多文化主義的を「変革」していく大きな可能性がある」(塩原2009:181)と結論づけている。

1980年代半ば以降、ニューカマー外国人の増加は非熟練や低熟練労働者がメインであるものの、技術者、専門職、そして自営業者などのミドルクラス移民も多く含まれ、日本各地に大小のコミュニティを形成し、地域社会の当事者としてその存在は大きくなりつつある。その代表格として韓国人ミドルクラス移民の動向が注目される。

参考文献

石井由香(2009)「『社交クラブ』を越えて──アジア専門職移民のエスニック・アソシエーション活動」石井由香他『アジア系専門職移民の現在』慶應義塾大学出版会

石井由香・関根政美・塩原良和(2009)『アジア系専門職移民の現在』慶應義塾大学出版会

稲葉佳子(2019)「多文化共生は終わりなきプロセスである──新宿区大久保が経験してきた30年とは」『都市計画』336号、日本都市計画学会

岡本雅享(2013)「日本におけるヘイトスピーチ拡大の源流とコリアノフォビア」小林真生編著『レイシズムと外国人嫌悪』明石書店

塩原良和(2009)「階層とエスニシティを越えた社会的連帯に向けて」石井由香他『アジア系専門職移民の現在』慶應義塾大学出版会

渋谷望(2010)『ミドルクラスを問い直す──格差社会の盲点』NHK出版

宣元錫(2005)「地域社会における多文化共生まちづくりへの挑戦」依光正哲編著『日本の移民政策を考える』明石書店

宣元錫他(2014)「韓国人IT技術者の送り出し過程と日本の外国人高度人材受け入れ」『移民政策研究』第6号、移民政策学会

日本労働研究機構(2002)『2002年度版海外労働時報』日本労働協会

Annalee Saxenian(2001). Silicon Valley`s New Immigrant Entrepreneurs. Edited by Wayne A. Cornelius, Thomas J. Espenshade & Idean Selehyan. The International Migration of the Highly Skilled. Center for Comparative Immigration Studies. University of California, San Diego.

한국산업인력공단(2018)「해외취업지원 미래전략 및 발전방안」(韓国産業人力公団「海外就業支援未来戦略及び中長期発展方案」)

4-3　インド人IT技術者と商人——東京と神戸の対比

澤　宗則

1　日本におけるインド人の増加

　日本の在留インド人[1]は約38,000人であり、在留外国人全体の約1.3%に過ぎないが、1990年の約3,000人から約13倍となるなど増加が顕著である。インド人の在留資格は「技術・人文知識・国際業務」「企業内転勤」「家族滞在」の資格者が増えている。これはIT技術者とその家族の増加によるものである。日本政府はインド政府との間で2000年に「21世紀日印グローバル・パートナーシップ」の構築、「査証手続の簡素化に関する日本国政府とイン

ド共和国政府との間の覚書」により、インド人IT技術者の日本での就労を加速化させる方針をとっている。また、「技能」の増加は、インド料理店の料理人が増加したためである（**図1**）。
　在日インド人社会に関して、神戸在住のオールドカマー中心と東京周辺のニューカマー中心の2つの対照的な社会が形成されている。

---

1) 政府の統計をもとに考察する場合は「在留」と表記し、それ以外は「在日」と表記。2012年に外国人登録制度が廃止され、2013年からは、住民基本台帳に基づく人口。

図1　在留資格別在留インド人の変化(1990 ～ 2018)

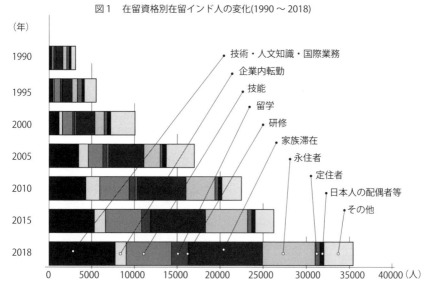

資料：法務省『在留外国人統計（旧登録外国人統計）』各年度版

2 オールドカマー中心の神戸のインド人社会

1923年の関東大震災により被災した貿易港・横浜のインド人商人が、小規模ながらすでにインド人商人のコミュニティがあり、かつ「地震のない」と当時いわれていた貿易港・神戸に移動し、横浜に戻ることなくそのまま神戸に定着して以降、1980年代までは神戸は日本におけるインド人の最大の集住地であった。家族単位で居住する場合が多く、神戸で結婚し、子どもを産み育てた結果、インド人のコミュニティが安定的に再生産されてきた。神戸市中央区北野から灘区青谷にかけての山の手の住宅地域に集住し、この周辺には宗教施設、インド料理店、エスニック食材・雑貨店、英語の通じる病院などが立地している。このため、神戸では日常的な対面接触が極めて容易である。

神戸の定住インド人は、主に Sindhi、Punjabi、Gujarati の3つの商人グループから構成されている。神戸のインド人社会は国籍ではなく、宗教、ジャーティや出身州、母語に基づいた強固でやや排他的なネットワークを形成している。インド商人の活動は貿易港であり、真珠の加工業の世界的な集積地である神戸と繊維の街・大阪の地域経済と密接に関わってきた。

宗教・母語・出身州ごとに形成された神戸のインド人社会において、インド商人の社会組織も、国籍での統合はされていない。1937年設立のインド商業会議所は、現在はシンディーとパンジャービーのみが構成員である。一方、インドクラブではグジャラティとパンジャービーからのみ構成され

ている。また、ニューカマーとして神戸の外資系大企業に勤務するエリートとインド料理店関係者がいる。神戸に限らず日本のインド料理店のインド人経営者と料理人のほとんどは北インド・ウッタラカンド州の州都・デヘラードゥーン周辺のヒンドゥー教徒、あるいは東インド・西ベンガル州のリゾート地・ディガー周辺出身のイスラム教徒である。後者はハラールレストラン経営者と料理人である。このように、神戸在住のインド人を国籍で統合する機能はどの組織にもなく、断片化されたままである（図2）。神戸の定住インド人商人には英語の習得が不可欠で、子どもを神戸のインターナショナルスクールに通わせ、その後海外の大学に進学させることが多い。一方インド料理店関係者は日本人と結婚した場合、子どもを地元の公立小中学校に通わせ、インド人と結婚した場合、夫の実家に送金して経済的に可能ならばインドの私立学校に通わせたいと考えている。高学歴のエリートビジネスマン、商人、料理店関係者の間には大きな経済格差と教育格差がある。

3 東京と横浜のインド系 IT 企業

1980年代半ばから東京都の在留インド人が急増し、1990年には東京都が兵庫県を上回って第1位となった。東京都は1990年の934人を基準とすると2000年に3.7倍、2005年に6.9倍となった。その後、2008年9月のいわゆる「リーマンショック」により、世界が経済不況となった。東京においてグローバルに展開してきた企業、さらにこれらの経済活動を支えてきたIT産業にも不況がもたらされた。その結果、当該企業に派遣されていたイン

図2　神戸のインド人のネットワーク

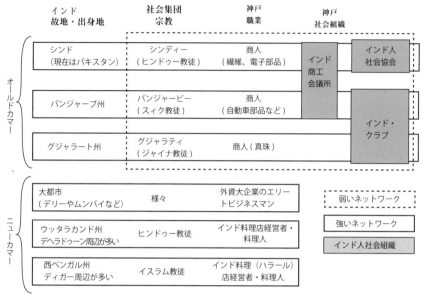

澤（2018）に加筆修正

ド人 IT 技術者とその家族の一時帰国が進んだ（佐藤・井口 2011）。そのため東京のインド人は 2012 年から 2014 年にかけて一時的に減少したが、その後は再び増加傾向に転じ、2018 年にはついに 1 万人を超えた。

　日本のインド系 IT 企業は、大手企業として Tata Consulting Service（日本進出は 1987 年）、Infosys（同 1997 年）、Wipro（同 1998 年）の 3 社があり、そのほかに数十社の中小規模の企業がある。これらの IT 企業は、銀行などの金融機関向けのアプリケーションの開発とメンテナンス、製造業向けの組み込み系エンジニアリング、IT コンサルティングが主な分野である。いずれのインド系 IT 企業も日本に進出した外資系企業や日本企業を顧客とするが、外資系企業向けの場合英語で業務を行うため、

同業の日本企業に対し競争優位にある。しかし日本企業向けの場合、日本特有のビジネス慣習、つまり仕様書が曖昧で、詳細は口頭でのみ伝達する企業が多いため、参入障壁があるといえる。外資企業向け、日本企業向けの業務は、いずれも顧客と直接折衝を行いながら仕様書を完成させる。その後、日本の開発センターとインドで連携しながら開発を行う。たとえば、Wipro の場合、横浜市みなとみらいの開発センターとハイデラバードで連携して開発を行う。インド・IT 産業の集積地の一つであるハイデラバードには、日本語教育センターもあり、ここでは日本語の出来る IT 技術者を養成し、日本に転勤させている。このため、「企業内転勤」の在留資格者が増加することになった。

　複数の仲介業者が介在する低賃金労働者

の外国人労働者と異なり、インド人IT技術者はインド系IT企業の企業内転勤や、インド系人材派遣会社からの人材派遣（村田2010）として、派遣先の金融機関や製造業企業などのプロジェクトチームの一員として働く。プロジェクトチームの一員として勤務したIT技術者はその業務が終了すると、次の業務が予定されている場合はしばらく日本で待機（benching）するが、そうでない場合はすぐさまインドへ帰国させられる。このように、必要な時に必要な数のIT技術者を企業に派遣（納品）し、最大限待機（在庫）をなくす方法は、トヨタの在庫管理のアナロジーから「ジャストインタイムな労務管理」と呼ばれている（Aneesh 2006; 村田2010）。このような状況はアメリカのIT産業でも広く認められ、「グローバルなbody shopping」（Xiang 2007）とも呼ばれ、まさにIT技術者そのものがグローバルな商品となったことを示している。インド人IT技術者は英語能力が高く、アメリカをはじめとする英語圏内での転勤や転職には全く支障はない。しかしながら、来日するインド人IT技術者は、来日前にインド国内で日本語に関する研修を受けるものの、その期間は1年弱と短く、日本の企業の社員として採用されるほどの日本語能力や日本固有のビジネス慣習を習得するレベルに達しない場合が多い。そのため、彼らは日本企業へ転職する可能性は低い。その一方、村田（2010）が指摘するように、インド人技術者の多くが困難である日本語コミュニケーション能力をもし習得すれば、それが大きな付加価値となり、雇用条件の良い日本企業への転職が出来、日本での長期就労が可能となる。

インド系大手IT企業3社のうち2社（Tata Consulting Service, Wipro）は日本進出当時には都心に拠点をおいていたが、いずれも2002年から2004年にかけて横浜市みなとみらいに拠点を移転させた。その後もインド系IT企業の横浜進出が続いた。これは、外国資本獲得を巡る東京都との都市間競争における、横浜市の都市戦略と関連する。IT企業にとって、顧客との空間的近接性や情報インフラの整備の点では東京とその周辺には大きな差異はなく、IT企業の立地の流動性は高い。横浜市は2004年に策定した「IT産業戦略」に基づきIT産業集積を進めていた。横浜市がインド系IT企業を誘致するためには、東京に対して競争優位を生み出す必要があった。そこで横浜市が注目したのがインド人学校であった。2006年当時、インド人学校は東京都江東区と江戸川区にそれぞれ1校あった。いずれも急増するインド系IT技術者の子どもの受け皿として東京と横浜の在日インド人社会のサポートのもとようやく設立にこぎ着けたもので、学校設立に関して東京都からのサポートはあまりなかったという不満がインド人社会には強かった。これに対して、横浜市は東京西部やその周辺でさらに増加し続けるインド人IT技術者の子どもの受け皿として、市立の旧小学校（緑区）にインド人学校を誘致した。これはインド人学校法人の本部であるシンガポールで中田市長（当時）が調印式を行ったほど、積極的な誘致であった。その後運営母体は変更となったものの、2009年に開校した。妻子とともに居住するIT技術者にとって、高度なカリキュラムを英語で行うインド人学校は居住地を決

める上での重要項目である。IT技術者の短期間の派遣と帰国を繰り返すインド系中小企業のIT企業に比べると、大手IT企業の場合は、長期間のプロジェクトやメンテナンスを伴う業務が多く、日本滞在期間も長く家族単位で居住することが多い。そのため顧客との近接性のみならず、従業員の福利厚生もインド系IT企業オフィスの立地選択理由として重要となっている。その結果、横浜市はインド系IT企業の誘致や定着に成功したといえる。インドからの投資をさらに促進させるべく、2009年に横浜市は姉妹都市であるムンバイ市に横浜市ムンバイ拠点を設置し、また同年横浜商工会議所や横浜市・神奈川県が中心となって横浜インドセンターを設立した。同センターは、デリーのインド商工会議所連合会（Federation of Indian Chambers of Commerce and Industry）とムンバイのインド商業会議所（Indian Merchants' Chamber）と連携して、横浜とインドとの相互間の投資を促進させる体制を整えた。その結果、横浜市のインド人は2008年から2018年にかけて約1.6倍の約2,200人となった。

4　ニューカマー中心の東京のインド人社会

東京では、1990年には港区や世田谷区などの高級住宅地に多くのインド人が居住していた。港区には外資系金融業に勤務するエリート層などが居住し、世田谷区のインターナショナルスクールが居住地選択の一要因となっていた。このほかに日本を代表する宝石卸売業の集積地・御徒町（台東区）でダイヤモンドなどを扱う宝石商人（多くはグジャラート州出身のジャイナ教徒）が1970年代以降居住している。2000年以降には、江戸川区と江東区で急増した（図3）。

江戸川区のインド人は1990～1995年には20～39歳の男子単身者が中心であったが、2005年には25～39歳男性に加えて、25～34歳女性と0～9歳男女の子どもの数が大きく増加した（国勢調査各年）。1990～1995年での男性単身のIT技術者を中心とする構成から、2000年以降にはIT技術者の若夫婦と子どもという構成へと変化した。彼らは江戸川区西葛西に集住する傾向にある。ここでは1960年代後半に農地が住宅地に転用され、さらに埋め立てにより清新町と臨海町が1982～83年に造成され、約6千戸の住宅が建設された。インド人はUR（独立行政法人都市再生機構）の賃貸集合住宅や民間賃貸マンションに居住する傾向にある。

IT技術者は、プロジェクトベースでの勤務が主で、滞在期間はビザ期限内の3年以内であることが多い。居住地と勤務先の

図3　東京都23区別インド人数（1990～2020）

1990年

150

2020 年

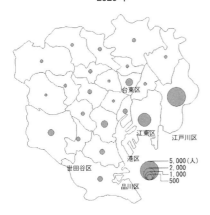

資料：東京都

往復のみ行うルーチン化された生活パターンを前提とした男子単身 IT 技術者の居住地選択は、通勤の利便性と賃貸料の安さが重視された。IT 技術者の就業地や派遣先は都心（千代田区大手町周辺など）に立地することが多いため、通勤に便利な東京メトロ東西線、JR 常磐線や中央線沿線に 2000 年頃まで散在していた。一般の賃貸住宅の家主の多くがアジア出身者の入居を拒否する傾向にあるというエスニックな状況がある。インド系 IT 技術者の場合、勤務先の企業が賃貸住宅の管理会社と法人契約を結ぶことや、国籍を問わない UR の賃貸集合住宅に入居することにより、この問題を回避している。

　東京のインド人は、多国籍企業に勤務するビジネス・エリート層、インド料理店経営者・料理人、工場や建設現場での低賃金労働者に加えて、IT 技術者が急増することとなった。多様な階層からなる東京のインド人社会であるが、2000 年頃までは各階層間の社会関係は弱く、かなり断片化されていた。この理由として、各地に分散して居住していたことと、宗教の違いやヒンドゥー社会内での階層差が大きく、異なる宗教間や各階層間での宗教行事、就業や結婚に関する情報の交換がなされる必要がないからであった。

　このように、東京でインド系 IT 技術者は増加しつつあったものの、2000 年頃までは男子単身者が多く、職場での人的つながりに限定され、個人が比較的孤立した存在であった。これに対する危機感から職場以外での情報ネットワークを立ち上げるべく、インド人社会組織（同郷団体）がいくつかの出身州（言語集団）ごとに設立されは

じめた。神戸と異なり東京にはインドの宗教施設は当時なく、出身州ごとに宗教儀式が、公民館などを借りて年に数回行われていた。家族を呼び寄せたものは家族単位で参加し、ともに祭礼と食事や出身地に関するゲームをし、同一州出身者としてのアイデンティティを再確認しようとしていた。その中で文京区のインド人所有のビルの地下にグルドワーラー（スィク教寺院）が1999年に設立された（東2009）。グジャラート州出身のジャイナ教徒は2000年に台東区御徒町に祠を設けた。

インド人IT技術者はメンバーの流動が激しく、同郷団体の世話人もニューカマーを把握することが不可能であり、東京在住の同郷者間の情報は職場での口コミに頼らざるを得なかった。そのような状況において、インターネットがインド人社会組織の情報の新たな媒介として活用されるようになった。ウェブやメーリングリスト、SNSで行事案内（祭礼、ピクニック、パーティなど）や生活情報（インドの食材店、インド人学校、英語で診察可能な病院、帰国する際に不要となった家財道具の譲渡など）を載せると同時に、メンバー登録や情報交換もインターネットで行われている。またインドの食材店もインターネットで通販を行っている。

このようにインターネットを媒体として特定の場所に根ざさないバーチャルなコミュニティの形成が行われる中、これとは異なり、妻子とともに家族単位で居住するインド人たちにより江戸川区西葛西を中心として相互扶助のコミュニティが形成されるようになった。彼らが江戸川区を居住地として選択する理由は、都心への通勤の利便性、相対的に安価な家賃（2DKで約

12万円）、夜間営業のあるスーパー、インドレストラン、英語の話せる病院（特に小児科）、公園などである。そして最も重要なのが、インド人コミュニティの存在である。その中心的組織が2000年に設立されたICE（Indian Community of Edogawa）である。

ICEでは、インターネットによってイベントの企画・協力・案内などがなされ、またインド人学校の案内や生活に関する個人的な質問や回答などがなされるなど、相互扶助的な役割を果たしている。これを媒体として、新年会、ホーリー、ダサラ、ディワリなどのインドでの季節行事やインド映画を見ながら踊るパーティ、遠足などが毎年開催される。その世話人は、江戸川区に20年以上居住している商人兼インドレストラン経営者である。ICE設立以前は、東京のインド人を対象としたニュースレターがあったが、その世話人が死亡しその代替が求められていた。印刷物では、配布や入手に関して手間がかかる上広く情報が伝わらない。そこで、IT技術者にとって最も便利なインターネット上に情報交換の媒体を設立したという経緯である。ここでは宗教・ジャーティや出身州・母語などではなく、ナショナリティにもとづいた相互扶助の理念が基盤となっている。江戸川区周辺に10年以上定住しているインド人商人たちの間には、宗教や出身州は異なるものの、ナショナリティに基づいた小規模なネットワークがICE設立以前からすでに存在していた。また、インドレストランを経営する上で、重要な顧客であるインド人を宗教や出身地などで区別することは必要ではないことも、ナショナリティに基盤を

置くコミュニティを形成させた要因として
あげられる。

　さらに、ICE の代表やインド人学校の理
事長が日本の TV 番組、英字新聞、雑誌な
どに頻繁に登場し、ニューカマーに対しそ
の知名度を上げ、その会員や生徒を増加さ
せることに成功している。その結果、現在
では様々なマスメディアにより、「インド
人街＝西葛西」という構図が描き出され、
これが家族単位で居住するインド系 IT 技
術者の西葛西への移動と集住化を進行させ
た。この集住化がさらにこの構図を強化
し、マスメディアで報道される機会がさら
に増加、その結果集住化がさらに進行する
という循環した関係が認められる。

　ネットワークの形成に関しては、ジェン
ダーによる差異が認められる。男性はネッ
トワークを形成する上で、組織と構成員の
属性をあらかじめ決定し、組織化する傾向
にある。その作業は他者との境界を明確に
することにより、自らのアイデンティティ
を確立しようとしているといえる。女性の
場合は、対照的に、友人の友人という形で
拡大するネットワークを形成する傾向にあ
る。インド人学校での子どもや賃貸住宅の
同じ管理会社を媒介に知り合うことが多
い。その際には個人の社会的属性ではな
く、育児・教育や食材の入手方法などの
日常生活上の問題や関心が共通しているか
どうかが重要となる。平日の昼間、IT 技
術者の夫が勤務している間、妻たちは近く
の友人のマンションの 1 室に集まり関心事
や悩みを母語や英語で話したり、それぞれ
の郷土料理を教えたりして過ごすことが多
い。日本語が全くできない彼女らは日本人
との交流はほとんどなく、このおしゃべり

が日本での彼女らの憩いの時間となってい
る。英語のできない日本人を他者として、
インド国籍が意識される。

　東京のインド人コミュニティにおいて解
決すべき問題として提起されてきたのが、
インド人学校の設立であった。高学歴のイ
ンド人 IT 技術者は、英語での教育（English
Medium）を重要視するので、公立学校は選
択肢にはならない。江東区にインターナ
ショナルスクールは存在するものの授業
料が年間約 100 万円と過重な負担であっ
た。そこで在日インド人たちの多くは、出
身地の実家、あるいはインド国内の私立の
寄宿舎学校（Boarding school）に子ども預け
ることで対処してきた。そのような状況
の中、東京と横浜のインド人が中心とな
り、2004 年に初めてのインド人学校（IISJ
Tokyo: Indian International School in Japan）
が江東区に創立された。その後も増加し
続けるインド人の子どもに対応するよう
に、2006 年には 2 番目のインド人学校が
江戸川区に開校された。このインド人学校
は、シンガポールのインド人が設立した法
人（GIIS：Global Indian International School）
によるものであり、すでにインド国内 4 か
所以外にも、シンガポール、マレーシア、
タイ、ベトナム、アラブ首長国連邦などで
多くのインド人学校を経営している。さら
に 2008 年には 3 番目のインド人学校（IISJ
Yokohama）が横浜市により緑区に誘致され
た。これらの学校はいずれも増加し続け
る東京およびその周辺の高学歴 IT 技術者
の子弟（幼稚園と 1‐12 年生）を対象に理数
教育を中心とする高度なカリキュラムを
有した教育を行うことを目的としている。
これらの学校は、インド中央政府の中等

教育基準（CBSE：Central Board of Secondary School）やケンブリッジによる IGCSE（International General Certificate of Secondary Education）に則しており、IT 技術者の子どもがインドの私立学校・大学やアメリカ・英国などの学校・大学にもスムーズに編入・進学できる基準を満たしている。英語以外にもフランス語、ヒンディー語、タミール語を選択して学習することが可能であり、これが IT 技術者のグローバルな流動性を担保する重要な条件となっている。これらの学校はインドの私立学校と同様、母語による教育（例：Hindi Medium）ではなく、英語による教育（English Medium）である。このように東京の ICE とインド人学校において、インド国内の特定の言語や宗教に偏らないことが共通しており、本国からの遠隔地でインド国民としてのナショナル・アイデンティティの形成装置として機能しているといえる。

　インド人のアイデンティティは母国においては、宗教・ジャーティ・母語を基盤としている。名前（宗教やジャーティを示す場合が多い）や食事（何を食べてはいけないか）など、自らのアイデンティティを常に再確認する状況の中で生活をしている。そしてそれらは、日常生活のなかで他の宗教・ジャーティに属する者を他者として認識することにより自らのアイデンティティを確立する作業でもある。また神戸では、国籍ではなく、各宗教施設を核とした同一宗教・ジャーティ、出身地・母語に基づいた緊密でかつやや排他的なネットワークがアイデンティティの基盤となっている。このように、インド本国と神戸では、いずれもインド国籍ではなく、宗教・ジャーティ・母語などがアイデンティティの基盤となっている。

　他方、東京で構築されるアイデンティティの基盤としては次の 4 つがある。第 1 に宗教である。1999 年に文京区にグルドワーラー（スィク教寺院）、2000 年に台東区御徒町にジャイナ教寺院、さらに 2011 年に江戸川区にヒンドゥー教系の寺院、2018 年に新宿区大久保にヒンドゥー教寺院を新たに設け、宗教に基づくアイデンティティ形成の基盤を有するに至った。第 2 に母語（出身州）である。東京において母語集団（出身州）単位でメーリングリスト、SNS を利用するとともに、年に数回の公民館などを借りた集会（宗教儀式、食事や出身地に関するゲーム）により、同一母語・同一州出身者としてのアイデンティティを再確認しようとしている。第 3 にインド系 IT 技術者間の職業上のネットワークが、出身大学の同窓会ごとのグローバルなネットワークを基盤に形成され、これがアイデンティティの形成基盤となりつつある。最後に 4 つ目は、インド本国や神戸と異なり、ナショナリティに基盤を置くものである。江戸川区西葛西における集住地の形成により、インド人の相互扶助的なコミュニティが形成さた。また、このコミュニティが基盤となって、インド人学校が設立された。これらは母語や出身地／故地、宗教、ジャーティに偏らず、本国からの遠隔地でのインド国民としてのナショナル・アイデンティティの形成装置となっている。東京のインド人のアイデンティティは、上記の宗教・母語（出身州）・出身大学・ナショナリティが重層性を持ちながら形成されている。

IT産業は、インターネットを必要とするが、大規模な装置や広大な土地を必要としない。そのため、そのオフィス立地は賃貸料や受注先との利便性に左右され、流動性に富む。また、受注先の外資系企業を始めとする金融業などのオフィスや大規模工場に派遣されることが多く、仕事も定常的に一定量あるのではなく、常に変動する。このため同産業における受注は、その場所も期間も量も流動的となり、IT技術者の仕事もフレキシブルな形態をとる。これに対応する形で、東京のインド人IT技術者の派遣先、派遣期間、派遣人数も流動的となる。その結果として、東京のインド人社会も流動性に富んだものとなったといえる。つまり、東京のインド人社会の特徴の基盤には、フレキシブルなIT産業によるジャストインタイム式の人材管理があり、それはまさに現在のグローバル化経済の特徴である。

なお、本稿はSawa (2013)、澤 (2018) にその後の調査結果を加えて大幅に修正したものである。

参考文献

東聖子（2009）「現代移民の多様性：滞日スィク教徒の寺院と信仰——東京のグルドゥワーラーから考える移民と宗教とのかかわり」『国立民族学博物館調査報告83』、pp.105-120.

澤宗則（2018）『インドのグローバル化と空間的再編成』古今書院

村田晶子（2010）「外国高度人材の国際移動と労働——インド人ITエンジニアの国際移動と請負労働の分析から」『移民政策研究』(2). 74-89.

Aneesh, A.（2006）*Virtual Migration: The Programming of Globalization*. Duke University Press.

Sawa, M.（2013）Spatial Reorganisation of the Indian Community Crossing Border: A Case Study of the Global City Tokyo, *Japanese Journal of Human Geography*（人文地理）, 65-6: 508-526.

Xiang, B.（2006）*Global "Body Shopping": An Indian Labor System in the Information Technology Industry*. Princeton University Press.

4-4　ロシア人──宣教師から IT エンジニアまで

1　在日ロシア人コミュニティの背景や構成

　2018 年現在、日本におけるロシア人居住者数は法務省の「在留外国人統計」によれば 8,987 人であり、その 44% は「永住者」、12% は「技術・人文知識・国際業務」、11% は「日本人配偶者」、10% は「留学」の在留資格を有し、日本での定住傾向が強いと見ることができる（ムヒナ、ゴロウィナ 2018）。そして彼・彼女らの 4 割程度が購入物件に住んでいる（ゴロウィナ 2016）。在日ロシア人は各地域に散らばっているが、数的に最も多いのは東京都、比率的に高いのは富山県である。居住における地域的な集中傾向は特に見られないが、全国にわたるコミュニティは存在する。その形成を促したのは 2011 年の東日本大震災であり、安否確認のために作られた在日ロシア語話者のオンライングループが契機となった（ゴロウィナ 2019）。

　当該コミュニティの特性は、ロシア語でのコミュニケーションを統一原理として、ロシアからのみならず、その他の旧ソ連の国々からの在日移住者も含めていることである。

　在日ロシア人の歴史は、1891 年に東京の御茶ノ水駅の近くにあるニコライ堂を設立したイワン・カサトキンの宣教活動に遡る。それ以降、日本へのロシアからの移住は、来日の時期別にロシア革命前後のスーパー・オールドカマー、ソ連時代後半のオールドカマー、1990 年代～ 2010 年代のニューカマー（ゴロウィナ 2019）に分類できる。スーパー・オールドカマーは政治的亡命者、オールドカマーは学術界で出会い国際結婚をきっかけに来日した者、ニューカマーはソ連崩壊を機に経済的可能性を追求し越境した中古車業や興行業での出稼ぎ者、あるいはマリッジエージェンシー等を利用した結婚移住者から成る。各カテゴリーに関しては、その当時の日本の社会経済的状況が背景にある。たとえば 1990 年代～ 2010 年代の来日者について見ると、バブル崩壊後も以前の名残でエンターテインメント業界での需要がプル要因として機能し、長い間出稼ぎ者を引きつけ、その多くは結果的に現地での結婚を通じて定住している。

　そして、本稿では新たに 2010 年代以降のスーパー・ニューカマーというカテゴリーを提示する。ここ 10 年の移住のパターンや動機において、教育や熟練就労あるいは環境が生活文化を重視するライフスタイル移住を優先するトレンドが見られるようになった（ムヒナ、ゴロウィナ 2017）。それは、出稼ぎ意識からのシフトとともに、これらの移住者にとって国際結婚も移住のための主要な戦略ではなくなったこと

を意味する。その一部は日本語学校を日本での教育やキャリアのための踏み台としている。このようなトレンドは、2010年前後を皮切りにキャリアを重要なキーワードとして来日した本稿が対象とする4つ目のカテゴリ、つまりスーパー・ニューカマーを特徴付けている。彼・彼女らを別のカテゴリとして提示しているのも来日の時期より、このような将来願望に関わる特徴のためである。

　スーパー・ニューカマーも上記で触れたオンライングループにおいて意見交換などを行い、また職業別に集まっていることが観察されている。日本語学校生は公共交通機関での通学を伴う格安の物件を数人で借り、アパートシェアリングをしているケースが多い。一方、ITエンジニアなどは、都市部に居住し、職場まで徒歩圏内の物件に住むケースが少なくない。

2　スーパー・ニューカマー（ITエンジニア）

　筆者は本稿を執筆するに当たり、スーパー・ニューカマーに着目し、とりわけIT業界で業務に従事する在日ロシア人に対するインタビューをした。まず、彼・彼女らは高学歴であり、来日する前に出世を求めてモスクワ等へ国内移住を果たしている者が少なくない。ロシアのIT分野の大手企業で働き、数年間実績を積んだ後、来日している。典型的なケースでは彼・彼女らの受けた教育はエンジニア分野のものであり、来日前に日本語や日本文化を勉強したことはない。来日のパターンとしては、すでに日本に居住しIT業界に勤めている在日ロシア人から声がかかり、IT業界で特に重要とされる職場環境について確認した後、テレインタビューを受け、日本のIT企業によって直接採用されることが多い。つまり、それぞれの日本の企業はITエンジニアに対する需要を個々のアプローチで満たし、現時点で数十人ものロシア人ITエンジニアを雇っている国内企業もある。もちろん、ロシアからのITエンジニア招聘をビジネスチャンスと捉える日本のリクルーターやコンサルタントも進出している。話を伺った在日ロシア人のITエンジニアは「日本でのITニーズは極めて高い。そして、日本は距離的に離れており、法的にアクセスしにくい市場を保ち続けたことでITに伴う事柄はアメリカやロシアと比べて10年〜15年遅れている」と述べている。また、「ロシア人のITエンジニアは世界中の多くのソフトウェアを開発しているため能力が高く、多くの開発を必要としている日本で働くことは意義がある」と語る。

　ITエンジニアは英語だけで仕事ができるため、日本で生活していても日本語をマスターするとは限らない。日本を離れることとなっても、別の国に移住するという感覚よりも、「国」という概念を超えてITの世界の中で移住するという意識が根付いている。こうした世界で共通の言葉となっているのは英語である。一方で、日本の住みやすさについての発言もあった。ある対象者は「アメリカの方がITエンジニアの給料は明らかに高いが、その大部分は生活の安全保障のために割り当てることになるでしょう」と言い、日本での生活の安全性について語った。その上、一部は2012年に導入された高度人材ポイント制による出

入国管理上の優遇制度を利用して簡単に永住権に切り替えて定住しており、そのシステムの利便性を褒め称えていた。ただし、2018年の「在留外国人統計」によれば、ロシア国籍の者で、ポイント制による切り替えではなく、「高度人材」という在留資格を有しているのは日本全国で2名しかいなかったことも事実である。

ITエンジニアが日本に定住していくのかは今後の研究の課題であるが、1人の対象者によるユーモラスな発言によると、ソファーを購入し、日本の運転免許に切り替えたならば、そのロシア人は定住を図っているとのことである。

在日ロシア人は長期滞在者の割合が大きく、結婚移住者の場合、永住化も進んでいる。一方で、スーパー・ニューカマーは各国における給与や外国人人材受け入れ政策、あるいは外資系企業に対する優遇政策を比較できる術を事前にもちながら、何らかの目的意識をもって日本での生活を選択した。彼らの意識が今後、在留資格の名目どおり、「定住」や「永住」へ向かうのかについては、注目に値する。

参考文献

ゴロウィナ・クセーニヤ（2016）「日本における移住者の『マイホーム』——ロシア語圏コミュニティメンバーの住宅選びとインテリアを事例に」『生活学論叢』29: 15-30.

——（2019）「日本におけるロシア語話者の様相およびロシア語の継承」（多言語社会ニッポン）『ことばと社会』21: 159-167.

ムヒナ・ヴァルヴァラ、ゴロウィナ・クセーニヤ（2017）「ロシア人ディアスポラの現状——在日ロシア人移住者の位置づけに向けて」『移民政策研究』9: 106-123.

——（2018）「在日ロシア人女性移住者からみた外国人女性の労働市場への統合——ジェンダー視点からの考察」『多文化共生研究年報』15: 17-29.

4-5　アメリカ人——現実のコミュニティの非存在

ジェンス・ウィルキンソン

はじめに

　これまでのところ、アメリカ人は日本に居住する非－日本人のなかの最大のグループではない。かれらの人数は、中国人や韓国人のようなグループとくらべるとかなり少ない。しかしながら、19世紀に日本を世界に向けて開国するように圧力をかけ、20世紀なかばには政治的・経済的・文化的に世界を支配するようになった国として、アメリカ人は特別な地位を保っている。

　アメリカ人が日本に居住しはじめたのはマシュー・ペリーと徳川幕府とのあいだに締結された1854年の神奈川条約ののちであり、最初は横浜、神戸、長崎の外国人居住地にいた。もっとも、1848年に日本を旅行し、幕府の要員に英語を教え、およそ10か月間日本に住んだ、レイノールド・マクドナルドという名のイギリス人とアメリカ・インディアンとの混血の男性がいたとはある。明治維新に引き続いて相当数のアメリカ人が「お雇い」外国人として日本に来たが、その期間は限られていた。

　第二次大戦後、アメリカ人は占領軍の軍人として日本に来た。戦争に疲れはてていた日本人は、マッカーサー元帥をはじめとするアメリカ軍人を、戦時体制からの解放者としてむしろ歓迎した。子どもたちはアメリカ軍人の後を追ってガムをねだり、かなりの数の戦争花嫁が夫とともにアメリカで暮らすため海を渡った。

1　在日アメリカ人の概況

　2018年の在留外国人統計によれば、2018年末にアメリカ人は日本にいる非－日本人のうち8番目に大きなグループであり、57,500人の在留者がいる。アメリカ人は中国、韓国、ベトナム、フィリピン、ブラジル、ネパール、台湾に次いでいる。もっとも、在留外国人統計は誤解を与えかねない。というのは、この統計はアメリカ軍基地にいる要員と家族を計上していないからである。この人びとは、相互安全保障条約にもとづいて活動しているため日本の法体系の外部にいるので、法的には日本にいないが物理的にはこの国にいる。

　ここで在日米軍の概略を示しておくと、日本での駐留数は2019年3月31日現在56,118人であり、その内訳は、陸軍（司令部はキャンプ座間、以下同様）2,657人、海軍（横須賀海軍施設）20,846人、海兵隊（沖縄県に数か所）20,475人、空軍（横田基地）12,140人となる（アメリカ国防総省国防人員センターのホームページから沖縄県が算出）。このほか、国防総省に雇用されている軍人ではない軍属と家族がいる。その数については、かなり古いが2008年1月31日に外務省が発表したデータしかないので、その分布を適用して推計すると、軍属6,341

159

人、家族 55,388 人となり、軍人との合計は 117,847 人となる。

外務省データには、日本本土と沖縄県の数値もあるので、その分布を適用して推計すると、軍人は本土に 27,625 人、沖縄県に 28,493 人、軍人・軍属・家族の合計は本土に 61,634 人、沖縄県に 56,213 人となり、沖縄県が半分近くを占めている。

このように軍人・軍属・家族をふくめると、アメリカ人の数はネパール人を抜いて 6 番目となる。

日本に存在するアメリカ人の大きな特徴は、他の先進国と同様に、職業と地位における多様性が著しいことである。軍人・軍属とその家族以外には、企業から派遣された会社幹部、英語の編集や英語によるコミュニケーションなどの領域で日本企業に働く専門職、教授や英語教師、留学生、日本人の配偶者や子が存在している。

以下、軍人・軍属とその家族でない在留者について、2018 年の在留外国人統計のデータからその若干の特徴を示す。

アメリカ人の外国人登録人口を年次別にみると、1992 年末に 42,314 人、2000 年末に 44,745 人、2004 年末に 48,782 人であり、2018 年末の 57,500 人という数は、1990 年代や 2000 年代とくらべても大きく増加してはいない。すなわち、アメリカ人人口はきわめて安定的である。

この 57,500 人について在留資格をみると、永住者・定住者・日本人の配偶者・日本の子からなる、自由な居住と就労が可能な在留資格保持者が 29,578 人と過半を占めている。それ以外の 27,922 人の在留資格をみると、技術・人文知識・国際業務・企業内転勤からなる企業の高級職員が

9,815 人とトップを占め、教育 6,062 人、家族滞在 4,448 人、専門職 3,216 人、留学生 2,891 人、経営・管理職 706 人とつづく。その他は 784 人と少数である。このように、アメリカ人の社会経済的地位はきわめて高いと結論できる。また、教育の相対的な多さとともに、経営・管理職の相対的な少なさも注目される。

この 57,500 人を男女別・年齢別にみると、男性 38,004 人、女性 19,496 人と男性は女性のおよそ 2 倍である。男性の年齢別人口は 20 歳代前半から増加しはじめ、28 歳の 1,033 人と 33 歳の 1,031 人でピークとなり、40 歳から徐々に減少していく。このように、アメリカ人は 20 − 30 歳代の若い男性が中心を占めているといえる。

この 57,500 人について都道府県別の居住地域をみると、東京・神奈川・埼玉・千葉からなる関東圏に 29,810 人という圧倒的多数が居住している。そのなかでも東京には 19,690 人が居住し他を圧倒している。京都・大阪・兵庫からなる関西圏には 7,075 人が居住し、以下愛知 2,731 人、沖縄 2,530 人、福岡 1,513 人、北海道 1,303 人が千人以上である。

2　現実のコミュニティの非存在

以下、まずコミュニティの問題を論じるが、総体的にいえば、文字どおりのコミュニティは現実には存在しないと主張したい。けれども、様々な背景をもつ人びとが出会いどうにかアメリカ人であると感じるような特定の場所があることはある。これは地球上どこであっても当てはまるといえよう。合衆国は様々なエスニック集団の祖先をもつ人びとが建設した国である。その

ためアメリカ人は一般的には国民文化によって統合されていると感じているにもかかわらず、かれらは単一のエスニック集団には所属していないため、その伝統を保持するために集まることもない。

アメリカ人がコミュニティを形成しているもっとも目につく場所は、いうまでもなく、日本中に分散している軍事基地である。それは、嘉手納基地その他をふくむ沖縄県から、横田空軍基地および横須賀海軍施設をはじめとする関東地方の多くの基地を経由して、青森県の三沢空軍基地にまで至る。基地に駐留するアメリカ人は実際には合衆国に住んでいる。そこには、アメリカの学校、アメリカの銀行、アメリカの商店がある。実際それは日本国内のコミュニティとはいえず、合衆国の一部が日本の物理的領域に差し込まれたものである。

アメリカ人のコミュニティという感覚を保持しそうな第二のグループは、アメリカの会社から派遣された駐在員と限られた時間だけ日本にいる政府関係者である。かれらは東京の麻布や六本木などの特定の地域に居住する。そこでは、商売はこの集団に結びついている。たとえば、スーパーマーケットの「ナショナル麻布」はこの集団を標的としており、日本では希少ではあるがアメリカの普通の料理文化の一部であるような食料品、たとえば七面鳥などが山積み

されている。六本木の近くにある「東京アメリカンクラブ」は、裕福なアメリカ人どうしがつきあいながら故郷の雰囲気を味わう場所である。この人びとのなかには、海外でアメリカの教育を提供するアメリカン・スクールに子どもを通学させる者もいる。彼らは、表参道にある「東京ユニオンチャーチ」のように英語で礼拝がおこなわれる教会で礼拝に参加するかもしれない。

それ以外のグループは、他のアメリカ人と出会う機会はより少なく、コミュニティ形成の機会も少ない。留学生や英語教師あるいは通訳などの専門家として来日したアメリカ人は、非－日本人が文字どおり自分だけであり、主要な中心地から離れた場所にいることを実感するかもしれない。

3　コミュニティ創出の可能性

しかしながら、アメリカ人はコミュニティを創出するかもしれない興味深いひとつの資質をもっており、それはかれらが政治的にきわめて活発な国民であることに由来する。合衆国は共和党と民主党というふたつの主要政党をもち、国民のなかば以上はこの両政党のメンバーであると自任している。2年ごとにおこなわれる全国選挙の期間、それぞれの政治組織は、メンバーが予備選挙および本選挙の両方で投票するよう促す行事を開催する。　　　　（駒井洋訳）

参考文献

ジェンス・ウィルキンソン、有道出人（2009）「アメリカ人ディアスポラの民族性の問題」駒井洋・江成幸編『ヨーロッパ・ロシア・アメリカのディアスポラ』明石書店

ジェンス・ウィルキンソン（2003）「欧米人──日本における複雑な立場」駒井洋編『多文化社会への道』明石書店

駒井洋（2016）『移民社会学研究──実態分析と政策提言　1987-2016』明石書店　第Ⅱ部第1章

4-6 トンガ出身者——ラグビーを職業とする人々

北原　卓也

1　国外に職を求めて

　南太平洋に位置する人口約10万人の島嶼国であるトンガ王国は、国内に十分な雇用が確保されておらず、多くの人々が職を求めて国外に移住している。その数は国内人口をはるかに上回っており、トンガ本国の経済はこうした海外移民からの送金に頼るところが大きい。主要な移住先のひとつであるニュージーランドだけでも、2018年に実施された国勢調査ではトンガに出自を持つ人々の数は約8万2000人にのぼっている。日本もこうした移住先のひとつとなっているが、法務省の在留外国人統計によれば、2019年6月時点でその数は159名と、ここに含まれていない日本国籍を取得したトンガ出身者を考慮しても主要な移住先に比して人口規模は小さい。

2　来日するトンガ出身者

　トンガからの移民が初めて日本に来た時期は不明だが、少なくとも日本人の父とトンガ人の母をもつプロボクサー前溝隆男が第二次世界大戦前に父親と帰国していることが確認されている。戦後から1980年代までは前溝のような日本人の親族や配偶者を持つ人々の他には、相撲部屋に入門して話題になった6名のトンガ人力士がいたが、トンガ出身者同士のコミュニケーションはコミュニティを形成するというよりは個人的なつながりの域を出ないものだった。それがコミュニティとして組織的に活動をするようになったきっかけを作ったのは、1980年代に大東文化大学で受け入れたトンガ人留学生たちの存在である。元々そろばんの教師になるために来日した彼らであったが、母国でも非常に盛んなラグビーで日本代表になるほどの活躍をしたことで、日本のラグビー界でのトンガ人選手の地位を確立し、後進たちのラグビー留学やプロ選手としての来日の機会を増やすこととなった。本国ではトンガ語と英語を共通語としているため、日本は英語圏に比して一般的な移住先として選択肢に挙がることは少ないが、先達の日本ラグビー界での成功はよく知られており、若いラグビー選手にとっては人気のある留学先となっている。今日では、中学から社会人リーグまで幅広い世代の選手が来日し、それぞれの所属先の主力選手となっており、在日トンガ人の大半がラグビー選手またはその家族で占められている。ラグビー留学生の多くは大学を卒業し、日本語でのコミュニケーションも生活に不自由しないレベルにまで達するため、なんらかの理由でラグビーが続けられなくても、日本で別業種の職を得られることもあるが、トンガまたは親族のいる第三国へ戻る選択をすることもある。

3 ラグビー選手として働く

　トンガ出身者が日本で職業としてラグビーをする場合、プロと社員選手の2つの所属形態がある。プロ契約の場合、1億円プレーヤーが珍しくない他のプロスポーツと比較すると決して高額ではないものの、トップレベルの選手になると数千万円の報酬を得ることができる。契約には、契約期間内の賃貸住宅の提供や、年に一度のトンガへの帰省など、選手の要望に沿って直接的な報酬以外の条件も盛り込まれる。住居に関しては、日本人配偶者がいる場合など、現役引退後も日本に居住し続ける意向があると、新築で一軒家を建てる選手もいる。こうした第一線のラグビー選手は経済階層として高位にいるが、選手として活躍できる期間は限られており、また、契約更新の不確定さもあり、長期的な視点では不安定な状況にあるといえる。一方で、短期的な収入はプロ契約よりは低くなるが、日本の社会人ラグビーはそのほとんどが企業を母体としているため、社員として企業に入社し、現役時代はラグビーと一般業務の両方をこなし、引退後は社員として勤務するという選択肢もある。大企業の社員なので生活は安定し比較的将来設計もし易いため、住居を購入して永住するケースも見られる。

4 相互のつながりと組織形成

　トンガ出身のラグビー選手の居住地域はそれぞれの所属チームによって異なるが、年代を問わずSNSを通じて繋がっている。また、トンガ出身者が集まる場として、1999年に群馬県邑楽郡に設立された教会がある。この教会は、キリスト教国であるトンガで最も多い信者数を有する教派であるフリー・ウェズリアン教会の日本で唯一の拠点であるが、教派を問わず広くトンガ出身者を受け入れている。ラグビー留学のパイオニア世代が多く所属するこの教会では月に2回トンガ人牧師によってトンガ語の礼拝が執り行われており、年越しの礼拝などの節目には関東近県に居住するトンガ出身者が多く集まる。本国で行われている各種行事はこの教会でも催されており、日本で生まれ育った子ども世代がトンガの文化を学ぶ貴重な機会にもなっている。本国で発生した災害に対する寄付活動や王族の来日に際する謁見などの行事を取り仕切っているトンガ・ジャパン・コミュニティという組織は、この教会のコアメンバーが中心となって運営されている。

　2019年に大変な盛り上がりをみせたラグビーワールドカップでの日本代表にも7名のトンガに出自を持つ選手が選出され、日本のラグビー界では依然としてトンガ出身選手が注目を集めており、留学生も全国で継続的に受け入れられている。こうした活躍の場がある限りは、トンガ出身のラグビー選手を中心としたトンガコミュニティは存続していくだろう。

参考文献

Helen Morton Lee（2003）*Tongan Overseas: Between Two Shores*, Honolulu: University of Hawai'i Press

須藤健一（2008）『オセアニアの人類学——海外移住・民主化・伝統の政治』風響社

第5章
2010年代の新規移民
——継続する課題と次世代の胎動

本章の概要

　本章で扱う事例は、主に第2章で取り上げた移民のその後の状況が影響している面がある。具体的には、2008年のリーマンショック後、主に業務請負業者を通じて製造業の職を斡旋されていた日系南米人の多くが「雇用の調整弁」となり職を失い、帰国を余儀なくされたことである。また、2011年の東日本大震災は津波による被害の大きさと、原発事故への不安から多くの留学生や労働者の帰国を促した。

　そうした状況は、人手不足に悩む業界、あるいは留学生の減少に直面した教育機関に、新たな外国人を必要とさせた。また、一層進むグローバル化により、従来日本でのプレゼンスが余り大きくなかったアジア・アフリカ諸国出身者の存在感が増大した。新たな動向を見せるそれぞれの移民グループは、コミュニティ形成に関しても従来とは異なる手法で、自らの生活を豊かなものとしている。そこで、本章では2010年代以降に存在感を増した5事例を紹介し、その特性を見ていく。

　ネパール人を扱った田中論文では、2000年以降にコックを務める男性が家族を呼び寄せる形式が定着していたものの、東日本大震災を経て日本の教育機関がネパールにおける学生募集に注力したことで、2010年代は留学生数の伸びが顕著となった状況が紹介されている。ネパール人留学生は学費を自弁するなどアルバイト偏重傾向があり、生活は厳しい。彼らの居住の特徴としては東京への集中が見られ、子どもの通う学校や、留学先との距離からアパートを決定することが多いが、その選択も階層に拠る部分が大きい。また、コミュニティについては、ナショナリティに沿った相互扶助組織は育っているものの、来日してからの期間が短い層は日本社会との接点が希薄になる傾向がある。

　ベトナム人留学生を扱った佐藤・フン論文では、前掲のネパール人同様に、東日本大震災を契機としてその数が急増したとされている。そして、彼らは漢字語圏ではないこともあり、大学よりも入学が容易な専門学校を選択するケースが多い。また生活の厳しさから、住居費が削られ、学校の選択に際しても東京に比べて物価が相対的に安い府県を選ぶ傾向がある。彼らは日本で就職後、帰国を希望する者も多いが、それは日系企業がベトナムに進出するなかで日本におけるキャリアを生かせると判断した上のことである。コミュニティの特性としては、ベトナムの大学を卒業した後に来日した人も参画する状況があり、ネットワークの広がりが見られる。

　ジャパニーズ・フィリピーノ・チルドレン (JFC) を扱った原論文では、2009年に施行された改正国籍法が、非婚の日本人父親と外国人の母親か

ら生まれた国際婚外子に対して、日本国籍取得の可能性を広げたことに注目している。法改正以降、1万を超える申請がなされたが、その6割がフィリピンの事例である。そして、JFCの母親が日本で生活してきた場合、居住地は全国に分散する傾向があり、外国人のシングルマザーで学歴も低い場合が多いことから、家庭の経済階層は低くなりがちである。そうした状況下で彼らのコミュニティは社会経済的上昇を後押しする特性を持つ。また、JFCの母親が子どもをフィリピンで育てた場合、彼らが高等教育を修了したならば英語話者であることもあって、来日後はホワイトカラーとして都市部で暮らす傾向がある。

　ナイジェリア人を扱った松本論文では、在日アフリカ人の中で彼らが比率1位となった背景として、1990年代にアメリカの音楽文化と関わる服飾業に参入し、在留資格として役員・業主を選択した者が増加した状況を挙げている。また、服飾業の接客の際にアフリカなどの途上国出身者が周縁化されやすい日本の特性から、彼らの中にはアメリカ出身と称していた者が少なくなかったことも紹介されている。彼らは東京を中心とした都市部に居住することが多く、中長期の安定した在留資格を得る中で、彼らの2世がスポーツ分野で活躍して注目を集める状況も見られる。ナイジェリア人コミュニティは、そうした2世なども受け入れながら、母国の文化や言語を継承する役割を負う傾向がある。

　ガーナ人を扱った若林論文では、彼らが1980年代以降、次第に増加し、日本人との婚姻を通じて半数以上が定住傾向を示していると紹介されている。居住地域は首都圏や大都市圏にほぼ集中しており、住まいに関しては単身者が賃貸住宅を選び、日本人の配偶者の場合は物件を購入することも少なくないという。そして、就業先としては製造業、サービス業、自営業が多く、近年は留学生として来日するものも多い。2世には一度ガーナに戻り、海外の大学で学んだ後に日本で仕事に就いた還流者と、日本でそのまま成長した者に分類できる。後者については、緩やかなネットワークをもつガーナ人コミュニティへの参加意欲は余り高くないとされる。若者層では、スポーツをはじめ芸術、社会活動等の面で注目を集める者も目立つ。

5-1 ネパール人——定住を目指す家族の増加

田中雅子

はじめに

「ネパール人女性の出産が多いので問診票の翻訳をお願いできますか」。筆者がコーディネーターを務める「滞日ネパール人のための情報提供ネットワーク」には、自治体などから教育、保健、防災、労働など様々な分野の翻訳や通訳の依頼がある。近年、子どもに関する問い合わせが増えており、ネパールから見た日本は、単身で働きに来る国から、家族ぐるみで定住を目指す国へと変化しつつあることがわかる。内戦後の長引く政治不安や経済の停滞を背景に、「行けるときに、行けるところに行く」のがネパールの若者の進路選択の傾向である。外国から送金することで親孝行をしたいという意識も強く、ネパールにとどまる決断をするほうが、勇気がいる。

2019年6月末の法務省在留外国人統計によると、日本で在留登録をしているネパール国籍者は、中国、韓国、ベトナム、フィリピン、ブラジルに次いで6番目の92,804人である。ネパールから日本への移動は、植民地支配の歴史や日系人の存在、日本企業の進出など日本と関係が深い国からの移動とは異なる点があるのではないか。

本稿では、時間軸の観点から2000年以降の在日ネパール人社会の構成員の変化を概観し、彼らの階層性を述べる。さら

に、空間軸の点から彼らの地理的分布を見たうえで、地域に根差した移民の当事者組織を紹介し、在日ネパール人社会の今後を展望する。

1 どんな人が来ているのか?

1990年代までのネパールから日本への人の移動は、他国出身者同様、短期の滞在資格で入国し、超過滞在の状態で就労する人が多かった。1990年代後半の正規滞在者は2,000人程度で、ほぼ同数の超過滞在者がいた(南 2008)。

表1に示すように、2000年以降、在日ネパール人は急増しただけでなく、在留資格別の構成が変わった。「技能」から「留学」(2009年までの「就学」を含む)や「家族滞在」資格へと多数派が変化し、それに伴って女性と子どもの増加が顕著である。

「技能」とは、外国料理の調理師やスポーツの指導者などが取得できる在留資格で、多くがインド・ネパール料理店のコックである。コックの多くは男性で、その妻と子どもが「家族滞在」で来日するのが、ネパールから日本への移動パターンとして定着した。国籍別在留外国人数でネパールが初めて10位以内に入った2012年は、「家族滞在」が最大多数派となった年でもあった。

2000年初頭まで「日本人の配偶者等」

表 1　在留資格別ネパール人

在留資格		2000 年 12 月末		2019 年 6 月末	
		人数	割合	人数	割合
活動資格	留学（「就学」含む）	415	17.53%	28,268	30.46%
	家族滞在	427	18.03%	27,792	29.95%
	技能	534	22.55%	12,639	13.62%
	技術・人文知識・国際業務	68	2.87%	11,148	12.01%
	特定活動	17	0.72%	3,803	4.10%
	経営・管理	11	0.46%	1,538	1.66%
	技能実習	–	–	309	0.33%
	企業内転勤	7	0.30%	70	0.08%
	介護	–	–	48	0.05%
	教授	24	1.01%	40	0.04%
	高度専門職	–	–	36	0.04%
	その他	269	11.36%	92	0.10%
身分資格	永住者・特別永住者	143	6.04%	4,675	5.04%
	日本人の配偶者等	413	17.44%	886	0.95%
	定住者	29	1.22%	842	0.91%
	永住者の配偶者等	11	0.46%	658	0.71%
合計		2,368		92,804	

出典：法務省「在留外国人統計 第1表 国籍・地域別 在留資格別」2001年、2019年

の割合は高かったが、現在は相対的に低下した。日本人との結婚よりネパール人同士の結婚によって日本で暮らす人が多い。

　2013年から現在まで「留学」がトップである。東日本大震災後に東アジアからの留学生が激減し、日本の教育機関がネパールでの学生募集に力を入れたためである（佐野・田中 2016）。ただし、近年は審査の厳格化で増加は鈍化している。「留学」には、日本語学校、専修学校、大学・大学院の在籍者が含まれる。漢字圏からの留学生と比べて日本語の習得に時間がかかること、また、親の仕送りではなく学費を自弁する者が多いためアルバイト偏重になりがちで、日本語学校から直接大学に進学できず、専修学校経由で大学に進む者や、専修学校卒業後もさらに別の専修学校に通う者が多い。留学生が「資格外活動」で認められている週28時間の就労で、渡航費用としてネパールで借りた金を返すのは容易ではない。しかし、何も成しとげず借金を残して帰国するわけにもいかず、進学によって「留学」が長期化するジレンマを抱えがちである。

　それでも、卒業後に日本で就職して「留学」から「技術・人文知識・国際業務」に資格変更をする人は増えている。それには、専門士以上の学歴が必要な資格だが、製造業や接客業の現場で、他のネパール人留学生アルバイトなどをとりまとめる「通訳」として働く正社員など、本来この資格が認められない職種も一部含まれている。ただし、この資格で一定の収入があれば家族を呼び寄せることができる。「家族滞在」の増加は、会社員となった元留学生が日本で家族をもつようになったことも影響している。

　2000年まで、在日ネパール人に占める女性の割合は25％だったが、2000年代半ばに30％になり、2018年には40％を超えた。図1に見るように、年齢層別に見

ると男女とも 20 歳代が圧倒的に多いが、20 歳未満も 1 万人以上いる。

2019 年 6 月末における 0 歳児の数と総数に占める割合を人数が多い順に見ると、中国（5,854 人、0.7％）ベトナム（1,760 人、0.5％）、ブラジル（1749 人、0.8％）、フィリピン（1,434 人、0.5％）、ネパール（1,059 人、1.1％）とネパールが最も高い。コックや会社員がネパールから子どもを呼び寄せるだけでなく、元留学生同士が結婚し、日本で出産・育児をするカップルは珍しくない。

2　どんな仕事をしているのか？

厚生労働省の「外国人雇用状況」は、事業主が雇用する外国人の在留資格等を把握して提出した資料である。2019 年 10 月末現在、ネパールは、国籍別で中国、ベトナム、フィリピン、ブラジルに次いで 5 番目に多い 91,770 人である。うち「資格外活動」の「留学」で届けられているのは 45,246 人と全体の半数を占める。表 1 において 2019 年 6 月末の「留学」が 28,268 人であることを考えると、2 か所以上でアルバイトをかけもちしている留学生が多いことがわかる。

ネパールと日本は 2009 年に技能実習に関する協力覚書を取り交わしたが、この統計で「技能実習」は 501 人とわずかである。「技能実習」が「留学」より多いベトナムやフィリピンとは大きく異なる。

国籍別の外国人労働者を産業別に見た表 2 によると、全国籍計で製造業が最も多く 29.1％を占める。中国、ベトナム、フィリピン、ブラジルはいずれも製造業の割合が最も高い。しかし、ネパールの場合、宿泊業・飲食サービス業が 31.3％、その他のサービス業が 25.2％と続き、製造業の 14.1％を大きく上回る。他は、建設業も

図 1　性別・年齢層別在留ネパール人数（2019 年 6 月末）

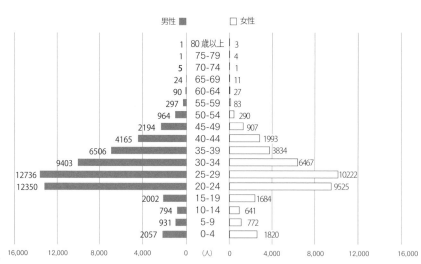

出典：法務省「在留外国人統計」2019 年

多いが、ネパールはわずか0.7%である。ネパール国籍者は、製造業や建設業より宿泊業・飲食業やその他のサービス業で働く者が圧倒的に多い。

2019年6月現在1,538人いる「経営・管理」の在留資格者の多くは、レストランや派遣会社などの経営者であり、多くはネパール人を雇用する側である。彼らは多数派ではないが、在日ネパール人社会で「ビジネスマン」と呼ばれ、一目置かれる存在である。一方、留学生はサービス業など賃金の低い現場で働いているが、卒業後、就職すれば「技術・人文知識・国際業務」に、500万円以上の資本金を準備して「経営・管理」に資格変更すれば同胞を雇う側になる。留学生は在留資格の変更を経て、在日ネパール人社会での階層の上昇をはかる。

3　どこで暮らしているのか?

在日ネパール人は、2019年6月現在28.9%が東京都におり、他国出身者と比べて東京への集中度が高い。以下、愛知、千葉、神奈川、埼玉、福岡、大阪、群馬、栃木、沖縄の順に多い。日本語学校生が多数を占める福岡や沖縄と、子育て世代が増えている首都圏ではネパール人社会の構成やその課題にも違いがある。

東京都内では、ネパール料理店は駅前や商店街などに500店以上ある。東京23区内で最もネパール人が多いのは、「リトル・カトマンズ」と呼ばれる新大久保がある新宿区である。日本語学校や専門学校のほか、ネパール料理店、食材店、民族衣装や宝石を扱う店、送金会社、外国人専門の不動産会社、留学生向け職業斡旋会社、ネパール語新聞社、ネパール人事業主向けのコンサルタント会社など、ネパール人を対象にしたビジネスが集まっており、いわゆる「エスニック・エンクレイブ」を形成している。

表2：国籍別・産業別外国人労働者数（2019年10月末現在）

産業	国籍	中国	ベトナム	フィリピン	ブラジル	ネパール	韓国	インドネシア	ペルー	その他	全国籍計
全産業計	人数	418,327	401,326	179,685	135,455	91,770	69,191	51,337	29,554	328,965	1,658,804
製造業	人数	103,393	147,143	67,426	59,318	12,926	6,303	23,972	11,799	52,810	483,278
	割合	24.7%	36.7%	37.5%	43.8%	14.1%	9.1%	46.7%	39.9%	16.1%	29.1%
サービス業（他に分類されないもの）	人数	41,739	52,286	39,319	48,951	23,115	8,305	4,114	9,751	43,344	266,503
	割合	10.0%	13.0%	21.9%	36.1%	25.2%	12.0%	8.0%	33.0%	13.2%	16.1%
卸売業、小売業	人数	84,208	43,086	15,019	5,545	12,980	14,195	2,878	1,809	35,404	212,528
	割合	20.1%	10.7%	8.4%	4.1%	14.1%	20.5%	5.6%	6.1%	10.8%	12.8%
宿泊業、飲食サービス業	人数	61,289	58,360	9,608	2,810	28,693	10,123	2,551	959	32,943	206,544
	割合	14.7%	14.5%	5.3%	2.1%	31.3%	14.6%	5.0%	3.2%	10.0%	12.5%
建設業	人数	14,169	46,783	10,339	3,150	680	1,143	5,725	866	10,635	93,214
	割合	3.4%	11.7%	5.8%	2.3%	0.7%	1.7%	11.2%	2.9%	3.2%	5.6%
教育、学習支援業	人数	16,268	1,627	2,996	977	475	4,899	1,032	223	63,119	70,941
	割合	3.9%	0.4%	1.7%	0.7%	0.5%	7.1%	2.0%	0.8%	19.2%	4.3%
情報通信業	人数	31,361	4,645	1,783	912	589	9,685	552	282	20,956	67,540
	割合	7.5%	1.2%	1.0%	0.7%	0.6%	14.0%	1.1%	1.0%	6.4%	4.1%
医療、福祉	人数	7,178	4,926	10,060	1,496	534	2,213	2,586	682	5,213	34,261
	割合	1.7%	1.2%	5.6%	1.1%	0.6%	3.2%	5.0%	2.3%	1.6%	2.1%

出典：厚生労働省「外国人雇用状況」2020年

2位以下は、豊島区、大田区、杉並区、中野区と続く。それぞれの地域に留学生が通う学校や安価なアパート、アルバイトをする職場があり、ネパール料理店が情報交換や催事の拠点になっている。ネパール政府の認可を受けたエベレスト・インターナショナル・スクールがある杉並区のほか、インド系インターナショナル・スクールが近い江東区にも集住地域があるのは、子どもの教育を優先して生活拠点を決める人がいることの現れである。江東区はインドやネパール出身のITエンジニアとその家族が多く住む地域である。永住権取得後、一戸建て住宅を購入して賃貸マンションから転居する人もおり、階層によって地域の様相が異なる (Tanaka 2017)。

在日ネパール人は、民族やカーストなど出自以外に、政治的な立ち位置、来日時期、日本での仕事や所得の違いなど、彼らを隔てる要素も多く、同国出身というだけでは簡単に繋がりにくいが、多様な当事者団体を結成している。集住地域である群馬や栃木、福岡、沖縄には、民族やカーストなどの出自に関わらず、ネパール出身者なら誰でも参加できる相互扶助組織がある。病気の治療や帰国費用がない人のために寄付を募ったり、日本語が不得手な仲間のために役所や病院に同行したり、宗教行事やスポーツ大会、コンサートなど仲間のための活動を主な目的としている。こうした団体があることで、日本語を学ばなくても生活できる空間が形成される。来日間もない人にはありがたい存在だが、ネパール人だけで孤立し、受け入れ社会と接点をもたない「平行社会」が形成される懸念もある (田中 2019)。

清掃活動や献血、災害時のボランティア活動に参加して日本社会の一員として認められることに力を入れてきた当事者団体のリーダーは、最近やってくるネパール人が日本社会と接点を持たないことを憂慮している。自治体やNPOなど日本社会の側は、地域に根差した相互扶助組織型の当事者団体と協力関係を築くことで彼らが孤立するのを防げるのではないか。

4　在日ネパール人社会のこれから

2000年以降のネパールから日本への移動を振り返ると、日本が家族ぐるみで定住を目指す国へ変化したのがわかる。しかし、日本政府はネパール人に限らず、家族ぐるみの定住を阻む方向で制度を変更している。

1点目は「特定技能」資格の新設である。留学生の多くは、宿泊業や飲食などのサービス業で働いている。従来、学生アルバイトとして働いた会社に卒業後は正社員として採用され「技術・人文知識・国際業務」に切り替えるという進路パターンは珍しくなかった。しかし「特定技能」の中に「宿泊業」や「外食業」が新設されたことが理由か、これらの業界で正社員になっても、以前と異なり「技術・人文知識・国際業務」の資格がおりない例が見られる。また、留学生は、就職活動の一つの選択肢として「特定技能」の国内試験を受けているが、「特定技能」は家族の帯同が認められないことまでは知られていない。留学生が「特定技能」資格に切り替える場合、家族と定住化をはかるという将来設計を実現できない可能性があるため注意が必要である。

2点目は「永住許可に関するガイドライ

ン」の改定である。要件に「公的義務（納税、公的年金及び公的医療保険の保険料の納付並びに出入国管理及び難民認定法に定める届出等の義務）を適正に履行していること」が明記された。社会保険制度が整備されていない飲食店で働くコックなど、かつては過去に遡って納付するという選択があったようだが、過去5年分の税金、年金、保険料が「適正」な時期に納付されていないと永住許可が下りる見込みが少ない。

　在日ネパール人の多くは、こうした日本側の動きが自分たちにどのような影響を与えるのかよく知らない。当事者団体は留学生に就職ガイダンスを行ったり、日本の企業が行う「特定活動」に関する説明会に協力したりしている。また、保健所が企画する子育て支援のイベントにネパール人女性の参加を促すなど、日本社会に溶け込むための機会を提供している。

おわりに

　ネパールから日本への移動は、数の増加だけでなく、構成員の変化ももたらした。親の都合で呼び寄せられた子どもの中には、「家族滞在」資格のまま成人して結婚し、子どもをもつ年齢に達した人もいる。また、日本で生まれてネパール語が話せない子どももいる（田中 2017）。

　日本政府の方針が変更になっても、彼らは簡単にネパールに戻ることはできない。ネパールからの家族ぐるみの定住を目指す流れを日本側の都合だけで簡単に変えることができない中、彼らが制度のはざまで進路の選択肢を失い、自己実現できない状態が続かぬよう、日本で支援する側は在留資格などにも踏み込んで相手を理解し、相談に応じる必要がある。

参考文献

佐野麻由子・田中雅子（2016）『移住によって潜在能力は発揮できるか？ ——ジェンダーの視点で見た滞日ネパール人の特徴』公益財団法人アジア女性交流・研究フォーラム

田中雅子（2017）「滞日ネパール人親子の葛藤 ——子どもの教育をめぐって」『ことばと社会』19: 234-243.

田中雅子（2019）「定住化を支える在日ネパール人組織」宮島喬ほか編『別冊環24　開かれた移民社会へ』藤原書店：198-199.

Tanaka, Masako (2017) "Self-help Organizations as Interfaces for the Integration of Nepalese Migrants: A Case Study in Ota and Oizumi, Gunma Prefecture, Japan", B. H. S. J. Juliawan, ed. *Settling Down: The Struggles of Migrant Workers to Adapt, Indonesia: Penerbit Pt Kanisius*: 13-41.

南真木人（2008）「忘れられた外国人 ——ネパール人移住労働者の現在」『アジア遊学』117: 130-137.

5-2 ベトナム人留学生
──中国人留学生と比較した特徴とコミュニティの役割

佐藤由利子　フン・ティ・ハイ・タン

1　ベトナム人留学生増加の背景

　2011年の東日本大震災後、日本においてそれまで主流だった中国、韓国、台湾出身の留学生が減少し、ベトナムやネパールなど非漢字圏からの留学生が増加した。特にベトナム人留学生の伸びは、2011年から2019年にかけて14.4倍と突出している。彼らはどうして急増し、どのような特徴を有しているのだろうか。

　日本語学校関係者によると、2011年の東日本大震災により、中国、韓国、台湾という漢字圏出身学生の帰国や来日中止が相次いだ。危機感を抱いた学校関係者は、これまで留学生が少なかった非漢字圏諸国での学生リクルートを強化し、日本留学の利点として、資格外活動（アルバイト）の上限時間が週28時間（夏期、冬期、春期休暇中は1日8時間）と他国より長いことを強調した。このことは、アジアの中で比較的貧しい国々（一人当たりGDPがベトナムは2,567米ドル、ネパールは1,034米ドル、世界銀行2018）の若者にアピールし、働きながら学ぶ留学生の急増につながった。

　ベトナムは経済成長しているが、若者（15～24歳）の失業率は6.9％と高い（世界銀行2018）。ベトナム人留学生によると、就職や昇進においてコネやお金が必要なケースが多いため、それらを持たない者は、留学によってキャリアを切り開こう

とする志向が強いという。アルバイトによって留学費用を捻出できる（と思われている）日本は、彼らにとって格好の留学先であり、2016年のベトナム教育訓練省発表統計によると、ベトナム人の海外留学先で最も多いのは日本、次いで、オーストラリア、米国、中国、英国の順である。[1]新見（2014）は、ベトナム政府が労働力の海外輸出に積極的政策を取ってきたことを紹介し、加藤（2019）は、そのような政策が留学生と技能実習生の増加を後押ししたと分析する。日系企業が数多く進出し、[2]日本留学経験者が数多く採用されていることも、日本留学ブームに拍車をかけてきた。

　日本留学の初期費用は、日本語学校の授業料（年間約80万円）、渡航費、入学金、手数料などを含め百数十万円で、現地の若者には大金であるが、「留学費用は借金しても、日本でアルバイトすれば返済できる」といった甘言で勧誘する日本留学斡旋業者もいるため、借金で費用を調達するケースも多い（佐藤・堀江2015）。在ベトナム日本大使館での聞き取り（2016年2月）によると、日本での留学生活がバラ色ではないという情報が広がった後は、情報弱者である地方の若者をターゲットにした留学勧誘が行わ

1　2016年11月2日付VNEXPRESS報道。
2　外務省「令和元年（2019）版海外在留邦人数調査統計」によれば1,920社。

れているという。それでは、彼らは日本でどのような留学生活を送っているのだろうか。

2　中国人留学生と比較したベトナム人留学生の在籍校と生活の特徴

　表1は、2017年に日本で学ぶベトナム人と中国人留学生の学種別、男女別内訳を示している。大学で学ぶ者は、中国人留学生の58％に上るのに対し、ベトナム人留学生では21％に過ぎない。他方、専修学校専修課程（以下、専門学校）在籍者は、ベトナム人留学生の35％に上るが、中国人留学生では14％に過ぎず、日本語教育機関在籍者は、ベトナム人留学生の43％を占めるが、中国人留学生では26％にとどまる。また、女性の割合は、ベトナム人留学生では43％で、中国人留学生の48％よりも低い。

　大学で学ぶ者が少ないのは、日本語教育機関に在籍する期間（最長2年間）に、大学進学に必要な日本語能力（多くの大学では日本語能力試験N2レベルに設定）に達しないため、大学に比べ、入学が容易な専門学校に

進学する傾向があるためと考えられる。実際、「平成27年度私費外国人留学生生活実態調査」（以下、「生活実態調査」）に基づく分析では、日本語能力がN3以下の学生の割合が、専門学校に在籍する非漢字圏出身者の54.7％、学部正規課程でも30.3％に上る（佐藤2016：5）。日本語習得に時間のかかる非漢字圏出身者であることに加え、働きながら学ぶ生活のため、日本語の学習に十分な時間を割けないことがその背景にあると考えられる。以下、「生活実態調査」から、日本語教育機関で学ぶベトナム人、中国人留学生の回答を抽出・比較することにより、彼らの生活実態を検証する。

　表2は、日本語教育機関で学ぶベトナム人、中国人留学生の月当たりの収入・支出と主な内訳を示している。中国人留学生については、月平均10万2千円の仕送りを受ける者が回答者の9割に上るが、ベトナム人留学生では平均5万7千円の仕送りを

3　日本学生支援機構「平成27年度私費外国人留学生生活実態調査」https://www.jasso.go.jp/about/statistics/ryuj_chosa/h27.html

表1　ベトナム人、中国人留学生の学種別、男女別人数と割合

	ベトナム		中国	
大学	12,826	20.8%	62,626	58.4%
短期大学	682	1.1%	657	0.6%
高等専門学校	14	0.0%	4	0.0%
専修学校（専門課程）	21,482	34.8%	14,621	13.6%
準備教育課程	485	0.8%	1,594	1.5%
日本語教育機関	26,182	42.5%	27,758	25.9%
合計	61,671	100.0%	107,260	100.0%
男性	35,216	57.1%	55,770	52.0%
女性	26,455	42.9%	51,490	48.0%

出所）日本学生支援機構「平成29年度外国人留学生在籍状況調査結果」データに基づき作成
単位：人（割合部分を除く）

表2　日本語教育機関で学ぶ留学生の月当たり収入・支出と主な内訳

	出身国	ベトナム	中国
収入	仕送り	57,434 円	101,735 円
	回答者数	201 人	521 人
	アルバイト	92,333 円	73,500 円
	回答者数	275 人	391 人
	収入合計	137,704 円	148,089 円
	回答者数	269 人	578 人
支出	授業料	50,666 円	52,141 円
	回答者数	247 人	459 人
	食費	24,253 円	31,801 円
	回答者数	270 人	576 人
	住居費	25,649 円	40,821 円
	回答者数	255 人	560 人
	支出合計	126,067 円	148,373 円
	回答者数	276 人	580 人

出所）日本学生支援機構「平成27年度私費外国人留学生生活実態調査」回答データから、日本語教育機関で学ぶ2か国の留学生の回答を抽出して筆者作成。

受ける者が回答者の75%にとどまる。調査に回答した経験のあるベトナム人留学生によると（2018年2月東京で聞き取り）、仕送り欄には、親が来日前に日本語教育機関の授業料などを支払った額を月割にして記載したとのことである。アルバイトは、ベトナム人の回答者全員の主な収入源となっており、平均額は9万2千円である。

　支出を見ると、中国人留学生の支出合計は14万8千円であるのに対しベトナム人留学生では12万6千円にとどまり、授業料を差し引くと、月7万5千円程度で生活していることがわかる。下宿・アパートに暮らす国立大学学生の年間支出額は174万円、私立大学学生は249万円であり、授業料・学校納付金を差し引いて月割にすると月10万円前後である。[4]中国人

留学生はそれに近いレベルで生活しているものの、ベトナム人留学生は、その4分の3の金額で生活をしている。特に節約が見られるのが住居費で、回答者の民間アパートで暮らす者の割合は両国とも75%以上であるにも関わらず、その額は、中国人留学生では4万1千円であるのに対し、ベトナム人留学生で2万6千円にとどまる。他の人と同居する割合は、中国人留学生では64%だが、ベトナム人留学生では87%に上り、ルームシェアにより住居費を節約する傾向が読み取れる。食費は、中国人留学生は3万2千円だが、ベトナム人留学生は2万4千円に過ぎず、食費を切り詰めてい

4　日本学生支援機構「平成28年度学生生活調査」https://www.jasso.go.jp/about/statistics/gakusei_chosa/2016.html に基づき計算。

る様子が読み取れる。

　それでは、このような厳しい生活を経て進学し、卒業した後、彼らはどのような進路を選択するのだろうか。表3は「生活実態調査」の大学院、大学、専修学校、高専、短大在籍者の卒業後の進路に関する回答を、主要な出身国・地域別に比較した結果を示している。日本就職を希望する者の割合は、留学生全体で67.6%であるところ、ベトナム人留学生では73.6%に上り、「日本で就労後、帰国就職したい」者の割合は、ベトナム人留学生で56.9%と、主要国・地域の中で最も高い。ベトナム人留学生は他国出身者に比べ、日本に就職し、一定期

間後、帰国する志向が強いことがわかる。

　実際に、日本で就職したベトナム人留学生は2018年に5,244人と、中国人留学生に次いで多く、全体の2割を占め、その数は、2013年に比べ、12.4倍に急増している。[5] 外国人材の採用に関する企業調査によると、今後、留学生を採用したい地域として最も人気の高いのは東南アジアで、その中でもベトナム人留学生を採用したいという企業が最も多く、回答企業の29%に上る。[6] このような企業側の採用意欲が、

5　出入国管理庁「平成30年における留学生の日本企業等への就職状況について」http://www.moj.go.jp/content/001307810.pdf

表3　留学生の主な出身国別の日本就職希望者の割合と日本就職後の将来計画

	全回答者数 (A)	日本就職希望と回答した者 (B)	日本就職希望者割合 (B/A)	日本就職希望者 (B) の内、			
				日本で永久に働きたい	日本で就労後、帰国就職したい	日本で就労後、第3国で就職したい	まだ決めていない
中国	2,306	1,547	67.1%	499	586	144	318
		100.0%		32.3%	37.9%	9.3%	20.6%
韓国	430	321	74.7%	96	100	59	66
		100.0%		29.9%	31.2%	18.4%	20.6%
台湾	149	102	68.5%	38	29	13	22
		100.0%		37.3%	28.4%	12.7%	21.6%
ベトナム	466	343	73.6%	88	195	27	33
		100.0%		25.7%	56.9%	7.9%	9.6%
ネパール	273	185	67.8%	81	63	16	25
		100.0%		43.8%	34.1%	8.6%	13.5%
インドネシア	118	68	57.6%	19	31	4	14
		100.0%		27.9%	45.6%	5.9%	20.6%
タイ	79	35	44.3%	12	13	1	9
		100.0%		34.3%	37.1%	2.9%	25.7%
全留学生	4,376	2,956	67.6%	958	1,137	297	564
		100.0%		32.4%	38.5%	10.0%	19.1%

出所）日本学生支援機構「平成27年度私費外国人留学生生活実態調査」回答データから、大学院、大学、専修学校、高専、短大在籍者の回答を抽出して筆者作成。

注）表右側上段の数字は回答者数、下段の%は、同じ国籍の日本就職希望と回答した者（B）中の割合を示す。

日本で就職したいというベトナム人留学生の希望と相まって、日本就職者数を押し上げている。

最後に、ベトナム人留学生の居住地の特徴を、中国人留学生と比較する。表4は、両国の留学生と、日本で就職した留学生が取得する最も一般的な在留資格である技術・人文・国際業務（以下、技・人・国）の在留資格者の居住地を主な都道府県別に示している。ベトナム人の日本在留者37万人のうち、留学生は8万2千人で22％、また技・人・国の在留資格者は4万5千人で12％を占める。中国人の在留者は79万人で、留学生の割合は17％、技・人・国は11％である。中国人留学生では、東京に居住する

者が43％に上るのに対し、ベトナム人留学生では26％に過ぎず、大阪、埼玉、千葉、福岡など、東京に比べて物価が相対的に安い府県に住む傾向が見られる。上述のように収入が少ない中で、物価が比較的安く、アルバイト先が見つかりやすい地域を選択しているためと考えられる。

6　ディスコ「外国人留学生／高度外国人材の採用に関する調査（2019年12月調査）」https://www.disc.co.jp/wp/wp-content/uploads/2020/01/2019kigyou-global-report.pdf

7　前出の出入国管理庁「平成30年における留学生の日本企業等への就職状況について」によると、技・人・国の在留資格に切り替えた者は、ベトナム人留学生の98％、中国人留学生は91％に上る。

表4　ベトナム人留学生と中国人留学生の居住地の比較

		ベトナム		中国	
在留者人口		371,755		786,241	
留学生		82,266	100%	132,845	100%
留学生居住地	東京	21,341	25.9%	57,646	43.4%
	神奈川	3,587	4.4%	8,358	6.3%
	埼玉	7,573	9.2%	8,234	6.2%
	千葉	6,493	7.9%	6,326	4.8%
	愛知	5,303	6.4%	3,544	2.7%
	大阪	10,199	12.4%	11,782	8.9%
	福岡	5,847	7.1%	5,012	3.8%
	その他	21,923	26.6%	31,943	24.0%
技術・人文・国際業務		44,670	100%	88,959	100%
技術・人文・国際業務在留資格者の居住地	東京	5,101	11.4%	33,703	37.9%
	神奈川	3,204	7.2%	9,104	10.2%
	埼玉	2,891	6.5%	9,980	11.2%
	千葉	2,352	5.3%	7,550	8.5%
	愛知	7,389	16.5%	4,103	4.6%
	大阪	4,927	11.0%	8,331	9.4%
	福岡	1,021	2.3%	2,430	2.7%
	その他	17,785	39.8%	13,758	15.5%

出所）法務省「在留外国人統計」（2019）に基づき筆者作成
単位：人（割合部分を除く）

地方拡散の傾向は元留学生においても見られ、中国人の技・人・国の在留資格者で東京に居住する者は38%であるのに対し、ベトナム人では11%に過ぎず、神奈川、埼玉、千葉を加えた首都圏で比べると、中国人は68%に上るのに対し、ベトナム人では30%にとどまる。これに対し、愛知、大阪、その他地域に居住する者の割合は、中国人を大きく上回っている。専門学校で学ぶベトナム人留学生（2015年6月東京で聞き取り）によると、卒業した先輩ベトナム人の多くが地方の中小企業に就職したと話しており、地方の中小企業が、人手不足からベトナム人留学生を積極的に採用していることが、その背景にあると考えられる。

3 主なベトナム人留学生関連団体の活動と構成メンバー

ベトナム人留学生コミュニティにおける最大の団体は、「在日ベトナム学生青年協会（Vietnamese Youth and Student Association in Japan, VYSA）」である。日本で暮らすベトナム人の青年が、生活、学業、仕事において助け合い、健全な生活を送ること、また、自国の文化を守りつつ、日越両国の掛け橋になることを支援することを目的に、2001年11月に東京で設立され、在日ベトナム大使館の公認団体となっている。全国に13の支部があり、独自の活動を行うとともに、中央のVYSA執行委員会に執行委員を選出する。VYSA会長はVYSA全会員の投票によって選出され、会長の下に、渉外、スポーツ、文化、ボランティア活動、情報を担当する副会長が任命され、活動を行っている。渉外部では、企業

と連携してのジョブフェア、交流会、企業見学、インターンシップなどを開催するほか、VYSAのホームページ、Facebookやメーリングリスト等を通じて求人情報を提供している。文化関係のイベントとしてはVYSAテット祭り、ベトナムフェスティバルへの協力、スポーツ関係ではVYSAチャンピオンカップ・サッカー大会、ボランティア活動としては、ベトナムの貧しい地域の子供たちの食事を支援する活動などがある。[8]

VYSA元会長・現会長への聞取り調査（2018年2月に実施、さらに2020年2月に電話やSNSを通じて実施）によると、2014年頃まではVYSAのイベントが、仕事や奨学金などに関する情報の貴重な入手機会となっていたが、2015年以降SNSが急速に普及したため、VYSAは大規模なイベントの開催に特化し、それ以外は、Facebookなどを通じた情報の発信／共有が主流になっているという。以前実施されていた、来日間もない留学生に対する相談・支援プロジェクトS4（S4は相談、支援、紹介、信頼の頭文字）も、SNSを通じた相談に切り替わっている。VYSA Facebookページのフォロワー数は、2020年5月12日時点で、41,649人に上る。

VYSA会長の任期は1年であり、以前は、大学に在籍する国費奨学生やドンズー[9]日本語学校出身者が務めることが多かった

---

8 VYSA https://vysajp.org/
9 ドンズー日本語学校は、元日本留学生のグェン・ドク・ホーエ氏により、日本で科学技術を学ぶ人材を育てベトナムを発展させたいという願いのもとに1991年に設立されたベトナム最大規模の日本語学校。

が、2020年に選出された会長は、ホーチミン科学大学を卒業後、日本のシステム開発会社に直接採用された者が初めて就任した。この背景には、ベトナムの大学を卒業して日本企業に直接採用される者の増加があり、2018年に技・人・国の在留資格を取得した者の内、海外で在留資格認定証明書を交付された者は9,927人で、前年の4,965人から倍増している。他方、2018年に、日本で在留資格を変更した者は6,227人(うち、元留学生が5,244人)で、ベトナムからの直接採用者より3千人以上少ない。VYSAが留学生という枠を超え[10]、技・人・国など専門的・技術的分野で働くベトナム人のネットワークとして発展していることが窺える。

VYSA以外の留学生関連団体としては、2018年に設立されたベトナム専門職者団体(Vietnamese Professionals in Japan, VPJ)や2019年に設立されたベトナム学術ネットワーク(Vietnamese Academic Network in Japan, VANJ)が挙げられる。VPJは日本で専門職として働く、また働きたいと考えるベトナム人のネットワークで、情報共有によるキャリア開発を目指しており、起業コンテストやブロックチェーン技術に関するワークショップなどを開催している[11]。2019年11月にはVPJとVYSAの共催で、500人を超える在日ベトナム人のエンジニア、理工系大学教員、学生らが参加する「ベトナム・サミット」を開催した。基調講演を行ったベトナム最大級のIT企業FPTソフトウェアのホアン・ナム・ティエン会長は「学生の皆さん、卒業してもすぐにベトナムに戻らないで下さい。日本で5〜10働けば、見識や技術、人脈が広

がり、ベトナムだけでなく日本にも必要な人材になる。その頃、帰国して下さい」と述べたという[12]。

また、VANJは研究分野で働くベトナム人のネットワークであり、4半期ごとの科学セミナーや、年次大会を開催するほか、研究紹介、奨学金、研究助成金などに関するデータベースを構築している。理事会構成員の多くは、日本の大学や研究所で働く研究者だが、博士課程で学ぶ大学院生も含まれている[13]。

4 ベトナム人留学生コミュニティの階層性、日本社会との関係性と将来展望

上述の通り、近年急増したベトナム人留学生は、日本語教育機関や専門学校に在籍し、アルバイトによって生計を維持し、切り詰めた生活する者が多いが、進学・就職に成功すれば、企業側の採用意欲もあり、日本で就職する道が開かれている。ベトナム人留学生コミュニティの中心となっているのは、大学在籍者や、専門職や研究者として働く者であり、学歴や職歴による階層性が見られる。近年は、ベトナムの大学を卒業後、企業に直接採用された者もコミュニティに参画しており、「日本で専門職として働くこと」を共通項としたネットワー

10　法務省(2017, 2018)出入国管理統計「25在留資格認定証明書交付人員」「27在留資格変更許可人員」に基づく。

11　VPJ　https://vietpro.jp/about-vpj/

12　「すごいアジア人材@日本企業　ベトナム有望人材を確保せよ」NNAロンパサールwebマガジン、アジア経済を視る　January, 2020, No.60

13　VANJ　https://vanj.jp/

クの拡大がみられる。

　ベトナム人留学生は、中国人留学生に比べ、首都圏以外に住む傾向が強く、技・人・国の在留資格者にも同様の傾向が見られる。地方における生産人口の減少を背景に、外国人材の確保が課題となる中、ベトナム人留学生、元留学生のこの傾向は、地方の企業や自治体にとって歓迎すべきものと言える。

　他方、ベトナム人留学生は、日本で就職し、一定期間就労した後、帰国を希望する者が多い。この背景には、ベトナムに日系企業が数多く進出し、日本でのキャリアを活かして働ける職場が多いこと、またFPT ソフトウェア会長の発言に見られるように、日本で働いた経験のある人材を、ベトナムの他の企業も高く評価していることが挙げられる。

　このことは、ベトナム人留学生を日本で採用した企業が、彼らを母国に配置することを含めた人事計画を立てる必要性を示唆している。ベトナム人留学生のコミュニティは、このような循環型の人の移動において必要となる情報の発信・共有やネットワークづくりに、今後一層、重要な役割を果たしていくと考えられる。

参考文献

加藤丈太郎（2019）「ベトナム人非正規滞在者・留学生・技能実習生へのケーススタディ」『アジア太平洋研究科論集』第 38 号：35-53.

佐藤由利子・堀江学（2015）「日本の留学生教育の質保証とシステムの課題——ベトナム人留学生の特徴と送出し・受入れ要因の分析から」『留学生教育』第 20 号：93-104.

———（2016）「非漢字圏出身私費留学生のニーズと特徴——日本学生支援機構・私費留学生生活実態調査の分析結果から」ウェブマガジン留学交流 12 月号、Vol.69: 1-16.

———（2018）「移民・難民政策と留学生政策——留学生政策の多義性の利点と課題」『移民政策研究』第 10 号：29-43.

新見達也（2014）「ベトナム人の海外就労——送出地域の現状と日本への看護師・介護福祉士派遣の展望」『アジア研究』60 号 2 巻：69-90.

5-3 ジャパニーズ・フィリピーノ・チルドレン（JFC）
――国籍法改正を分岐点として

原めぐみ

はじめに

本章では、国籍法改正（2009年1月1日施行）以降の日本人とフィリピン人を両親にもつ子どもたちのコミュニティに注目した。かれらの呼称については議論があり、在日フィリピン人「2世」と呼ぶこともできるが、従来の移民研究における世代観念に収まりきらない多様性をもっているため、本章ではあえて「ジャパニーズ・フィリピーノ・チルドレン：JFC」を用いる。

1 3つの軸（時間・空間・階層）

改正国籍法は、非婚の日本人父親と外国人の母親から生まれた「国際婚外子」に日本国籍取得の可能性を広げた。国籍法3条に基づく届出では、子が20歳になるまでに日本国籍の親から法的認知を受ける必要がある。2009～2018年に約11,000件の国籍取得届出が受理されており、そのうちの60％以上が申請時にフィリピン国籍である（法務省：国籍別・国籍取得届出件数）。日本国籍を取得した子の養育者として外国人の母親が在留資格「定住者」を取得し、母子で日本に移住することができる。また、子が20歳以上であるなどして国籍を取得できなくとも、法的認知があれば在留資格「日本人の配偶者等」を得られる。

こうして2009年以降、JFCとその母親の来日数が増加している。在留資格「興行」の発行厳粛化以降もなお、在日フィリピン人口が増え続けている一因は、この国籍法改正であると推測する。

来日に際して、日本に住む父親などが協力的であれば、親族ネットワークを用いて移動するので、その場合は2章において高畑が示したように、全国的に分散居住する。一方、斡旋業者を経由して来日した場合は、複数世帯を受け入れられる産業や施設をもつ地方都市（焼津市、浜松市、京都市、東大阪市など）に集住傾向が見られた。

JFC母子世帯は、エスニシティとジェンダーが相まって階層が低くなると考えられる。子育てをしながら母親が就ける職業は、工場労働や介護職、清掃業、エンターテイナーなどに限られる。一方、JFCが単身で来日した場合には、労働市場価値が高いので、都市部に移動する傾向が見られる。フィリピンで高等教育を修了しているなど文化資本のあるJFCは、英語教師などのホワイトカラー職に就く事例もある。

時間軸については、人口動態統計「父母の国籍別に見た出生数及び百分率」（厚生労働省）から分析する。1992～2017年に、父母の一方の国籍がフィリピンである子の出生数は108,000人を超える。その96％がフィリピン人の母親をもつことには、1980年代からの「移動の女性化」が大きく関係している。1992～2008年は

毎年5,000前後だったが、その後、減少している。「JFC」という字面から「子どもの問題」として捉えられがちだが、すでに10〜20代のJFCが多く、既存の枠組みを問い直す時期にきている。

2　JFCコミュニティの特徴

　「JFCコミュニティ」の形態は、①教会、②NGO、③SNS、④地域の学校や支援教室の4つが考えられる。まず、エスニック教会は、母親たちが「フィリピン文化」を子どもたちに継承する場である。毎週の礼拝だけでなく、ユースグループを設立し活動している事例もある（三浦2015）。

　また、フィリピンにはJFCを支援するNGOが複数あるが、来日前にそこで活動していた場合、越境的な交流を継続している。NGOがJFCの移住を直接的・間接的に斡旋することもあり、JFCにとってNGOが日本社会との接点になることも少なくない（小ヶ谷/大野/原2020）。

　さらに、SNS上で「ハーフ」コミュニティが「居場所」として機能しているが、JFCも例に漏れず、SNSを駆使して情報交換をしている。特に2009年以降、国籍取得方法や来日方法についてのやり取りが頻繁に見られた。来日後の国内移動や職業斡旋にもSNSは不可欠なツールとなっている。

　最後に、日本社会との関係が一番強い、地域の学校や支援教室で形成されるコミュニティについて言及したい。こうしたコミュニティに包括されなければ、日本でJFCが社会経済的な上昇を達成することは難しいとされてきた。日本語指導や入試制度には大きな地域差がある。公的あるいは市民による、支援が手厚い地域では高等教育を目指すJFCも増えるが、そうでなければ高校進学もままならないという現状である。ただし、近年では教育を継続するためにフィリピンに帰国し、再来日して「グローバル人材」として活躍する事例もある。

3　将来展望

　今後、JFCにとってのコミュニティのありようはどのように変化していくか、2つの仮説を立てた。第一に、就職や結婚を経て、コミュニティとの関わりが薄れるシナリオである。日本企業に就職したり、日本人と結婚した場合、特にエスニックコミュニティとの関係性が希薄になるだろう。

　第二に、親の介護や子育てにおいて、コミュニティを巻きこんだ問題解決方法を模索するという仮説である。親世代の高齢化が今後深刻な問題として突きつけられるなかで、教会やNGOなどのインフォーマルな支援が必要とされる可能性が高い。いずれにせよ、自己アイデンティティの問題に決着をつけていく過程のなかで、どのようなコミュニティが自分にとって心地よいのか、かれら自身が見極めていくのだろう。

参考文献

小ヶ谷千穂・大野聖良・原めぐみ（2020）「日比間の人の移動における支援組織の役割——移住女性とJFCの経験に着目して」『フェリス女学院大学文学部紀要』第55号：27-55.

三浦綾希子（2015）『ニューカマーの子どもと移民コミュニティ——第二世代のエスニックアイデンティティ』勁草書房

5-4　ナイジェリア人——アフリカ系移民と日本社会のまなざし

松本尚之

　アフリカから東アジアへの大規模な人の移動は、欧米諸国と比較して相対的に新しい現象として、21世紀に入り研究者の関心を集めるようになった。中国・広州市の三元里や韓国・ソウル市のイテウォンなど、商業活動を行うアフリカ人が集まる地区も生まれている。

　日本に暮らすアフリカ人が、衆目を集めるようになったのは1990年代後半以降、特に2000年代に入ってのことであろう。2000年に刊行された『在留外国人統計』（旧登録外国人統計）の概説において、アフリカは外国人登録者数の増加率が最も高い地域として、初めて言及された。日本経済の低迷とともに、アジアや南米からの移民人口の増加に陰りがみえるなか、アフリカ出身者の増加が顕著な伸び率をみせたのである。

　現在、正規の在留資格を持ち日本に滞在するアフリカ人の数は約2万人に達している。この数は、総在留外国人全体のわずか0.6%に過ぎない。しかし、1988年末の時点では1,631人であったことを考えると、過去20年間で10倍以上に増加している。そして、在日アフリカ人のなかでも、国籍別人口において現在第一位となっているのがナイジェリア出身者である。在日ナイジェリア人の人口は、1990年末の時点で193人であった。それが2年後の

1992年末には一挙に1,315人まで増加した。その後も概ね増加を続け、2018年末の時点で、3,245人となっている。そのうち、77.8%（2,526人）が成人男性である。都道府県別人口をみれば、東京都、埼玉県、神奈川県に人口の集中が見られ、ナイジェリア人のおよそ7割が関東地方に暮らしている。

1　日本で「黒人」として生きる

　統計資料から読み取れる在日ナイジェリア人の経済活動については、失業率が高い反面、自営業者が多いとの指摘がある（大曲ほか2011）。2000年の国勢調査データを用いた分析によれば、欧米豪以外の主要国籍の労働人口のうち、ナイジェリア出身者は失業者の割合が最も高い（10.8%）。日本に暮らすアフリカ人については、可視性と関わる差別ゆえに就業機会が厳しく制限されるなどの生きづらさが指摘されている（若林1997）。日本人の「黒人」への差別意識によって、アフリカ出身者はアジア出身者に比して、接客業などで職を得ることが難しい。

　その一方で、ナイジェリア出身者は就労人口に占める雇用者以外（役員・家族従事者・業主）が、韓国・朝鮮籍者、パキスタン出身者に次いで三番目に高い。ただし、国勢調査は当人の自己認識に基づく回答を集計

したものであり、「自営業」が何を意味するかについては検討の余地がある。アフリカ人の経済活動は一つの業種に集約することなく、多角化、トランスナショナル化することが指摘されている。在日ナイジェリア人たちのなかには、工場などで「非正規雇用者」として働きながら、資金を貯めてコンテナに詰めた商品を輸出する「貿易業者」や、故郷に土地を買い起業する「経営者」も多い（松本 2014）。

　在日ナイジェリア人が関わる経済活動のなかでも特徴的なものが、いわゆる「黒人文化」と関わる飲食業や服飾業である。日本では 1980 年代半ばより、ヒップホップやラップといったアメリカ発の音楽文化が流行した。この音楽文化と関わるビジネスにいち早く乗り出したのが、ナイジェリア出身者やガーナ出身者をはじめとした在日アフリカ人である。特に、彼らが「ヒップホップショップ」と呼ぶ服飾業は、1990 年代半ばから 2000 年代半ばにかけて、ナイジェリア人たちの間で大流行した。服飾業は、小売店の経営者や従業員のほか、主に中国や韓国に出かけ買い付けを行う卸商など、在日アフリカ人に多くの就業機会を与えた。そして、2000 年代の統計資料にみる自営業者の増加や、それと連動した移民人口の増加の一助となったと考えられる。

　在日アフリカ人による服飾業は、もともと 1992 年前後に、東京の原宿竹下通りで始まった。竹下通りは、1980 年代には芸能人のグッズを販売するタレントショップが並ぶ街として栄えていた。しかしバブル経済が崩壊するとタレントショップは撤退、借り手のないビルや店舗が増加した。

当時、原宿駅前には仮設テントが軒を連ねる通称「テント村」と呼ばれる一角があり、露天商に対してテント一張り分のスペースを日極、月極で提供していた。テント村は、十分な資金を持たない在日アフリカ人たちにも、若者の街と呼ばれる原宿で商いを始めるきっかけとなった。いわば、バブル経済崩壊後の動乱に乗じて成長したのが、ヒップホップショップと呼ばれる服飾業であった。

　だが 2000 年代半ばになると、在日アフリカ人による服飾業は急速に衰退していった。現在では、ナイジェリア人たちの多くが服飾業を「終わったビジネス」と考えている。衰退の理由はいくつかあるが、主な理由として彼らの商いのやり方が日本においては違法行為と見なされたことが挙げられる。加えて、競争相手となる日本人経営者の増加や、彼らが販路を持たない日本ブランドの創設など、いわば音楽文化のローカル化と呼べる現象も、彼らのニッチを奪うことにつながった。

　さらに、日本における「黒人」の表象とアフリカ人の関係も経済活動の障壁となった。日本人客のなかにはアフリカ出身者がアメリカ発の黒人文化と関わる商いをすることに異議を唱える者もあった。日本において「黒人」とはアメリカ系アフリカ人のことを指し、アフリカ出身者など途上国出身者が周縁化されているとの指摘がある（Russel 1998）。そうした日本人の「黒人」観を感じ取ったアフリカ人たちのなかには、接客業において、アメリカ出身と偽って商いする者もいた。

　2007 年には朝日新聞が「歌舞伎町のアフリカ人」と題した連載コラムを掲載して

いる（朝日新聞夕刊：2007年1月29日～3月2日）。中国人や韓国人の経営者が減少した後に流れ込んだ人々として、ナイジェリア人が描かれている。東洋一ともいわれる歓楽街の名を冠していることからも推察されるように、詐欺やぼったくり、強引な客引きなど、その内容は極めてネガティブであった。

2 変わりゆくアフリカ人へのまなざし

しかし、2010年代に入ると、それまでとは異なる文脈で在日アフリカ人に、注目が集まるようになった。2015年の甲子園で注目を集めたオコエ瑠偉選手を皮切りに、陸上競技やバスケットボールなど、様々なスポーツの分野で、アフリカにつながる若者たちの活躍が話題となったのである。重要なことは、日本国籍を持つ彼ら／彼女らの多くは、アフリカ出身者と日本人との間に生まれた、いわゆる「移民二世」にあたるということである。

日本でナイジェリア出身者が急増した1990年代初頭、彼らのほとんどが短期滞在資格を持って来日していた。しかし、1990年代半ばには「日本人の配偶者等」の資格を持つ人びとが、さらに2000年代に入ると永住権を取得した人びとの数が増加した。2018年末には、3,245人のナイジェリア人のうち、14.1％（459人）が日本人の配偶者等、49.1％（1592人）が永住権を取得しており、およそ3分の2の在日ナイジェリア人が中長期の在留資格を持つに至っている。また、在日ナイジェリア人の年齢構成にも変化がみられる。1992年末には、在日ナイジェリア人全体に未成年者が占める割合は、わずか1.4％（19

人）であった。しかし2018年末の時点では、11.4％（370人）が未成年者である。今日、在日ナイジェリア人のなかには滞在歴が10年、20年を超え、高校や大学に通う子を持つ親も少なくない。移民二世にあたる若者たちの活躍は、ナイジェリア人、ひいてはアフリカ人コミュニティの成長を物語る出来事である。

滞在が長期化するなか、ナイジェリア人たちのなかには、引退後の暮らしについて思いを巡らす者も増えている。彼らの多くは、老後は故郷に戻り暮らすことを考えている。そのため、日本では借家暮らしを続けつつ、故郷に家を建てる者も少なくない。それと同時に、子どもの成長を見据えた様々な取り組みを行うようになった。

首都圏には、在日ナイジェリア人が設立した様々なアソシエーションが存在する。近年では、それら団体が子ども向けの活動を行うようになっている。たとえば、関東ナイジェリア連合会は、母国の祝日に合わせて「子どもの日」を開催している。あるいは、在日ナイジェリア人のなかでも多数派を占めるイボ人たちのアソシエーションは、子ども向けの民族言語の教室を開設した。さらに同団体は、毎年9月に伝統行事であるヤムイモの収穫祭を横浜で催している。その開催動機についてメンバーたちは、子どもたちに母国の文化を学ばせるため、と語る。行事では、子どもたちが壇上にあがり、民族言語による簡単なスピーチを行う。

さらに、在日ナイジェリア人たちのなかには、子どもを故郷に送り、母国の学校で教育を受けさせる者も増加している。両親は日本に暮らしたまま、子どもだけを故郷

の親戚に預ける事例も多い。親戚や知人の子どもを預かり育てる養取・養育はナイジェリアの諸民族に広く見られる習慣であり、特異なことではない。しかし、日本においては育児放棄とも取られかねない現象であり、今後は文化摩擦を生み出す可能性もある。

2017年には、自民党の山本幸三議員の、アフリカ支援を行う議員に向けた「なんであんな黒いのが好きなんだ」という発言がアフリカやその地の人びとに対する差別として話題となった。この発言に対しては、アフリカ日本協議会が運営するアフリカンキッズクラブが抗議文を送付した。ふり返れば、日本においてアフリカ人差別が、欧米諸国の歴史と関わる海外の問題ではなく、多文化共生と関わる内なる問題として論じられるのは、近年始まった極めて新しい現象であろう。スポーツにおける若者たちの活躍によって、日本に暮らすアフリカ人へのまなざしには変化の兆しが見られる。だが、身体的、感性的な特徴と結びついた言説は、容易に差別へと転じうることを忘れてはならない。かつては遠い「他者」であったアフリカの人びととの関係を、われわれは今問い直す時を迎えている。

参考文献

大曲由紀子・高橋幸・鍛治致・稲葉奈々子・樋口直人（2011）「在日外国人の仕事——2000年国勢調査データの分析から」『茨城大学地域総合研究所年報』44: 27-42.

松本尚之（2014）「在日アフリカ人の定住化とトランスナショナルな移動——ナイジェリア出身者の経済活動を通して」『アフリカ研究』85: 1-12。

Russell, John（1998）"Consuming Passions: Spectacle, Self-Transformation, and the Commodification of Blackness in Japan", *Positions*, 6: 113-177.

若林チヒロ（1997）「滞日アフリカ黒人の『プライド』形成のためのネットワーク」駒井洋編『日本のエスニック社会』明石書店

5-5 ガーナ人
──アフリカと日本とにルーツをもつ人たちと新たな移民たち

右寄せ

若林チヒロ

1 ニューカマーとしてのガーナ人移民

(1)ガーナ人移民1世の生活と就労

　ニューカマーとして増加したアフリカ人は、西アフリカ出身者が多く、2018年末現在外国人登録をしている総在留者数は、1位がナイジェリア、2位がガーナの2,500人で、この2か国でアフリカ全体の約3割を占めている。ガーナ人の場合、1970年代までは留学生や大使館関係者など限られた30人程度で推移していたが、1980年代に入って増え始め、外国人登録をしていた人に限ってみても、1985年に98人、翌年には227人となり、1993年に1,000人を超えた。その後も増加し続けたが、2000年代は停滞し、2010年代に再び緩やかな増加傾向がみられている（法務省「在留外国人統計」「旧登録外国人統計」各年版）。

　外国人登録者（2018年末現在）の80％は男性で、日本人との結婚等によって、46％が「永住者」、9％が「日本人の配偶者等」の査証をもって生活している。

　居住地は、都市部近郊に偏っており、東京都と近県（神奈川県、埼玉県、千葉県）に73％、大阪府と愛知県を加えると85％を占める。これら都府県の郊外の住宅地に居住し、地域にはアフリカ人向けのレストランや宗教施設などもできている。単身者は知人宅や賃貸アパートに居住するが、日本人との家庭生活を営む人は賃貸住宅ないし

はローンを組んでマンション等を購入している人も少なくない。仕事は、中小工場などの製造業や建設業などの現業職のほか、バーやレストランでの飲食業で雇用されている人が多いが、国内および母国との間で自営業をしている人もいる。ブローカーが介在した雇用や、就労目的の集団での来日にみられるような、極めて劣悪な雇用環境・労働条件で働いている人はあまりみられない。

　このような居住地や労働の特徴は、日本人妻子との家庭生活を築いて、就労や滞在に制限のない査証をもって生活していることが関連している。景気に左右されて失業する不安定な非正規雇用の人も少なくないものの、条件の良い職場を求めて居住地を転々とするというよりも、日本人妻子との家庭生活や子の教育継続が可能な生活圏にとどまっている。

　2010年代になって、ガーナ人移民1世は中高年期にさしかかり退職期を迎え、子供たちは成人し孫が誕生し始めている。2019年に導入された特定技能制度により新規来日者の就労や生活には大きな変化が生じたであろうが、Covid-19のパンデミックによりしばらく変化はないであろう。

(2)ナイジェリア人とガーナ人の相違
　ニューカマーのナイジェリア人とガーナ

人は類似の経過をたどっているが、双方の日本でのコミュニティを比較すると、やや様相が異なっている。ナイジェリア人には、母国とのネットワークをもつ組織化されたコミュニティが散見され、大規模なイベントが時々に開催されているが、ガーナ人にはそのような傾向はなく、イベントも地域の公的なホールを借りて行われることが多い。この差は、両国の国民性もあるが、母国の規模に大きな開きがあることも一因であろう。人口はナイジェリアの約1億9,600万人に対しガーナは約3,000万人、GDPはナイジェリアの3,973億米ドルに対しガーナ656億米ドルであり（世銀 2018年）、ガーナの方が人口規模も経済力も格段に小さい。

2　ガーナに移住する日本人妻や子どもたち

　ガーナ人と結婚した日本人等の妻やその子どもには、1990年代半ば頃からガーナに移住する人がみられている。数年で帰国する人も少なくないが、滞在が20年前後に及ぶ人たちもおり、現地では日本人等の緩やかなコミュニティが複数形成されている。

　ガーナへ移住する家族は、他のニューカマーのアフリカ人家族よりも多い。治安が比較的安定していること、日本人が起業したり、雇用されたりする日系企業や団体が多少はあること、日本語補習校や複数のインターナショナルスクールがあり教育環境が充実していることなど、ガーナには日本人の移住を可能にする要因がある。現地での生活は決して容易ではないので、帰国する人も多く出入りはあるが、常に数十世帯の日本人家族が移住生活をしている状態が

この20年近く続いている。

3　アフリカと日本とにルーツをもつ若者たちのネットワーク

　移住したガーナ系日本人の子どもたちは、ガーナに残る人もいるが、欧米や日本、中近東など世界中の大学に進学する人も多く、総じて教育レベルが高い。2010年代に入って、卒業後に日本で生活する人も増え始め、これらガーナ系日本人の緩やかなネットワークも形成されている。あるグループでは、ガーナに限らず広くアフリカにルーツをもつ人たちや、在日アフリカ人留学生や社会人とのつながりをもって、定期的なミーティングや交流会を開いている。現在のところ、これらコミュニティに日本育ちの人は必ずしも多くは参加していない。言語や文化的背景の違いもあるが、日本で育った2世とアフリカで育った2世との間にはアイデンティの微妙な違いや、同じ問題意識を持ちにくいという背景もある。

　2010年代後半からは、アフリカにルーツをもつ子どもたちの成長に伴って10代後半から20～30歳代の若い人たちを中心としたグループが発足している。母親が子どもたちのために作った会やインフォーマルなネットワークは以前からあったが、アフリカと日本とにルーツをもつ人たち自らが組織したコミュニティが形成され始めている。

　これらネットワークは、アフリカにルーツをもつ若者たちが自ら組織していること、SNSを利用することにより国内外の地域を限定せず交流していること、日本で黒人として生きるうえで生じる問題の共有

など、今後の発展が期待される。

　また、必ずしも組織化されたものだけでなく、個人単位での活動も多様に展開され始めている。スポーツでの活躍は目覚ましいが、それだけでなく、美術や音楽、文芸などの芸術分野や社会活動、SNSを通じた情報発信など、アフリカと日本の文化を背景に、個人で表現や情報を発信する若者が増え始めている。

4　2010年代の新たなガーナ人移民

(1) 母国から呼び寄せられるガーナ人妻子

　日本人等の女性と結婚したガーナ人には、母国の家族を呼び寄せる人もいる。永住資格をもつ人の場合、日本人等との離婚後に母国からガーナ人妻や子ども等を呼び寄せて、新たな家族とともに在日生活を送る人たちが、2010年代以降くらいからしばしばみられるようになった。

　アフリカ人の場合、中国人や南米日系人のように、国内で集住する地域や集団で働く職場がある訳ではないので、母国から呼び寄せられたガーナ人妻子たちが日本で新たな関係を作るのは容易ではない。SNSで国内外でのネットワークを維持してはい

るが、直接のコミュニティは同国人による宗教等の集まりや冠婚葬祭行事であり、夫と共に定期的な集会に参加している。妻や子どもたちは、移民1世のように本人の希望で来日した訳ではないので、日本での生活の諸相や精神的ストレスは1世とは異なる面がある。

(2) 留学生と新たな就労者

　2010年代になって、新たに留学や就労のため長期に日本で暮らすアフリカ人も増え始めていた。一つには、多様化した留学制度により、日本の大学や大学院に留学する学生、および卒業後に就職する人たちである。もう一つには、就労者とくに2019年4月に新設された特定技能の在留資格による就労者が見込まれていた。しかし、2020年に生じたCovid-19のパンデミックにより、当分の間これら交流は停滞せざるを得ない。

　このように2010年代以降、日本に生活するガーナ系の人たちは、ニューカマーの移民1世とその日本人等家族やガーナ人家族、留学生や就労者など、多様な広がりをみせている。

参考文献

若林チヒロ（1996）「滞日アフリカ黒人の『プライド』形成のためのネットワーク」駒井洋編『日本のエスニック社会』明石書店

————（2009）『結婚、移住してガーナを生きる日本の女性たち』『地域研究』9(1): 298-315.

書　評 **BookReview**

駒井　洋

本シリーズでは、毎回、日本語で刊行された
移民・ディアスポラ関連の重要な単行本を
紹介をかねて紹介する。今号では、是川夕氏
と田巻松雄氏の単著を書評の対象とした。

是川夕著
『移民受け入れと社会的統合のリアリ
ティ──現代日本における移民の階層
的地位と社会学的課題』
勁草書房、2019 年

本書のねらい

本書の要約的結論部分である第 7 章の冒
頭で、著者は本書のねらいについて次のよ
うに述べている。

「これまで日本の移民研究では対象とす
るエスニック集団に偏りがみられること、
ジャーナリスティックな視点に基づくもの
が多く理論的展開が弱いこと、また経済・
産業的な問題意識から始まりつつも、実際
の議論は社会文化的な次元に終始すると
いったことが問題点として指摘されてき
た。

一方、欧米の移民研究では日本と異な
り、移民受け入れを論じるにあたっては社
会文化的な次元だけではなく、あくまで社
会経済的な次元での社会的統合が焦点とさ
れてきた。また、その際に重視されるのは
階層概念を軸として、その時間的経過に伴
う変化を分析する社会的統合アプローチで
あった。これは、日本の移民研究が社会文
化的な側面に注目した構造的分断アプロー
チを採用してきたのと対照的なことであ
る」

さらに「はじめに」では、「本書のもう一
つの問題意識は移民受け入れに対するこれ
までの我々のアプローチの仕方に対するも
のであり、国勢調査のようなナショナルレ
ベルのデータをもとに、既存の知見を相互
に位置づけてみたところに新しさがある」
と主張され、国勢調査にもとづくナショナ
ルレベルの分析を提供しようとしている。

本書の構成

本書は 3 部からなる。「問題の所在、及
びその背景」と題される第 I 部は 3 章から

191

なる。「現代日本における移民受け入れと社会学的課題」と題される第1章では、日本においても1990年代以降移民受け入れ国といってよい状況が見られ、移民受け入れをめぐる政策論争の高まりがほぼ10年おきに3回ほどみられたが、受け入れ方法や社会的統合政策については観念的な議論に終始して具体的な議論がおこなわれることはなかった。そのため、本書は階層概念を軸とする社会的統合アプローチを採用することにより日本の移民研究を再構築することを目的とするとされる。

「近代以降の日本における移民受け入れの歴史——国際移動転換の観点から」と題される第2章では、まず国際移動転換を「それまで移民送り出し側であった国、地域が移民受け入れ側に転換する現象をさす」とし、この現象は世界的に拡散しているとされる。日本についても、戦前には移民送り出し国であったが、1990年代以降国際移動転換を経験している。

「日本の移民研究における方法論的課題——移民の階層的地位に注目して」と題される第3章では、移民の移住過程にたいして同化理論(Assimilation Theory)を採用すべきことが力説される。アメリカにおける同化概念は、受け入れ社会の言語や文化への移民の強制的同化を想起させる同化主義政策ではなく、主に階層的地位に代表される社会経済的側面における平等という観点から定義されてきた。アメリカの移民研究においては、ゴードンによる1960年代前半の古典的な『Assimilation in American Life』における同化理論、ポルテスとルンバウトによる2000年代前半の「分節化された同化理論」、同じく2000年代前半の

アルバとニーによる階層概念にもとづいて再定義された同化理論など、同化理論が中心的枠組みであった。

「移民の階層的地位に関する実証研究」と題される第Ⅱ部は、日本における移民男性、移民女性、移民第二世代を対象とする3章からなり、いずれも2000年および2010年の国勢調査のデータをもとに分析している。

「移民男性の労働市場への統合状況とその要因」と題される第4章では、従来の日本の移民研究について、労働市場における位置づけがもっぱらエスニシティや在留資格によって決定されるとし、所有する人的資本や居住期間の長期化によって変化することはほとんど想定されなかったとする。また高い職業的地位についても、専門的・技術的職業に限定され、管理的地位や正規事務職での就業は限られたものであるとされてきた。

それにたいし、中国人、ブラジル人、日本人を比較すると、海外で蓄積した人的資本の移転可能性は制約されているものの、人的資本の水準の違いは外国人の職業的地位の決定に日本人以上に重要な役割を果たしている。また、人的資本の移転可能性が低いほど居住期間の長期化によって職業的地位は上昇するが、日本人との差が消滅するほどではなかった。管理的職業ならびに正規事務職については、人的資本の移転可能性はより制約され居住期間の長期化にともなう上昇は限定的であった。以上から、個々の移民の移住過程においては労働市場への緩やかな統合がみられると結論される。

「ジェンダーの視点から見た移民女性の

階層的地位」と題される第5章では、従来の日本の移民女性の研究にはジェンダーに着目する研究がまれだったのにたいし、欧米の研究では、外国人であることに加え女性であることによる「二重の障害」という構造が明らかにされてきたとする。

中国人、フィリピン人、ブラジル人、日本人女性を比較した結果、「二重の障害」仮説は日本では部分的にしか妥当しないことが示された。外国人女性と日本人女性の階層的地位の差を生んでいるものは、もっぱら本人および配偶者の学歴が低いことや、有配偶者や未就学児を育てる外国人女性の労働参加率が低いことに限定される。むしろ、外国人女性は日本の労働市場に固有のジェンダー化された構造から排除されることで、かえってその職業的地位を高いものにする可能性さえ見られた。

「移民第二世代の教育達成に見る階層的地位の世代間移動」と題される第6章をみると、日本では移民第二世代の学校文化への適応に焦点を当てた臨床的アプローチが多く、複数の移民集団に横断的な教育達成の状況やその要因についての研究や広く社会構造との関係に注目した研究は少なかったとされる。

中国人、フィリピン人、ブラジル人、日本人の母親の国籍別に子どもの高校在学率を比較した結果、外国籍の母をもつ子どものばあい、日本人の母をもつ子どもよりも高校在学率が低い傾向はあるものの、親世代での階層的地位や家族形態といった要因と子どもの高校在学との結びつきは相対的に弱く、「分節化された同化理論」は日本には妥当しない可能性が高いとする。その一方で、子ども自身の居住期間が長期化して

も教育達成の低さが自然と解消される可能性も低いので、政策的支援が必要とされるとする。

「展望」と題される第III部は1章からなる。「現代日本における移民の社会的統合とその展望」と題される第7章では、「本研究で明らかになったことは、日本における個々の移民の移住過程において緩やかな社会的統合が見られるということである。ここでいう社会的統合とは、移民第一世代の移民男性の労働市場への統合、ジェンダーの影響を踏まえた移民女性の社会的統合、及び移民第一世代と第二世代の階層的地位の世代間移動の三つの領域における状況を踏まえたものである。また、『緩やかな』とはこれらの領域における社会的統合がいずれも日本人との階層的地位の差を完全に埋める程ではないものの、それを縮める方向にあるということを踏まえた表現である」と要約されている。

本書の意義

本書の第一のメリットは、国勢調査のデータに依拠しながらナショナルレベルのマクロな分析に成功していることがあげられる。日本における移民の階層的地位については、石田賢示および永吉希久子によるナショナルレベルのマクロな分析がすでに存在する[1]。石田は調査会社に調査パネルとして登録されている移民と日本人にたいするウェブ調査の結果をデータとし、永吉は住民基本台帳に掲載されている外国籍者にたいする郵送調査をデータとしており、両者とも国勢調査のデータではない。評者の知るかぎり、国勢調査のデータに依拠す

る研究は本書が本邦初であるとおもわれる。

　本書の第二のメリットは、男性移民、女性移民、移民第二世代に大別して、階層的地位を検討していることがあげられる。男性移民の階層的地位については、評者の研究もふくめて[2]、これまでの日本の移民研究にも若干ではあるが存在していた。しかしながら、女性移民および移民第二世代の階層的地位に関する体系的な実証研究は、これまた本書が本邦初であるとおもわれる。

　ただし、本書の主張には問題点も感じられる。その第一は、全面的に「同化理論」を採用していることである。『簡約オクスフォード辞典』によれば、assimilateとは、「あるシステムに吸収されること」とされる。著者は「同化理論」と「同化主義」とはまったく異なり、前者は移民がホスト社会の構成員に遜色ない階層的地位を達成できることを意味し、ホスト社会への強制的な文化的同化を意味するものではないとしている。しかしながら、階層的地位の平等化とならんで、多文化共生社会の確立もまた絶対的な要請である。「同化理論」ではこの方向への展開はむずかしかろう。評者としては「同化」にかえて「排斥」の反対概念である「包摂」を用いたい[3]。この点で、著者の理論的視座はアメリカの移民研究にひっぱられすぎているようにおもわれる。

　別の問題点は、移民男性を例にとると、2000年および2010年の国勢調査の全数データから得られる近似コーホート集団を分析対象としていることにある。すなわち2000年に27〜49歳であった者と、2010年に37〜59歳であってかつ5年

前の居住地が日本である者すべてが分析対象となっている。ただし、2000〜05年の新規来日者と2000〜2010年の帰国者は、当然のことながら分析対象とはならない。つまり、本書の移民男性は、少なくとも10年間日本に居住することのできたある意味での成功者にほかならない。したがって、3年間で帰国しなければならない最底辺労働者としての技能実習生は本書にはもちろん登場しない。煩瑣になるので移民女性と移民第二世代の検討は省略するが、本書の結論である「緩やかな社会的統合」が見られるのは、移民の特定部分に限定されよう。

　このような問題点にもかかわらず、本書が理論的にも方法的にも開拓者精神に充満した著作であることは疑いない。とりわけ移民研究に国勢調査のデータの活用の途を開いたことの意義は特筆されるべきであろう。

注
(1) 石田賢示「日本における移民の地位達成構造——第一・第二世代移民と日本国籍者との比較分析」、永吉希久子「日本における外国籍者の階層的地位—外国籍者を対象とした全国調査をもとにして」駒井洋監修、是川夕編『人口問題と移民——日本の人口・階層構造はどう変わるのか』明石書店、2019年。

(2) 駒井洋『移民社会学研究——実態分析と政策提言　1987-2016』明石書店、2016年、第I部第3章をみよ。

(3) 同上書、682ページ。

田巻松雄著
『ある外国人の日本での 20 年──外国
人児童生徒から「不法滞在者」へ』
下野新聞社、2019 年

本書のねらい

　本書の主要なねらいのひとつは、ひとり
の外国人の若者がどのように非行や犯罪
に手をそめていくかについての軌跡を明
らかにすることにある。そのため本書は、
1998 年に 10 歳で来日し、2019 年に 31
歳で本国に退去強制されたブラジル人 T
の克明なライフヒストリーを記述してい
る。ただし、本書はセンターへの収容まで
をあつかっている。

　本書のもうひとつの主要なねらいは、犯
罪を後悔し、更生を誓い、日本での定住を
求めていた T にたいする、法務省入国管
理局をはじめとする関係当局の処遇が当を
失してあまりにも厳しすぎ、柔軟性に欠け
ることを、強く糾弾することにある。「は
じめに」から著者の言葉を引用する。「今
の心境を一言で言い表すとすると、『もう
よいのではないか』となる。入管施設での

収容は 2 年半（原文の「約 2 年」を評者が訂正）
に及ぶ。日本の社会で学び直したい、やり
直したいという T の希望を適えてあげて
もよいのではないか。仮放免という形で家
族と一緒に暮らせるようにしてあげてもよ
いのではないか」。

本書の構成

　本書は「はじめに」と「おわりに」および
「参考資料」のほか 7 章から構成されてい
る。

　「はじめに」では、著者が刊行した単語
帳の連絡先をみて 2018 年に T が著者に
手紙を送り、著者は 3 回目の手紙を受け
とったのち、入管施設に面会に行く。そ
ののち約 1 年の間に、10 数回面会し、10
数回手紙のやりとりをした。本書の執筆も
ふくめて、著者は「T のような状態に陥っ
てしまった人間と出会った自分が、その人
間に対してどのように向き合っていくかと
いう課題を自分に課したかった」と述懐し
ている。

　「T の日本での 20 年」と題される第 1 章
では、T のおおよその軌跡が略述される。
T は「定住者」の在留資格で来日し小学校
4 年生に編入した。中学校に入学後数か月
で不登校となり、悪い友人たちと非行を重
ねた。14 歳のとき、窃盗で逮捕され少年
院に入院し、入院中に中学校の卒業証書を
取得した。仮退院後半年ののち「現住建造
物放火」その他の犯罪により、再入院した。
2009 年頃から同国人や日本人の非行グ
ループと共犯で強盗と窃盗をくりかえし、
懲役 7 年の実刑判決を受けて 2010 年刑
務所に入所した。2016 年仮釈放の決定に

もかかわらず、退去強制令書が発布された
ため入管施設に収容された。

「不登校、非行、少年院」と題される第
2章では、少年院仮退院までのTの人生
を5節にわけて紹介している。1「来日」
によると、当初日本語がまったく話せな
かったうえに、2回の転校を余儀なくさ
れ、仲間もできなかった。2「不登校から
非行へ」では、入学した中学校で、勉強に
ついていけず、友達もできず、いじめがつ
らかったため数か月で不登校となり、日本
人の不良グループとつきあうようになりバ
イクを盗むなど非行を重ねた。

3「少年院」によると、Tが非行により
「義務教育未修了者を対象とする教科教育
課程を開始」した少年院に送致され、1
年間入院し、規則正しい生活のもとで補
習教育や職業指導を受けた。著者はここ
では「ある意味自分なりの居場所を感じて
いたのではないかと感じられる」としてい
る。4「少年院仮退院後の生活」では、仮
退院後3か月くらいしてパン屋に就職した
が、かつての悪い不良少年たちと遊ぶため
1週間でやめた。5「少年院再入院と仮退
院後の生活」では、Tは現住建造物放火な
どの非行により、外国人少年を対象とする
処遇課程をもつ少年院に2005年に再入
院し、1年半後仮退院した。両親の実家に
もどり、ホテルの清掃や自動車部品の製造
に1年数か月従事したが、景気悪化により
2008年に解雇された。

「実刑判決と『不法滞在』」と題される第
3章では、入管施設に収容されるまでのT
の人生を4節にわけて紹介している」。1
「強盗」によると、解雇後の仕事は不安定
であり、父もリーマンショック後解雇され

たこともあって、事実上の家出状態になっ
た。同国人のCと出会い、その仲間3人
とともに2010年にコンビニでの3度の
強盗事件などを起こし逮捕された。2「実
刑判決」では、地方裁判所が求刑9年のと
ころ懲役7年の判決をくだし、刑務所に収
容された。3「服役状況と仮釈放」による
と、刑務所では6回懲罰を受けたが、その
うちの3回は人間関係がうまくいかない部
屋をかわるためであり、他の3回も軽微な
ものであったため、2016年に刑期を10
か月残して仮釈放が決定された。4「仮釈
放から入管施設へ」では、刑期中に不法滞
在となったことと1年を超える懲役刑を受
けたため、Tにたいして退去強制令書が発
付された。Tは「ブラジルには家も仕事も
ないので日本で生活したい」と異議を申し
立てたが認められず、そのまま入管施設に
収容された。

「行政訴訟──何がどのように裁かれた
のか」と題される第4章では、1「行政訴
訟」でTが退去強制の取り消しを求める行
政訴訟を起こし、東京地方裁判所、東京高
裁で敗訴したことが述べられる。なお、東
京高裁の判決は東京地裁の判決を踏襲し
た。2「原告側の主張」では、Tは在留特
別許可に係るガイドラインの条件を満たし
ており、また退去強制によって損なわれる
Tの利益は甚大であるのにそれによって保
護される国の利益は存在しないという比例
原則を主張した。3「被告側の主張」によ
ると、被告側は不法残留と刑罰法令違反と
ならんで、「原告の在留状況が極めて悪質」
であることを詳述し、在留特別許可は付与
されるべきではないとした。4「東京地方
裁判所の判決」では、地裁は被告側の主張

を全面的に認め、「東京入管局長に与えられた裁量権の範囲を逸脱、又はこれを濫用してされたものとは認められない」と判決した。5「論点」では、まず判決がTを不登校や非行に追いこんだ諸要因についてはまったく取り上げていないこと、服役して更生につとめたことがまったく考慮されていないこと、外国人が服役中に在留資格の更新申請をしても認められる可能性がほとんどないこと、送還されれば家族が分断されるとともに本国での生活が困難であることが考慮されていないことを問題視している。6「小括」では、退去強制令書の取消訴訟の勝訴例はほとんどないことが指摘される。

「長期収容と仮放免制度」と題される第5章では、入管施設への収容のかかえる深刻な問題点が詳述される。1「入管施設における日々の生活」では、収容期間の上限がなく、Tも2019年6月まで2年半も長期収容されていた。ここには矯正教育や社会復帰に向けたプログラムはない。2「長期収容の背景」では、牛久センターの6か月以上の長期収容者は9割を超えているとし、その背景として本人が出国を拒否すれば送還が滞ることを指摘する。法務省は、国籍国による身柄引き取りの拒否、濫用的難民認定申請、対当局訴訟提起を長期収容の理由としてあげている。3「仮放免制度」では、帰国とは別に収容所から自由になれる唯一の手段が仮放免であるが、Tのこれまで6回の申請はすべて不許可となり、7回目を申請中であった。ここ数年仮放免の許可はきわめて厳格化してきた。4「異物混入事案」によると、牛久センターにおける食事への異物混入事案は増大している。

5「小括」によると、2019年7月現在約100人の被収容者が長期収容に抗議してハンストをおこなっている。

「Tの叫び」と題される第6章では、Tの日本語による手書き文章を原文のまま掲載している。Tは、逮捕されたことが自分の再生の人生のきっかけとなったとし、これからキリスト教徒として生きていきたいとし、帰国の選択肢はないので入管が収容所から出さなければここで死ぬのを待つしかないと述べている。

第7章は「Tの『罪と罰の均衡』」と題されている。1「日系人の受け入れは失敗」によると、日系人を労働力としてしかみず、生活者や人間として受け入れる意思も姿勢もなかったため日系人の子どもたちによる非行・犯罪件数が増加し、法務省も失敗を認めた。2「Tの来日を促した『定住者』という在留資格」では、1990年に施行された入管法で労働力不足を解消するため「定住者」の資格が新設されたが、これがなければTの父の来日もTの来日もなかったとする。3「再非行に至らせた環境——法務総合研究所の報告書から」では、少年院在院中および仮退院した者の調査データをTと比較している。4「発想になかった高校進学」では、Tと中学校との関係が切れていたため、Tは高校進学を思いつかなかったとする。5「罪と罰の均衡」では、著者は、少年院を仮退院あるいは刑務所を仮釈放された時点で退去強制手続きがなされることは、罪にたいする罰が不均衡に重く、「二重の処罰」という不当な処分に当たるとする。6「罪と罰の均衡」では、著者は、7年の実刑判決は重いが、来日後一度も帰国しなかった日本での20年は長

いとし、入管施設への長期収容と退去強制措置の不当性を主張する。

「参考資料」では、台湾の2016年の改正出入国及移民法が紹介されている。そこでは「退去強制対象者を15日を超えて収容する場合には司法判断が必要であること」と「収容は100日を超えてはならない」ことが定められている。

本書の意義

本書が刊行されたのは2019年10月であるが、それからほどなくTはブラジルに退去強制された。これは日本に在留して家族と暮らしたいという希望を、長期収容され仮放免の当てもない入管施設から逃れたいという願望が上回ったことを意味する。著者もやむをえない現実を前にして、Tの帰国後の当座の生活費として資金カンパを呼びかけ、評者もそれに応じた。Tがこのような過酷な選択を迫られたことについて、評者は著者の「もうよいのではないか」という判断に全面的に同感する。

また、退去強制令書発布後の人権をまったく無視した入管当局の処遇にたいする著者の糾弾にも、評者は全面的に同感する。このような体質をもつ組織が出入国在留管理庁に改編され、2020年から開始された新在留資格の主務官庁とされたことは驚くべきことであり、すでに移民社会となっている日本の将来に暗雲を投げかけることは必至であろう。

このように本書は、日本政府の移民受け入れ政策がいかに誤っているかをTの事例を通じて詳細に明らかにしており、迫力に満ちている。ぜひとも一読をすすめたい。

編集後記

小林真生

　本書の企画を立て終え、執筆者への依頼も一段落した 2019 年秋、日本中の注目がラグビー・ワールドカップに集まった。その要因になったのは、1987 年の第 1 回大会以来、一度も決勝トーナメントに進んだことのなかった日本代表の快進撃であった。所定の要件を満たせば、その国や地域の代表選手となれるラグビーの代表チームの特性を生かし、日本代表にはトンガ、ニュージーランド、南アフリカ、韓国の国籍者がおり、帰化選手も 8 名を数えた（余談ながら、その中の一人ルークトンプソン選手には、本シリーズ第 5 号『マルチ・エスニック・ジャパニーズ──○○系日本人の変革力』にてインタビューを行っている）。そうした多様性に溢れながら、献身的に一つのボールを繋いでいく姿勢は多くの感動を呼び、チームのスローガンであった「ONE TEAM」は「2019 ユーキャン新語・流行語大賞」の年間大賞に選ばれた。国籍を超えた多様性への評価は、今までにないほど高まったといえよう。

　しかし、同大賞の決定から 3 か月ほどが経過し、本書の取りまとめも本格化していた頃、新型コロナウイルスの拡散によって、日本をはじめ各国の国境はほぼ閉じられ、ヒトの動きは大幅に制限されることとなった。「ラグビー・ワールドカップを予行演習代わりにして、東京オリンピックでより多くの観光客を受け入れ、インバウンド消費を大いに拡大させる」との日本政府が数年来、描いてきた青写真は脆くも崩れた。加えて、ウイルスの発生元とされる中国出身者への蔑視も横行し、日本で暮らす中国人からは「人前で中国語を話すことが憚られる」との言葉が聞かれ、実際に「中国人お断り」の張り紙を出す店舗すらあった。

　新型コロナウイルスによって 10 万人をはるかに超える犠牲者を出したアメリカでは、黒人の死者の比率が白人の 2 倍以上であったことが報じられ、差別に基づいた構造的な貧困の持つ課題が改めて明らかになった。そうした中、白人警官により黒人男性ジョージ・フロイド氏が長時間にわたり首を押さえられたことで死亡した事件を契機に、アメリカばかりでなく、ヨーロッパでも人種差別への抗議デモが起きた（イギリス政府の発表によれば、同国の黒人男性の死亡リスクは白人男性の 4.2 倍に当たるという）。見方を変えれば、差別や偏見に対して、社会の目が集中する状況があったのである。その一方

で、欧米では新型コロナウイルスの話題が出始めた当時、感染元とされたアジア系の住民への嫌がらせが多く伝えられた。そして、前掲のように日本では中国人に対する差別行為やネット上での非難が横行したが、そうした行動をとった人が欧米でのアジア人蔑視を非難するという皮肉な状況も見られた。ある意味で、差別の構造は幾重にも連なっている。そして、その何れにおいても問題の所在が明らかになりながら、ホスト社会はその解決に対し「あちら側のこと」と捉え、満足に取り組んでこなかった。その姿勢が問題を一層複雑なものにしてきたのである。

　また、コロナ禍の中で、来日を希望する人へのビザもほとんど発給されない状態が続いた。それに伴い、マスメディアでは技能実習生が新たに来日しないことから、地方の産業が大きな影響を受けているとして、彼らの早期の入国を望む声が多数報じられた。一方、当該記事の中には、事業の本来の趣旨である「彼らに技能を伝え、国際貢献に寄与したい」といった発言は皆無であった。彼らを単なる労働力として見なしていることを、緊急事態の中で誰もが臆面もなく表すようになっていたのである。

　本書でも繰り返し紹介したように、それぞれの移民は自らの周りの困難や苦難を低減させるためにコミュニティを形成しているものの、技能実習生はその機会やネットワーク形成も困難な状況にある。日本社会で存在が極めて必要とされながら、立場が不安定で、雇用者にとって使い勝手の良い安価な労働力として、彼らは存在している。新型コロナウイルスは社会の大きな足かせとなり、様々な物事の本質を浮かび上がらせた。序章でも述べたように、技能実習生をはじめとする移民は日本社会に不可欠であり、その力を活性化させるには自由なヒトの往来や安定した在留資格が欠かせない。ポストコロナ時代の日本が、従来「あちら側のこと」として真摯に向き合ってこなかった移民やそのコミュニティの意思をくみ取り、正に「ONE TEAM」として難局を乗り切る体制を築き得るのかが、今試されているといえよう。

　最後に、至らない所の多い私に、日本の移民社会の見取り図を示そうとする本書の編集を任せ、本企画を刊行させて下さった明石書店の大江道雅代表取締役社長に御礼申し上げたい。そして、本書の企画段階から御尽力いただいた明石書店の関正則様、ならびに前回の第3号に引き続き編集作業を担って下さった編集者の黒田貴史様にも、編集委員会そして執筆者を代表して心から感謝申し上げる。

2020年6月30日

執筆者紹介（執筆順）

1-1　曺慶鎬

立教大学社会学部助教。

主な著書『公正な社会とは――教育、ジェンダー、エスニシティの視点から』（共著、人文書院、2012）など。

1-2　陳天璽

早稲田大学国際教養学部教授。

主な著書『華人ディアスポラ』（明石書店、2001）、『無国籍』（新潮文庫、2012）、『パスポート学』（〔共編著〕北海道大学出版会、2017）など。

1-3　南誠（梁雪江）

長崎大学多文化社会学部准教授。

主な著書『中国帰国者をめぐる包摂と排除の歴史社会学』（明石書店、2016）、「『中国帰国者』問題の研究可能性」『グローカリ研究 5号』（成城大学グローカル研究センター、2018）など。

1-4　長谷部美佳

明治学院大学教養教育センター准教授。専門は社会学（ボランティア学、移民とジェンダー、多文化社会論）。神奈川県の外国人集住地域で研究・ボランティア活動を続ける。現在、東京都多文化共生推進検討委員、新宿区多文化まちづくり会議委員など。

主な著書「エスニック・コミュニティと行政の役割」（川村千鶴子編著『多文化「共創」社会入門』慶応大学出版会）、長谷部美佳『多文化社会読本：多様なる世界、多様なる日本』（東京外国語大学出版会）など。

1-5　ソホラブ　アフマディヤーン（Sohrab Ahmadian）

イラン系クルド人。筑波大学人文社会科学研究科 PhD 候補生（国際日本研究専攻）

"Identity Formation and Community activism among Kurdish Diaspora: a Particular Focus on Kurdish Diaspora in Japan and UK" *Institute of Asian Migrations (IAM)*, December 2019.Tokyo.

1-6　人見泰弘

武蔵大学社会学部准教授。

主な著書『難民問題と人権理念の危機――国民国家体制の矛盾』（編著、2017年、明石書店）、『移民政策のフロンティア――日本の歩みと課題を問い直す』（共著、2018、明石書店）など。

1-7　加藤丈太郎

早稲田大学大学院アジア太平洋研究科博士後期課程、日本学術振興会特別研究員（DC2）、聖心女子大学他で非常勤講師。博士（学術）（2020年9月取得見込）。

主な著書『多文化共生　人が変わる、社会を変える』（共著、にほんごの凡人社、2018）など

2-1　アンジェロ・イシ

武蔵大学社会学部教授。専門は国際社会学、移民研究。日本で初めて国としての多文化共生施策の指針を示した総務省「多文化共生の推進に関する研究会」構成員、日本移民学会副会長、公益財団法人海外日系人協会の理事等を歴任。

主な著書『ブラジルを知るための 56 章』、『移民研究と多文化共生』（共著）、Searching for Home Abroad（共著）など。

2-2　スエヨシ・アナ
宇都宮大学国際学部准教授。ラテンアメリカ政治経済と日系ペルー人について研究。

主な著書『越境するペルー人？　外国人労働者、日本で成長した若者、「帰国」した子どもたち』（田巻松雄、スエヨシ・アナ編、宇都宮大学国際学部国際学叢書第 5 巻、下野新聞社、2015）、"Intergenerational Circular Migration and Differences in Identity Building of Nikkei Peruvians" Wolfram Manzenreiter (ed.), *Cultural representations of identity of the Japanese diaspora, Contemporary Japan*. Routledge (Taylor & Francis), July 2017, 1-16.

2-3　高畑幸
静岡県立大学国際関係学部教授。

主な論文「東海地方における移住労働者のエスニシティ構成の『逆転現象』——静岡県焼津市の水産加工労働者の事例」（『日本都市社会学会年報』36 号、2018）、「大都市の繁華街と移民女性——名古屋市中区栄東地区のフィリピンコミュニティは何を変えたか」（『社会学評論』62(4) 号、2012）ほか。

2-4　佐藤由利子
東京工業大学環境・社会理工学院准教授。

主な著書・論文『日本の留学生政策の評価—人材養成、友好促進、経済効果の視点から』（東信堂、2010）、「移民・難民政策と留学生政策—留学生政策の多義性の利点と課題—」（移民政策研究第 10 号、2018）

徐一文
東京工業大学環境・社会理工学院修士課程学生。

2-5　山本薫子
東京都立大学都市環境学部教員。

主な著書『グローバル化する大都市インナーエリア』（福村出版、2008）、『原発震災と避難』（共編、有斐閣、2017）

2-6　マリア・ロザリオ・ピケロ・バレスカス
元東洋大学教授。現 RCE (Regional Centre of Expertise on Education) Cebu 代表。

「Filipino Domestic Workers to Japan: Issues and Concerns」（共著、Johanna O. Zulueta 編 *Thinking Beyond the State: Migration, Integration, and Citizenship in Japan and the Philippines*. Sussex Academic Press、2018）、「フィリピンにルーツを持つ若者の進路選択に関する意識調査——数量調査と事例から」（共著、『宇都宮大学国際学部研究論集』43、2017 年）、「Global Householding and Care Networks: Filipino Women in Japan」（『Asian and Pacific Migration Journal』、2009）など。

高松宏弥
東京工業大学環境・社会理工学院博士後期課程在籍中。東洋大学国際学部非常勤講師、産業能率大学経営学部兼任教員。

「中核市の縮小要因に関する研究——『縮小 4 港湾都市』における産業衰退と人口減少を中心に」（『国際公共経済研究』29、2018 年）、「Filipino Domestic Workers to Japan: Issues and Concerns」（共著、Johanna O. Zulueta 編 *Thinking Beyond the State: Migration, Integration, and Citizenship in Japan and the Philippines*. Sussex

Academic Press、2018）など。

2-7　福田友子

千葉大学大学院国際学術研究院・国際教養学部准教授。専門は国際社会学、移民研究。主著は『トランスナショナルなパキスタン人移民の社会的世界』（単著、2012、福村出版）、『都市社会学を学ぶ人のために』（玉野和志編、2020、世界思想社）、『自動車リユースとグローバル市場』（浅妻裕他編、2017、成山堂書店）、『国際リユースと発展途上国』（小島道一編、2014、アジア経済研究所）。

2-8　駒井洋（監修者紹介参照）

2-9　水上徹男

立教大学社会学部教授。

主な著書 Creating Social Cohesion in an Interdependent World: Experiences of Australia and Japan. Palgrave Macmillan（共編著 2016）、『移民政策と多文化コミュニティへの道のり——APFS の外国人支援活動の軌跡』現代人文社（共編著 2018）

2-10　石井香世子

立教大学社会学部教授。専門は国際社会学、東南アジア社会論（タイ）。

主な編著・論文 Transnational regimes of labor and statelessness: Intersections of citizenship regimes and local norms in East and Southeast Asia（単著、Sociology Compass、2020)）、"Social vulnerability of marginalized people in times of disaster: Case of Thai women in Japan Tsunami 2011"（共著、International Journal of Disaster Risk Reduction、2018）、Marriage Migration in Asia: Emerging Minorities at the Frontiers

of Nation-States（編著、Kyoto University Press、2016）など

3-1　上林千恵子

法政大学名誉教授（産業社会学）。東京大学大学院社会学研究科博士課程修了。

主な著書『外国人労働者受け入れと日本社会：技能実習制度の展開とジレンマ』（東京大学出版会、2015）「介護人材の不足と外国人労働者受け入れ」（『日本労働研究雑誌』No.662, 2015)、「日本Ⅰ：高度外国人材受入政策の限界と可能性」（小井土彰宏編『移民受入の国際社会学：選別メカニズムの比較分析』名古屋大学出版会、2017)、「外国人技能実習制度成立の経緯と 2009 年の転換点の意味付け—外国人労働者受け入れのための試行過程」（『移民政策研究』No.10、2018）

3-2　岩下康子

広島文教大学人間科学部グローバルコミュニケーション学科教員。

主な論文「学生の意識・行動変容からみたスタディツアーの評価」(2017)、「技能実習生の帰国後キャリアの考察——ベトナム人技能実習生の聞き取り調査を通して」(2018)、「広島における外国人労働者問題の教材化と考察」(2020)

3-3　奥島美夏

天理大学国際学部教授。

主な編著『日本のインドネシア人社会』（明石書店、2009）、共著に『東アジアにおける移民労働者の法制度』（アジア経済研究所、2014年)、『外国人看護・介護人材とサスティナビリティ』（くろしお出版、2018)、『東南アジア文化事典』（丸善出版、2019）など。

4-1　王曉音

慶應義塾大学大学院社会学研究科博士課程在学中。国際社会学、中国系移民研究、質的研究法。慶應義塾大学総合政策部非常勤講師。

主な論文「中国人技能実習生の移動に対する主観的意味付け」（『慶應義塾大学大学院社会学研究科紀要 人間と社会の探求』第 86 号、2018）など。

4-2　宣元錫

中央大学兼任講師。

主な著書『異文化間介護と多文化共生——誰が介護を担うのか』（共編著、明石書店、2007）、『変容する国際移住のリアリティ』（共著、バーベスト、2017）、『移民受入の国際社会学』（共著、名古屋大学出版会、2017）

4-3　澤宗則

神戸大学・人間発達環境学研究科・教授、兼担・国際人間科学部。博士（文学）

主な著書『インドのグローバル化と空間的再編成』（古今書院、2018）。主な論文に「グローバル経済下のインドにおける空間の再編成—脱領域化と再領域化に着目して」人文地理 62-2、2010 年。Spatial Reorganisation of the Indian Community Crossing Border :A Case Study of the Global City Tokyo, *Japanese Journal of Human Geography* 65-6, 2013.2007 年人文地理学学会賞受賞。

4-4　ゴロウィナ・クセーニヤ

東洋大学社会学部社会文化システム学科准教授。文化人類学者。研究対象は在日ロシア語圏移住者の暮らし。

主な著書『日本に暮らすロシア人女性の文化人類——移住、国際結婚、人生作り』（明石書店、2017）。

4-5　ジェンス・ウィルキンソン

アメリカ出身。日本在住 30 年。外国人差別と闘う社会活動家。翻訳家。英語教師。

主な著書「欧米人——日本における複雑な立場」（駒井洋編『多文化社会への道』明石書店、2003）、「アメリカ人ディアスポラの民族性の問題」（有道出人と共著、駒井洋・江成幸編『ヨーロッパ・ロシア・アメリカのディアスポラ』明石書店、2009）。

4-6　北原卓也

早稲田大学人間総合研究センター招聘研究員。

主な論文「文化接触の場としての労働空間——在トンガ王国日系企業の事例から」（『カルチュラル・インターフェースの人類学——「読み換え」から「書き換え」の実践へ』（前川啓治、新曜社、2012 年）、「第二次世界大戦前のトンガにおける日本人の足跡」（葉С和親・青柳まちこ・北原卓也共著『太平洋諸島研究』第 4 号、太平洋諸島学会、2016）

5-1　田中雅子

上智大学総合グローバル学部教授。社会福祉士。滞日ネパール人のための情報提供ネットワーク コーディネーター。

主な著書『現代ネパールを知るための 60 章』（明石書店、2020、共著）、『ネパールの人身売買サバイバーの当事者団体から学ぶ——家族、社会からの排除を越えて』（上智大学出版、2017、単著）、『移住によって潜在能力は発揮できるか？——ジェンダーの視点で見た滞日ネパール人の特徴』（公益財団法人アジア女性

交流・研究フォーラム、2016、共著)、"Roles of migrant organizations as transnational civil societies in their residential communities: A case study of Nepalese organizations in Japan," *Japan Review of Cultural Anthropology* 20(1): 165-206 頁（2020、単著）など。

5-2　佐藤由利子

（前掲）

フン・ティ・ハイ・タン

東京工業大学環境・社会理工学院修士課程学生。

5-3　原めぐみ

和歌山工業高等専門学校総合教育科准教授。

主な著書 "Mixed Racial and Ethnic Classification in the Philippines." In Z. Rocha and P. Aspinall, Measuring Mixedness: *Counting and Classifying Mixed Race and Mixed Ethnic Identity around the World*, Palgrave MacMillan (2020)、「多文化社会のための共闘と共生：Minami こども教室の日常的実践から」（笠井賢紀・工藤保則編『共生の思想と作法：共によりよく生き続けるために』法律文化社、2020）

5-4　松本尚之

横浜国立大学都市イノベーション研究院教授。博士（文学）。

主な著書『アフリカで学ぶ文化人類学』（共編著、昭和堂、2019）、『移動と移民——複数社会を結ぶ人びとの動態』（分担執筆、昭和堂、2018）など。

5-5　若林チヒロ

埼玉県立大学健康開発学科教授。

主な論文「結婚、移住してガーナを生きる日本の女性たち」（『地域研究 ; 9（1）』、2009）、「滞日アフリカ黒人の「プライド」形成のためのネットワーク」（駒井洋編『日本のエスニック社会』明石書店、1996）

〈監修者・編著者紹介〉

【監修者】

駒井　洋（こまい・ひろし）——刊行にあたって、第2章2-8、第4章4-5（訳）、書評

筑波大学名誉教授。移民政策学会前会長。東京大学大大学院社会研究科博士課程修了。博士（社会学）。主な著書『国際社会学研究』（日本評論社、1989年）、『移民社会学研究——実態分析と政策提言1987-2016』（明石書店、2016年）。監修書に『移民・ディアスポラ研究1〜8』（明石書店、2011〜2019年）など。

【編著者】

小林真生（こばやし・まさお）——序章、各章扉、編集後記

立教大学兼任講師。早稲田大学大学院アジア太平洋研究科博士後期課程修了。博士（学術）。群馬県太田市出身。地方都市における対外国人意識、スポーツ選手の国籍選択を研究。主な著書『日本の地域社会における対外国人意識——北海道稚内市と富山県旧新湊市を事例として』（福村出版、2012年）。「地域社会を通じて見た外国人技能実習制度——北海道稚内市の事例を中心に」『現代における人の国際移動——アジアの中の日本』（吉原和男編著、慶應義塾大学出版会、2013年）。「対外国人意識改善に向けた行政施策の課題」『社会学評論』（第58巻第2号、2007年）。編著に『移民・ディアスポラ研究3　レイシズムと外国人嫌悪』（駒井洋監修、明石書店、2013年）。

移民・ディアスポラ研究 9
変容する移民コミュニティ——時間・空間・階層
2020 年 7 月 25 日　初版第 1 刷発行

監修者　　　駒　井　　　洋
編著者　　　小　林　真　生
発行者　　　大　江　道　雅
発行所　　　株式会社 明石書店
〒101-0021 東京都千代田区外神田 6-9-5
電　話　　03（5818）1171
FAX　　03（5818）1174
振　替　　00100-7-24505
http://www.akashi.co.jp
装丁　　明石書店デザイン室
印刷　　モリモト印刷株式会社
製本　　モリモト印刷株式会社
（定価はカバーに表示してあります。）　　　　　ISBN978-4-7503-5032-5

移住労働と世界的経済危機
移民・ディアスポラ研究1
駒井洋監修 明石純一編著
◎2800円

東日本大震災と外国人移住者たち
移民・ディアスポラ研究2
駒井洋監修 鈴木江理子編著
◎2800円

レイシズムと外国人嫌悪
移民・ディアスポラ研究3
駒井洋監修 小林真生編著
◎2800円

「グローバル人材」をめぐる政策と現実
移民・ディアスポラ研究4
駒井洋監修 五十嵐泰正、明石純一編著
◎2800円

マルチ・エスニック・ジャパニーズ 〇〇系日本人の変革力
移民・ディアスポラ研究5
駒井洋監修 佐々木てる編著
◎2800円

難民問題と人権理念の危機 国民国家体制の矛盾
移民・ディアスポラ研究6
駒井洋監修 人見泰弘編著
◎2800円

産業構造の変化と外国人労働者 労働現場の実態と歴史的視点
移民・ディアスポラ研究7
駒井洋監修 津崎克彦編著
◎2800円

人口問題と移民 日本の人口・階層構造はどう変わるのか
移民・ディアスポラ研究8
駒井洋監修 是川夕編著
◎3500円

移民政策研究 第12号 特集・2018年改定入管法と制度化への多角的分析
移民政策学会編
◎2800円

移民研究年報 第26号 特集・移民と〈トランスナショナル〉
日本移民学会編集委員会編
◎3000円

医療通訳学習ハンドブック 医療現場で役立つ知識! 8ヶ国語対応
G・アビー・ニコラス・フリュー、一枝あゆみ、岩本弥生、西村明夫、三木紅虹著
◎3600円

外国人の医療・福祉・社会保障 相談ハンドブック
移住者と連帯する全国ネットワーク編
◎5400円

沖縄ディアスポラ・ネットワーク グローバル化のなかで邂逅を果たすウチナーンチュ
藤浪海著
◎2500円

包摂・共生の政治か、排除の政治か 移民・難民と向き合うヨーロッパ
宮島喬、佐藤成基編
◎2800円

政治主体としての移民/難民 人の移動が織り成す社会とシティズンシップ
錦田愛子編
◎4200円

多文化共生保育の挑戦 外国籍保育士の役割と実践
佐々木由美子著
◎3500円

〈価格は本体価格です〉